KB236693

FinTech

핀테크 전쟁

세계 금융시장의 거대한 트렌드

FinTech

새로운 돈의 시대가 온다

브렛 킹 지음 | 이미숙 옮김

계문
yemun

지능의 척도는 변화하는 능력이다.

—알버트 아인슈타인 Albert Einstein

다시 태어나고 다시 창조되는 산업

금융 서비스 분야에서 '혼란'이란 상대적으로 새로운 개념이다. 1970년대 규제 완화 압박을 제외하면, 금융업계는 중대한 역학 변화나 혁신을 위한 거대한 도약으로 회자된 적이 거의 없다. 물론 수시로 일어나는 합병과 인수, 그리고 이따금 산업 통합은 있었지만 음악이나 출판 산업에서 최근 볼 수 있었던 수준의 혼란, 또는 전보에서 전화로, 유선에서 무선으로의 변화를 일으킨 커뮤니케이션의 역동성과 견줄 만한 사건은 찾아볼 수 없었다.

2009년 금융 위기가 한창일 때 연방준비제도이사회 의장 폴 볼커Paul Volcker는 금융업계의 혁신 실적을 신랄하게 비난했다.

> 누군가 내게 금융 혁신이 경제에 도움이 되었다는 티끌만 한 증거라도 제시해주면 좋겠습니다.
>
> —폴 볼커, 〈월스트리트 저널〉

볼커는 계속해서 금융계에서 마지막으로 일어났던 대단한 혁신은 사실 현금 자동지급기였다고 주장하기도 했다. 볼커의 말에도 일리가 없지 않다. 전반적으로 보아 금융업계에는 지난 수백 년 동안 실질적인 변화가 없었다. 은행의 형태는 19세기나 지금이나 별반 차이가 없다. 이른바 미래 지향적 개념의 몇몇 지점이 등장했지만 금융 방식은 대부분 지난 수백 년 동안 변하지 않았다.

적어도 인터넷이 등장한 몇 년 전까지는 그러했다. 오늘날 금융과 소비자 행동, 금융 상품과 서비스 유통 방식은 크게 변화했다. 인터넷, 소셜미디어, 모바일 뱅킹 같은 기술로 말미암아 극적인 변화가 일어났다. 최근에 불어닥친 세계적인 금융 위기로 은행 브랜드에 대한 신뢰가 전체적으로 무너졌고, 당분간 이 위기는 전통적인 금융 방식에 대한 노골적인 도전의 원인이 될 것이다.

사람들이 소셜미디어와 커뮤니티에 참여함으로써 은행의 효과와 고객 지원, 수수료에 관한 논의가 전례 없이 투명해졌나. 은행 거래와 결제, 니어 뱅킹near-banking의 파격적인 새 모델이 등장해 현상유지에 도전하고 그것에서 벗어나고 있다.

무거운 규제 부담, 높은 자기자본 비율 요건, 대규모 레거시 인프라스트럭처, 유구한 역사와 전통을 가진 은행들이 이런 구조적인 변화에 적응하기란 쉽지 않을 것이다. 코닥Kodak, 보더스Borders, 블록버스터Blockbuster처럼 파괴적인 사업 모델과 변화하는 소비자 행동, 기술 변화에 굴복했던 다른 산업 분야의 기업을 생각해 보라.

다만, 새롭고 역동적이며 적응력이 높은 것을 창조할 수 있는 일부 은행은 온전하게 살아남을 수 있을 것이다. 이를 위해서는 은행 브랜드와 영업소 규모를 확장하기 위해 적지 않은 자원을 투자하고, 새로운 차원의 혁신적인 소비자 경험과 기술을 역사가 긴 핵심 요소와 결합시킬 수 있어야 한다. 하지만 지금으로서는 과거의 모습을 그대로 고수할 가능성이 더 높아 보인다. 금융계의 관성은 위험과 내부 통제 프로세스, 규제 기대와 시행, 30~50년간 존재해온 레거시 IT 시스템을 중심으로 꽤 탄탄하게 형성되어 있다.

나는 이런 개념과 문제들을 다루기 위해, 2013년 5월 팟캐스트 라디오 프로그램을 시작했다.

금융계에서 경쟁력을 유지하기 위해 노력하는 가장 혁신적인 몇몇 지도자, 그리고 규범에 도전하고 전통적인 금융계를 완전히 바꾸기 위해 노력하는 금융 서비스 분야의 가장 파괴적인 플레이어들과 정기적으로 인터뷰를 가질 계획이었다. 이 두 집단의 파괴적인 혁신자들은 같은 문제의 양단을 대표할 것이다. 접근 방식은 서로 다를지언정 그들이 제시하는 핵심 정보와 교훈은 지극히 명확하다.

이 책은 단순히 그 인터뷰를 요약한 것이 아니라 새롭게 부상하는 사업 모델과 개념, 접근 방식, 그리고 전략, 기술, 성공이란 관점에서 구성 개념(효과적인 것과 그렇지 않은 것)을 검토한 것이다. 특히 전통적인 금융계 실무자들이 자신의 프로젝트나 이니셔티브를 힘차게 시작한 이 혁신자들로부터 무엇을 배울 수 있는지 그리고 귀 기울여 배우지 않으면 어떤 위험에 처하는지를 살펴본다.

이 인터뷰들은 통찰력을 제공하고 새로운 방향으로 우리를 이끄는 한편, 향후 20~30년 동안 금융계의 흐름을 좌우할 일부 테크닉과 모델에 관한 사례 연구나 다름없다. 인터뷰를 통해 얻은 다양한 데이터들과 개념은 이런 모델을 더욱 깊이 이해하고, 통계나 수치로 여러 전략을 뒷받침하기 위한 것이다.

이어지는 여러 장에서는 P2P 대출, 비트코인, 디지털 혹은 암호화 화폐, 기본적인 은행계좌 플랜에 도전하는 신개념 은행이나 신개념 당좌예금계좌, 소셜미디어가 주요 은행 브랜드에 미치는 영향, 지점 네트워크의 지원이 없어도 인상적으로 성장한 은행들, 소비자 행동의 변화를 나타내는 주요 지표들, 지속 가능한 금융, 재무 복지와 저축을 돕는 도구, 캠페인 마케팅이 사라지고 고객 여정이 등장하는 현상, 기술이 최종 소비자에게 품위 있고 매우 유용하며 더욱 빠르게 반응하는 수단으로 이용되는 현상 등의 주제를 다룰 것이다. 모두 금융 서비스의 새로운 핵심 역량들이라 할 수 있다.

이런 혁신적인 접근 방식의 비밀 병기는, 개개인이 매일 일상에서 변화를 주도하게끔 한다는 사실이다. 이는 단순히 적절한 기술을 시행하거나 여러분의 대(對)고객 전략에 소셜미디어나 모바일을 통합할지 여부에 관한 문제가 아니다. 오늘날의 금융 소비자들로 하여금 다른 무언가를 시도하도록 만드는 요인들과 혁신자들이 생각하는 업계의 미래에 관한 이야기이다.

각 장에는 앞으로 5~10년의 전망에 관해 이 산업 선두주자들과 대화를 나눈 내용이 실려 있다. 이 부분이야말로 내가 가장 좋아하는 대목이다. 현재 우리가 실험하고 있는 금융, 대출, 소비자 참여에 혁신을 일으킬 몇 가지 접근 방식이 장기적으로 우리가 상상하는 것보다 훨씬 더 파괴적일 것임을 확인할 수 있는 까닭이다.

이 책에서 필자와 대담을 나누는 이들은 오늘날 금융계에서 가장 혁신적인 요소로 손꼽힌다.

그들과 그들의 사업체를 움직이는 것이 무엇인지에 귀를 기울여라. 그들이 애초에 무엇 때문에 규범에 도전하고 이런 새로운 접근 방식을 시도

했는지에 귀를 기울여라. 그러나 무엇보다 그들이 우리를 앞으로 어디로 이끌지 상상해 보라. 그들은 혁신자이고 불한당이며 금융을 재부팅시키는(어쩌면 은행을 파괴하는) 전략가들이다.

Contents

PART 1
상상하지 못했던 새로운 금융이 온다
P2P 대출과 커뮤니티 뱅킹

PART 2
페이먼트 전쟁 : 점점 더 똑똑해지는 결제수단
더 빠르게, 더 간단하게!

PART 3
지점이 없는 은행은 가능할까
웹, 모바일, 태블릿 시대 은행의 미래

PART 4
금융이 소셜미디어화 되고 있다
쌍방향 시대, 금융권의 대응전략

PART 5
디지털 네이티브가 돈의 흐름을 바꾼다
아버지 시대 금융습관으로는 안 된다

PART 6
비트코인은 현금을 사라지게 할 것인가
비트코인은 현실이다

PART 10
미래 금융은 어디로 나아갈 것인가
근본적인 이동은 이미 시작되었다

PART 11
행복은 돈으로 살 수 있다
당신을 부자로 만들어줄 새로운 금융이란

PART

1

상상하지
못했던
새로운 금융이 온다

P2P 대출과
커뮤니티 뱅킹

세상은 이제 신용기관에 대한 실시간 혹은 급속한 접근을 요구하고 있다. 어쩌면 소비자가 매장에서 구매하는 동안 그의 신용위험을 평가하는 일종의 자동 시스템이 필요해질지도 모른다. 시장은 이처럼 빠르게 변화하고 있는데, 아직 더 나은 시스템이 없으니 기존의 신용점수나 신용기관을 이용하는 수밖에 없는 걸까? 한편, 지난 몇 년간 P2P 대출업체들은 새로운 자산 집단으로서 가시성을 높였으며 바람직한 연체율을 유지해왔다.

변화해온, 앞으로도 변화해갈 대출 사업

세계 금융 위기가 일어나면서 10여 년 만에 처음으로 미국과 영국 등지에서 가계부채가 감소했다. 그러나 지난 몇 달 동안 대출 사업이 다시금 뜨거워짐에 따라 금융 위기 발생 이전 수준에 가까워지고 있다.

대출의 원천 면에서 살펴보면, 전통적인 대출업체들이 디지털 서비스나 디지털 플랫폼과의 경쟁에서 어려움을 겪고 있다. 디지털 서비스나 플랫폼은 더 많은 정보와 옵션을 더욱 역동적인 방식으로 제공할뿐더러, 새롭게 프로세스를 설계함으로써 기존 대출 신청에 비해 저항을 줄이고 승인시간을 단축시켰다. 전통적인 금융 제도에 대한 불신이 증가하고 대출 비용이 점점 증가함에 따라, 기업가들은 금융 소외 계층 또는 더욱 투명하거나 비용 효율적인 옵션을 찾는 사람들에게 새로운 해결책을 제공할 방법을 디지털 시대의 도구에서 찾고 있다.

대출 사업의 역사는 매우 길다. 사실 대출 사업은 수천 년 전 공식적인 화폐와 공식적인 금융 제도가 등장하기 전부터 존재했다.

약 150년 전부터 발굴된 고고학 유적지에서는 기원전 3천 년 전에 존재했던 수십 개의 서첩이 발견되었다. 이들 서첩을 통해 당시에는 은과 보리(이따금 금)가 주요 통화와 부의 축적 수단으로 사용되었음을 알 수 있다. 메소포타미아의 판매자와 대출업자는 고리대금을 피하고자 법정 고정금리로 은과 보리를 대출했다. 은과 보리 대출에 대한 연이율은 각각 20퍼센트와 33.3퍼센트로 정해져 있었다. 그로부터 거의 4천 년이 지났지만 대출 목적의 기본 구조(원금, 기간, 금리)는 변하지 않았다.

오늘날에는 어디서나 저렴하게 대출을 이용할 수 있다. 자동차 대출, 학자금 융자, 페이데이 론(급여 날짜에 갚는 조건의 소액대출 —옮긴이 주), 장기 주택담보대출, 신용카드 등 다양한 종류의 대출이 나날이 새로운 모습으로 등장하고 있다. 방글라데시의 그라민 은행 덕분에 최근 널리 알려진 마이크로크레디트Microcredit 제도, 키바Kiva.org 같은 새로운 온라인 소셜 플랫폼은 전통적으로 대출에서 소외됐던 집단이 대출에 접근할 길을 넓혔다.

대출에 대한 우리의 의존도와 대출을 이용하는 방식 또한 최근 몇 년 동안 상당히 바뀌었다. 1980년대 초반 미국의 소득 대비 가계대출 비율은 약 60퍼센트였다. 2008년 금융 위기가 발생할 무렵 이 수치는 100퍼센트를 넘어섰다. 금융 위기가 일어나기 직전에는 최고치에 이르러 미국의 소득 대비 가계대출 비율은 거의 140퍼센트까지 치솟았고 영국에서는 가구 소득의 170퍼센트에 육박했다. 오늘날 미국 가구의 신용카드 부채는 평균 가구당 15,185달러지만, 그나마 2008년 중반 1만 9천 달러보다는 하락한 수치이다(표 1.1 참조).

(소비자들에게) 희소식이 있다면 금융 위기가 일어난 후 미국과 영국 국민들의 부채 이용이 줄었다는 사실이다. 금융 위기 이후 소득 대비 가계부채는 약 20퍼센트 감소해 부채 이용률이 대략 2002년 수준으로 되돌아갔다. 한편 나쁜 소식도 있는데, 금융 위기 기간 동안 연체율이 급증했다는 사실이다. 이는 사람들이 저축을 했다기보다는 연체가 극적으로 증가했음을 뜻한다.

이처럼 선진국의 부채 부담이 증가한 주요 원인은 대출의 실질 비용에 대한 투명성의 결여, 돈의 가시성 부족을 토대로 구축된 제도에 있다.

부채 가용성이 낮았던 1960년대의 일상적인 은행계좌는 통장이었으며 현금 자동지급기, 신용카드, 직불카드는 존재하지 않았다. 돈을 쓰고 싶으면 은행 지점에 통장을 가져가서 현금을 인출해야 했으며, 그럼으로써 전반적인 재정 상태에 그 인출이 어떤 영향을 미치는지 두 눈으로 확인할 수 있었다. 그뿐만 아니라 은행계좌에 있는 금액보다 더 많은 돈을 쓸 수 없었다. 초과 인출은 흔치 않았고, 계좌에 돈이 충분치 않으면 수표는 부도 처리되었으며, 가장 일반적인 형태의 대출은 (신용카드가 아니라) 장기 주택담보대출이었다.

그러나 오늘날에는 대부분의 소비자가 신용카드와 직불카드를 사용하면서 소비 속도의 가시성이 낮아졌다. 한 달 벌어서 한 달 생활하는 68퍼센트의 미국 가정에서 이것은 문제의 소지가 있다. 날마다 지출 명세를 기록하려고 애써도 대부분의 사람은 은행 잔고를 정확하게 추적할 수 없다. 그렇다 보니, 장을 본 후 직불카드를 내밀었는데 생각보다 돈을 많이 써버린 탓에 거래가 승인되지 않는 일이 어쩔 수 없이 일어난다. 이미 초과 인출을 했는데, 얼마 후 현금 자동지급기를 사용하자 비로소 그 초과 인출에 대한 수수료가 빠져나가는 바람에 마이너스 300달러가 찍혀 있는 통장을 확인하게 되기도 한다.

우리는 일상생활에서 신용카드를 사용하는 방식을 바꿔야 할 것이다. 그리고 학자금 대출, 주택담보대출, 신용카드, 미국의 의료비 대출 등 실제 부채의 가시성 문제와 관련해 대출업체는 실제 연관비용을 더욱 투명하게 보여달라는 요구에 직면할 것이다. 이와 동시에 대부분 실시간으로 결정되고 있는 여신 결정 문제는 앞으로 10년간 급속한 변화를 겪을 것으로 예상된다. 즉, 은행 지점에 앉아서 작성하는 지원서로 결정되기보다는 상황에 따라서, 그리고 연체 기록보다는 소비자 행동을 토대로 구성된 위험 및 리스크 관리 방법론을 토대로 결정될 것이다.

표 1.1. 총 수입 대비 미국과 영국 가계대출

출처: 연방준비제도이사회, BLS, 국립통계청(영국)

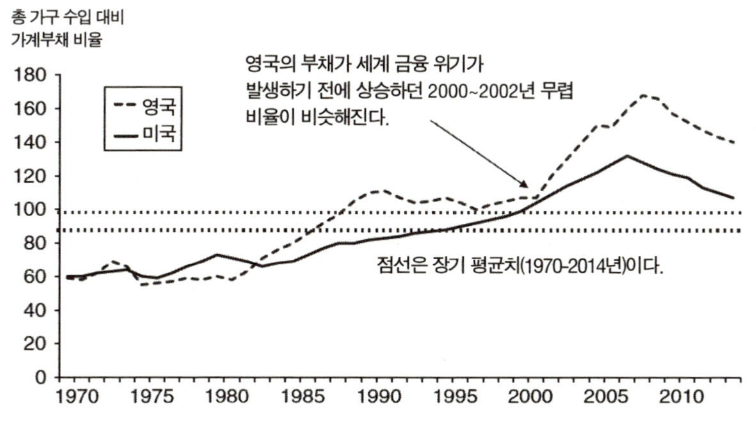

신용점수와
신용위험의
이율배반

2010년 미국으로 이주한 나는 탄탄한 손익 분석, 흠잡을 데 없는 해외 신용기록, 풍부한 현금 보유량, 탄탄한 투자 포트폴리오, 최소한의 진행 신용공여를 보유했음에도 불구하고 기본적인 신용조차 얻지 못했다.

문제는 신용점수에 대한 의존도가 너무 높은 미국 제도상 신용점수를 참고하지 않고는 정확한 위험 결정을 내릴 수 없다는 데 있었다. 신용점수가 실제로 여신 사용권한을 제공하기보다는 대출자를 처벌하는 용도로 쓰인다고 생각하는 사람이 많다. 대부분의 신용점수는 (연체 가능성을 정확히 예측하기보다는) 흔히 소비자 행동보다 30~60일 뒤처지기 때문에 소비자들이 보는 신용점수는 대출업체가 보는 것과는 확연히 다르다.

나의 수입과 위험 분석표에 따르면 나는 어떤 대출업체나 신용기관에도 매우 안전한 후보자였다. 하지만 세심하게 작성된 신용점수 기록이 없었던 탓에(다시 말해 얄팍한 신용서류 탓에) 나는 대출업체들에게는 별 볼 일 없는 사람nonentity이었고 이는 곧 유죄추정 인물이라는 뜻이었다. 만일 어떤 은행이 내 행동을 조사했다면 매달 내가 저축을 거르지 않고, 수입보다 지출이 적으며 따라서 부채의 이자를 지불할 능력이 매우 크다는 사실을 확인했을 것이다. 게다가 내 수입은 지난 4, 5년 동안 꾸준히 증가했으므로 이는 부채를 상환할 능력이 실제로 향상되고 있다는 의미로 해석되어야 한다. 하지만 이런 것은 전혀 중요하지 않았다. 실제 위험을 토대로 한 건전한 여신 결정의 논리는 다른 메커니즘(구체적으로 그 점수를 산정하는 과정에 적어도 2, 3년간의 기록이나 투자 기록이 없다면 정확한 위험 예측 요소가 될 수 없는 표준점수)으로 대체되었다.

세상은 이제 신용기관에 대한 실시간 혹은 급속한 접근을 요구하고 있다. 어쩌면 소비자가 매장에서 구매하는 동안 그의 신용위험을 평가하는 일종의 자동 시스템이 필요해질지도 모른다. 시장은 이처럼 빠르게 변화하고 있는데, 아직 더 나은 시스템이 없으니 신용점수나 신용기관을 이용하는 수밖에 없는 걸까? 1980년대에는 그랬을지 모른다. 그러나 오늘날 미국 공공이익 조사집단U.S. Public Interest Research Group의 보고에 따르면, 현행 시스템의 신용평가서 가운데 79퍼센트가 잘못된 것이라고 한다. 비용이 많이 들어가는 시스템은 연체 관리를 효율적으로 하지 못할 뿐만 아니라 대출자의 편의를 도모하기보다는 주로 대출기관을 보호하는 방식으로 설계되었다. 결국 어쩔 수 없을 때만 돈을 빌리기로 선택한 고객이 아니라 정기적인 대출 이용자가 가장 높은 신용점수를 얻게 된다.

대손상각비율charge-off rates은 대출기관을 위한 전반적인 신용위험 관리 성과를 측정하는 한 가지 인정된 척도이다. 세계 금융 위기가 일어나는 동안 2010년 뱅크 오브 아메리카 같은 은행들의 장기 주택담보대출 연체율은 24퍼센트로 급증했고 2009년 신용카드 연체율은 13.82퍼센트에 달했다. 현재 뱅크 오브 아메리카의 장기 주택담보대출의 연체율은 명목상 6.7퍼센트이며 신용카드 연체율 또한 전국적으로 감소했다. 연방준비제도이사회는 2013년 부동산 담보 융자와 신용카드 연체율을 각각 2.32퍼센트와 3.8퍼센트로 산정했다. 미국 최대 P2PPeer-to-Peer(직접거래) 대출기관인 렌딩클럽Lending Club의 현재 포트폴리오는 3퍼센트라는 인상적인 연체율을 보이고 있는데, 이는 현재 시장을 기준으로 할 때 지극히 경쟁력 있는 수치이다.

지난 2, 3년 동안 P2P 대출은 새로운 자산 집단으로서 가시성을 높였으며 바람직한 연체율을 유지했다. 렌딩클럽의 현재 총 대출액은 30억 달러를 넘어섰는데(표 1.2) 이는 2013년 1월에 기록한 총 대출액 12억 달러에서 두 배 이상 증가한 것이다. 2012년 5월 대출액이 고작 5억 달러를 넘었던 것을 감안하면 경이로운 성공 곡선이다. 렌딩클럽은 평균 연이율을 13.34퍼센트로 유지하고 있다. 2013년 1월 1일까지 렌딩클럽은 21개월 동안 영업하면서 평균 8.8퍼센트의 '저축' 총수익을 거두었다. 같은 기간 동안 S&P 500은 10개 4분기 동안 적자를 기록했으며 총 수익률은 4.1퍼센트에 불과했다.

다른 시장의 P2P 사업 역시 급속도로 성장하고 있다. 영국의 조파**Zopa**의 대출액은 현재 4억 파운드를 넘었고, 레이트세터**Ratesetter**와 펀딩서클**Funding Circle** 같은 회사를 포함해 영국 P2P 산업의 총 대출액은 8억 파운드에 육박하고 있다. 더욱 흥미로운 사실은 지난 2개월 동안 성장률이 전년 대비 60퍼센트가 넘으며 최근 수익이 전년 대비 90퍼센트 이상

> 위험에 토대를 둔 우리의 가격 책정 모델에 따르면, 우리 회사 고신용 우수 대출자의 경우 전통적인 은행 신용카드보다 수백 혹은 심지어 수천 달러 정도를 절약할 수 있다. 전통적인 은행 신용카드는 그들에게 다른 사람과 똑같이 높은 비율을 부과한다. 우리가 급속도로 성장할 수 있었던 한 가지 요인은 전통적인 모델에서 충분히 서비스를 받지 못했던 고신용 우수 대출자들 덕분이었다.
> __르노 라플랑쉬 (렌딩클럽 CEO)

으로, 지난 12개월 동안 대출한 현재 포트폴리오가 1억 4,400만 파운드를 기록하며 조파가 더욱 성장하고 있다는 사실이다. 조파의 연체율은 0.5퍼센트이고 평균 이율은 6.7퍼센트이다. 이는 업계 최고 수치이며 영국 정상급 은행의 연체율에 비하면 절반 수준이다. P2P 대출은 현재 영국 소매 대출 시장(장기 주택담보대출이 아닌 대출)의 약 3퍼센트를 차지하고 있다.

표 1.2. 렌딩클럽의 총 대출 발행

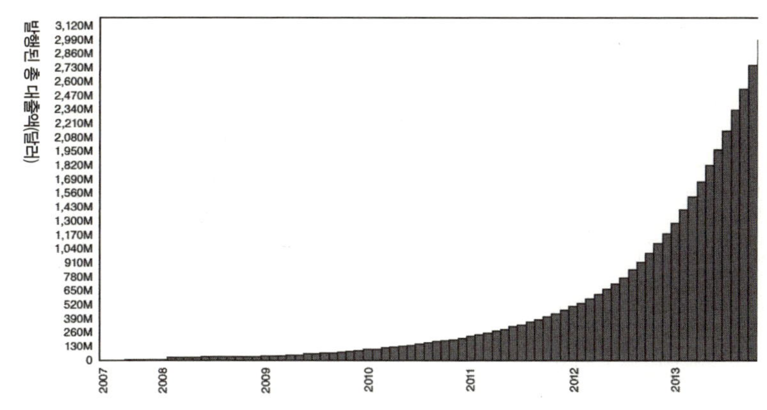

대출을
새로운 시각으로
바라보는 법

가일스 앤드류스Giles Andrews는 조파의 CEO 겸 공동 창립자이다. 영국에서 P2P가 전통적인 여신과 대출 방식에 비해 놀랍도록 훌륭한 성과를 거두고 있는 이유, 그들의 연체율이 (특히 조파의 경우) 대형 은행에 비해 지극히 낮은 이유와 세부적인 사항들에 관해 이야기를 나눠 보았다.

브렛   가일스, 우선 조파를 좀 소개해 주세요. 조파는 어떤 회사인가요? 언제 사업을 시작했습니까? 조파의 목표는 무엇이었고 현재 조파는 어디쯤 도달했나요?

가일스   조파는 세계 최초의 P2P 대출 회사입니다. 2005년 5월에 사업을 시작했죠. P2P 대출은 약간 복잡한 개념이지만 우리가 하는 일은 무척 단순합니다. 여윳돈이 있는 사람들과 그 돈을 빌리고 싶어 하는 사람들을 연결하죠. 그리고 양측이 더 유리한 거래를 할 수 있도록 그 과정에 은행의 개입을 배제시킵니다. 우리의 목표는 단순했습니다. 우리가 매우 비효율적이라고 생각했던 금융 분야의 효율성을 높이는 일이었죠. 저축하는 측과 빌리는 측, 양쪽 고객 모두에게 거래에서 더 높은 가치를 제공하는 방법으로 말입니다.

브렛   당신은 그 분야의 선구자였습니다. 어떻게 근본적으로 다른 대출 방식에 대한 수요가 있으리라 생각하게 되었나요?

가일스 우리는 가장 먼저 한 가지 문제를 고려했습니다. '왜 고객들은 금융 서비스에서 대기업보다 훨씬 불리한 거래를 하는 것일까?' 그리고 우리는 '중개 은행을 능가하는 어떤 시장(채권시장이라고 불리는)이 발전해서 효율성을 높이고 대기업에게 더 높은 가치를 제공한 시장이 진화했기 때문'이라고 결론 내렸죠. 대기업은 거래 은행을 찾아가 돈을 빌리지 않습니다. 채권시장에 부채를 발행하면 그만이죠. 우리는 왜 소비자 수준에서는 그런 일이 일어날 수 없었는지 궁금했습니다. 데이터가 존재하더라도 시장은 신뢰할 만한 제3자 데이터에 의존하죠. 그런데 현 상태를 알려줄 수 있는 진짜 유용한 소비자 데이터가 많습니다. 우리는 시장 모델을 복제할 수 있다고 생각했어요. 그리고 소비자 편에 섰죠.

브렛 당신이 찾은 대출 모델 문제와 관련해 예전에 저와 이야기 나눈 적이 있죠. 그 가운데 위험을 평가하는 방식도 포함되었던 것으로 기억합니다. 제가 매료되었던 부분은 채무불이행 가능성 면에서 볼 때 무척 탄탄하다는 사실입니다. 어쨌든 조파는 무수익 여신의 채무불이행 면에서 영국 시장에서 가장 좋은 성과를 거두고 있는 회사로 손꼽히니까요.

가일스 당신과의 지난번 대화 이후 회사 사정이 더 좋아진 것 같아요. 우리 회사의 대출 실적은 영국 최고 수준이죠. 지난 8년 동안 연체율이 8퍼센트 이하입니다. 연간 비율로 환산하면 대손액이 연간 0.5퍼센트 이하라는 뜻입니다. 연간 3~5퍼센트에 이르는 은행과는 대조적이죠. 사실 (연체 성과 면에서) 우리의 실적은 더 훌륭합니다. 제 생각엔, 세계가 과도한 부채에 시달리고 대출 상환 능력에 대해 우려가 크던 시기에 여신 모델을 구축한 것과 무관하지 않습니다. 당시 은행들은 대출이 지속 가능한지 여부를 진지하게 고려하지 않은 채 여전히 과거의 기록을 토대로 사람들에게 돈을 대출해 주고 있었죠. 우리는 운이 좋은 편이었어요, 머지않아 문제가 발생하리라는 사실을 확신했고 바로 그 시기에 여신 모델을 구축했으니까요.

물론 2~3년 후에 일어난 서브프라임 위기를 예측할 만큼 똑똑하지는 않았습니다. 하지만 소비자들이 과도한 부채에 시달리고 있다는 것만큼은 확실히 깨달았어요. 그것은 그저 모델이 더 좋았고 데이터를 더 잘 이용했고 대안 데이터를 어느 정도 이용한 것과 무관하지 않죠. 우리는 여전히 대부분의 전통적인 여신 산업 데이터를 이용하며 은행과 비슷한 데이터도 활용하고 있습니다. 대체로 가장 예측력이 뛰어난 편이니까요. 그러나 그 외에도 더 많은 데이터를 수용하고 더욱 현명하게 이용합니다. 그뿐만 아니라 대안 데이터의 일부 원천을 이용하기 시작했죠.

한편, 조파의 연체율이 낮은 데는 P2P 모델과 더불어 사람들이 다른 사람들에게 돈을 빌린다는 사실도 한몫합니다. 상대적으로 더 바람직하게 행동하는 것이죠. 내가 빌린 대출의 반대편에 다른 누군가가 있습니다. 시스템이 아니라 사람에게서 빌린 것이기 때문에 대출자들이 다른 어떤 부채보다도 우리 회사의 부채를 우선시한다는 증거가 있습니다.

브렛 매우 흥미로운 심리군요! 조파는 운영 방식 면에서 소셜 네트워크처럼 보입니다. 당신이 연결한 차용자와 대출자의 커뮤니티인 거죠. 사업적인 관점에서 볼 때 소셜 네트워킹과 커뮤니티 형성이라는 특성이 조파의 성공에 어느 정도 기여했나요?

가일스	참여한 대출자들의 적극적인 커뮤니티를 확보했다는 사실이 무척 중요합니다. 우습게 들릴 수도 있지만 커뮤니티는 일종의 고객 서비스 도구로서 상당히 유익하죠. 소비자들은 실제로 다른 고객들이 제공하는 정보에 적극적으로 반응합니다. 회사가 정보를 제공할 때

> 그것은 그저 모델이 더 좋았고 데이터를 더 잘 이용했고 대안 데이터를 어느 정도 이용한 것과 무관하지 않다. 우리는 여전히 대부분의 전통적인 여신 산업 데이터를 이용하며 은행과 비슷한 데이터를 활용하고 있다…… 그러나 그 외에도 우리는 더 많은 데이터를 수용하고 더욱 현명하게 이용한다. 그뿐만 아니라 대안 데이터의 일부 원천을 이용하기 시작했다.
>
> __가일스 앤드류스(조파 CEO)

보다 더 적극적이에요. 고객 커뮤니케이션을 모두 웹사이트에 있는 토론 게시판, 트위터 피드, 페이스북 등을 통해 진행하고, 질문에 관한 답변을 기꺼이 게재하면 회사의 투명성과 회사가 공개적으로 치부를 드러낼 의향이 있음을 고객에게 보여줄 수 있죠. 이러한 일련의 과정이 커뮤니티가 신뢰를 형성하는 과정에 결정적으로 작용합니다. 물론 다른 사람들의 소셜 네트워크를 모객 수단으로 이용할 수 있다면 환상적이겠죠, 하지만 그런 일이 일어나고 있다는 증거는 아직 발견하지 못했습니다. 사람들은 소셜 네트워크에서 그다지 돈 이야기를 하고 싶어 하지 않죠. 비즈니스 네트워크가 아니니까요.

브렛	그러니까 사람들이 트위터에다가 "우후! 방금 조파에서 대출을 받았다"라고 이야기하지는 않을 거라는 뜻이죠?
가일스	"저 밖에 번쩍이는 자동차 좀 봐. 사실 저걸 사느라고 돈을 빌렸어." 일반 사람들이 이런 이야기를 할 가능성은 적습니다. 반면에 우리 회사의 대출자들은 기꺼이 그런 얘기를 합니다. 뭔가 똑

똑한 일을 하고 있다고 생각하니까요. 그들은 그런 문제에 대한 자신의 지혜를 기꺼이 공유하고 다른 사람들과 나누고자 합니다 (우리에게 이로운 일이죠).

브렛   신용기록과 신용등급이 우수하고 경제난 속에서 온갖 옳은 일을 한다 해도 누군가에게 돈을 빌려주기는 어렵습니다. 가일스, 당신들은 홀연히 등장해서 여신 산업을 통째로 바로잡고 개인대출과 부채정리 같은 면에서 은행을 대체할 수 있는 백마 탄 기사가 될까요?

가일스   우리가 앞으로 은행을 대체하지는 않을 겁니다. 그와 관련해서는 두 가지 이유를 댈 수 있습니다(그리고 미국의 P2P 대출 사업에 대해서도 같은 말을 할 수 있을 겁니다). 첫째, 조파는 최후의 대출자 같은 방식으로 운영되지 않습니다. 일반적으로 우리는 다른 방법으로는 돈을 빌릴 수 없는 사람들에게 돈을 빌려주지 않죠. 둘째, 우리는 은행에서 이용하는 데이터를 더욱 현명하게 이용할 뿐입니다. 만약 당신이 우리에게 대출 신청을 하면 훨씬 더 저렴하게 대출을 받을 겁니다. 데이터를 현명하게 이용함으로써 돈을 상환할 수단이 있을 뿐만 아니라 (이전 기록을 통해) 돈을 상환하는 성향이 있다고 입증되는 개인을 파악하는 능력을 갖추는 것이야말로 대출을 해주는 사람에게 있어 난제가 아닌가 생각합니다.

브렛   은행은 언제 어떤 사람의 신용기록 뒤에 숨은 이야기를 고려할지를 선택적으로 결정하죠.

가일스   그리고 그들에게는 자본 제약이 있습니다. 런던에 앉아서 직접적으로 논평하기는 매우 어렵지만, 우리와 우리 같은 회사의 미래에 관한 더 일반적인 문제에 대해서는 할 말이 있습니다.

조파와 다른 P2P 대출기업들은 금융의 더 좁은 분야에 초점을 맞추기 때문에 은행을 완전히 대체하리라고 생각지 않습니다. 우리는 금융의 한 부분에서 효율성과 성과를 높이기 위해 노력할 뿐입니다. 상환기록이 있는 개인에게 대출을 제공함으로써 저축하는 사람들의 호감을 얻는 정반대의 결과를 창조할 수 있죠. 장기적으로 예측이 가능한 수익성을 제공하기 때문에 대출에서 저축 상품이 탄생합니다. 그렇다고 해서 쉽게 신용카드와 당좌예금을 제공할 수 있다는 의미는 아니에요. 우리는 오르락내리락하는 잔고에 자금을 제공할 수 없는 데다 우리의 대출자들은 정기적이고 고정된 수익률을 요구하니까요. 하지만 저축과 대출 산업에서는 금융의 극적인 요소를 제거할 수 있습니다. 제 생각에 그것은 은행에서 특히 골치 아파하는 금융의 한 요소입니다. 은행은 소비자들이 자동차를 구입할 소액의 돈을 빌려주는 일보다는 장기 주택담보대출과 당좌예금을 제공하고, 어쩌면 대기업을 대상으로 대출하는 핵심 제품에 더 관심이 많지요.

브렛　'은행 대체'라는 문제와 관련해, 조파의 경우 저축 비율이 더 높고 대출 비율이 더 낮다는 사실을 언급하셨죠. 전통적인 대출 모델로 어떻게 그런 결과를 얻을 수 있나요? 대체 어디에서 수익을 거둡니까?

가일스　간단히 대답하죠. 우리는 대단히 효율적입니다. 경상비와 수많은 지점, 그런 종류의 것이 없는 온라인 직접 사업체죠. 사업 모델 자체가 더 효율적입니다. 이렇게 생각해 보세요. 은행에는 가산금리가 있고 은행 가산금리에서 그들이 저축자들에게 지불하는 액수와 그들이 벌어들이는 돈의 차액이 생깁니다. 그들이 차용자들에게 부가하는 것이 은행 저축으로부터 발생시키는 수입인 거죠. 영국의 은행 가산금리는 현재 10퍼센트가 넘습니다. 사람들의 기억으론 최고 수준이에요. 제 추측으로는 미국도 비슷할 겁니다. 조파는 수수료와 대부금 기입장에서 발생하는 불량부채로 은행 가산금리를 대체하죠. 이 모든 걸 합산하면 우리의 경우 가산금리는 약 3퍼센트입니다. 3퍼센트가 은행의 전형적인 10퍼센트를 대체하는 거죠. 수지맞는 거래입니다.

브렛　그래도 꽤 괜찮은 수익률이네요.

가일스　우리는 3퍼센트 수준의 수수료로 돈을 벌 수 있습니다.

　조파, 렌딩클럽, 프로스퍼Prosper 같은 신개념 대출기관neolenders의 접근 방식과 P2P에서 배울 수 있는 점에 대해 이야기해 보았다. 이제 여신위험 평가의 완전히 다른 접근 방식에 초점을 맞춰볼 때다.

커뮤니티에
기초한
신용평가의 다른 형태

나는 전작 《뱅크 3.0》에서 미국 시장의 금융 심리에 대해 쓴 바 있다. 미국에는 세계 어떤 국가보다 많은 특허 은행이 존재한다. 커뮤니티 금융 모델이 포괄적으로 수용되는 한 가지 이유는 대마불사라고 일컬었던 대형 은행들이 본질적으로 금융의 '해외 모델'이었다는 견해 때문이다.

이를테면 1930~1940년대 미국에서는 '지점 은행 제도'에 대한 포괄적인 업계의 비난이 있었다. 효율성, 판매와 거래 금융을 토대로 한 비슷비슷한 지점 은행 접근 방식이 선호됨에 따라 개인주의와 커뮤니티 금융이라는 관행이 파괴된 일과 관련이 있었기 때문이었다. 이 이른바 지점 은행 '해외 제도'는 '독점적이고 비민주적이며 파시즘의 기미가 있다', 그리고 '개인주의의 파괴자'라고 낙인이 찍혔다. 이것은 또한 미국이 왜 다른 선진 경제에 비해 금융기관이 무척 많아서 미국 규제기관이 역사적으로 커뮤니티의 지원을 제도화하고 독점적 접근 방식을 더 어렵게 만들기 위해 노력했는지에 대한 설명이 된다.

—《뱅크 3.0》 제4장 "지점을 구할 수 있을까?" 중

역사적으로 보았을 때, 커뮤니티 뱅킹의 진정한 강점은 커뮤니티 금융가의 능력에 있었다. 커뮤니티 금융가들은 지역 내 고객의 이름과 가족을 알고 그들의 위험감수 가치에 대해 질적인 평가를 내렸다. 이런 유형의 개인화된 금융 모델은 장점이 많지만, 오늘날 이런 유형의 서비스를 이용하는 고객은 지극히 드물다.

은행이 커지고 지점 관리자들의 자율권이 줄어들면서 위험을 평가하는 능력은 일련의 알고리즘과 규칙으로 최적화되었다. 이는 데이터 세트

를 토대로 방향을 바꾸는 (블랙박스가 승인 혹은 거부라는 결과를 내뱉는) 블랙박스 여신위험 모델이다.

소비자 행동에 대한 데이터 세트가 더욱 풍부해짐에 따라, 지역 커뮤니티 금융가가 여신 결정을 내리는 과정에서 본능적으로 이용했던 유형의 데이터를 더욱 현명한 의사 결정 모체에 적용할 수 있게 되었다. 그런 점에서 커뮤니티를 이용하는 것은 금융기관이 위험을 줄일 한 가지 방법이 될 것이다. 친구들이 기꺼이 보증인이 된다면 대단히 의미 있는 일이 아니겠는가?

그것이 렌도Lenddo가 이용하는 혁신적인 대출 방식의 한 요소이다. 나는 더 많은 사실을 이해하고자 렌도의 CEO 제프 스튜어트Jeff Stewart를 초청해 그들의 신용평가와 소액금융 지원 방식에 대해 이야기를 나누었다.

브렛　제프, 당신 회사는 뉴욕에 본사를 두고 있지만 대부분 해외에서 사업을 하고 있죠. 어떻게 사업을 시작했는지, 대출 현황은 어떤지, 사업의 토대는 무엇인지 렌도에 대해 좀 더 이야기해 주시죠.

제프　렌도는 사람들이 자신의 신분과 신뢰성을 입증해 이머징마켓에서 금융 서비스를 이용할 수 있도록 돕습니다. 이 사업을 시작하게 된 계기가 있어요. 몇 개 회사를 창업해서 전 세계에 직원을 두고 있었는데 그 직원들이 줄기차게 우리에게 대출을 요청했거든요. 우리는 대개 고용 자격을 갖춘 데다 매우 성실한 사람들을 고용하기 때문에 왜 그런지 이해할 수 없었죠. 결국 이 문제를 파헤치다가 이머징마켓의 중산층에 진입하는 12억 명의 사람들이 일반적으로 지역 금융기관에서 평가절하되고 은행을 충분히 이용하지 못한다는 사실을 발견했죠. 우리는 이 상황을 바로

잡기 위해 무언가 해야 한다고 생각했습니다. 문제를 더 깊이 파헤치던 중에 우리 인생을 바꿔놓을 무언가를 우연히 발견했습니다. 소액금융 지원이라는 개념이었죠. 흥미로웠던 점은 소액금융 지원이 커뮤니티를 이용해 사람들이 상환하도록 만들 방법을 찾아냈다는 사실이었습니다. 커뮤니티도 상환으로 말미암아 얻는 혜택이 있었고 전체 과정이 믿을 수 없을 만큼 효율적이었죠. 우리는 소액금융 지원의 마법과 왜 그것이 그렇게 성공적인지 제대로 이해하기 위해 1년에 반 이상 소액금융 지원의 전문가들(행동경제학자와 인류학자)을 인터뷰했습니다. 그리고 이것을 온라인에서 복제할 수 있다는 사실을 배웠죠.

렌도의 토대가 되는 전체 가설은 당신이 인터넷 친구들을 얻는 데서 그치지 않는다는 겁니다. 당신의 온라인 사회의 발자국은 진짜 사회적 그래프, 물리적이고 현실적인 사회적 네트워크를 의미하죠. 피라미드의 아래쪽에서 소액금융 지원을 이용해 자본을 효율적으로 배치할 수 있는 사회적 환경을 조성할 수 있듯이, 중산층을 위해 그것을 복제하고 그들에게 저렴한 비용으로 금융 서비스를 이용할 기회를 줄 수 있습니다.

브렛 일반적인 통념으로는, 만일 당신이 은행가인 내게 이머징마켓에 돈을 빌려주고 싶은지 물어본다면 "글쎄요, 이 사람들은 저소득층이잖아요. 수입이 그리 많지 않으니까 아주 위험할 것 같네요"라고 말하면서 상당히 주저할 겁니다. 그렇다면 위험과 연체율을 어떻게 관리하는지 말씀해 주시겠어요? 커뮤니티의 요소, 특히 사회적 네트워크의 지혜를 이용하는 방식 덕분에 위험과 연체율이 상당히 낮다는 뜻인가요?

| 제프 | 연체율이 매우 낮은 것은 커뮤니티 요소뿐만 아니라 우리가 대출하는 대상 덕분이죠. 이 인구집단이 세계의 미래입니다. 바로 이머징마켓의 중산층이죠. 바로 이들에게서 세계 부의 대부분이 창조되고 있습니다.

이해하기 쉽게 말씀드리죠. 2년 전쯤 필리핀에서 사업을 시작했을 때 그곳 비즈니스 프로세스 아웃소싱, 혹은 콜센터 직원들의 실업률은 0퍼센트였습니다. 회사 밖으로 걸어나가서 길만 건너면 다른 일자리를 구할 수 있죠. 이들은 대학 교육을 받은 사무직 직원입니다. 보험 청구 신청을 처리하는 사람들, 당신의 델 컴퓨터 소비자 지원을 요구하는 전화에 응답하는 사람들이죠. 그들은 고용 자격을 갖추고 있으며 그들의 수입은 증가하고 있습니다. 그들이 바로 우리의 평범한 회원입니다. 사무직으로 일하면서 월급을 400~450달러 정도 받죠. 지난 한두 해 동안 수입이 두 자리 비율로 승가한 사람들이기도 하고요.

브렛 지원하는 평균 대출액의 규모는 어느 정도인가요?

제프 아시아의 평균 대출은 450달러이고 남아메리카는 약 650달러입니다.

브렛 월급과 관계가 있는 것처럼 보이는군요.

제프 바로 그렇습니다. 물론 대출은 1개월에서 6~12개월 단위이지만 말이죠. 우리는 한 달 월급 정도를 빌려줍니다.

브렛 가일스, 렌도와 좀 비교할 수 있도록 조파가 영국에서 제공하는 평균 대출액은 얼마인지 물어봐도 될까요?

가일스 5천 파운드에 조금 못 미칩니다.

브렛 무척 흥미롭군요. 5천 파운드면 아마 영국의 전문직 종사자 월급과 비슷한 수준일 겁니다. 이머징마켓의 평균 대출액이 월급과 무관하지 않으니 상관관계가 있군요. 제프, 당신들이 제공하는 대출 가운데 어느 정도가 이 이머징마켓에서 창업하는 소기업을 위한 것인가요?

제프　우리의 대출은 면허를 얻는 용도이고 그래서 교육이 가장 유용한 척도입니다. 스마트폰 사용이 또 다른 큰 범주죠. 의료보험 가입은 대개 실제 차용자가 아니라, 이를테면 여동생이나 숙모처럼 다른 가족을 위한 겁니다. 그러니까 우리가 돈을 빌려주는 집단은 기업가적 성격이 크죠. 하지만 우리는 기업 자체를 평가하진 않습니다.

만일 그들이 고향 집 근처에서 물건을 사와서 도시에 있는 친구들에게 판매한다 해도 우리는 사업 자체를 판단하지 않아요. 그 사람의 인성을 판단합니다. 그러면 수천 년 동안 효과적이었던 대출 방식으로 돌아가게 되죠. 소기업 대출에서는 어느 순간 사업 모델 자체(사업 계획)가 그다지 중요하지 않게 되는 단계에 이릅니다. 자산 기준 대출과 수입 기준 대출 가운데 어떤 것이 더 중요하냐는 질문을 받았을 때 J. P. 모건이 지적했듯이, 중요한 것은 그 사람의 인성입니다. 어떤 사업이든 마찬가지만, 특히 소기업에서는 인성이 가장 중요하죠.

저는 영향력이 큰 인수 과정에서 커뮤니티와 관계를 맺을 수 있는 곳은 소기업 분야라고 생각합니다. 소액금융 지원에서도 가능하죠.

브렛　영국에서는 어떤가요, 가일스? 조파에서 경험한 바에 비춰볼 때 대출자 가운데 소기업에 자금을 지원하고 창업하기 위해 노력하면서, 조파를 약간의 자금을 모으기 위한 플랫폼으로 이용하는 사람들이 얼마나 됩니까?

가일스 저희의 대출 기반(돈을 빌려주는 사람들)도 소기업 대상 대출에 무척 관심이 많습니다. 설문지를 자주 보내는데, 그들은 가치 있고 유익한 일이라는 생각에서 기업에 돈을 빌려주고 싶다는 반응을 보였습니다. 조파는 펀딩서클처럼 정부와 협력하고 있기 때문에 새로운 일을 시도하는 중이며 곧 개인 사업자들에게 돈을 빌려주는 프로젝트를 시작할 예정입니다.

물론 이미 개인 사업자들에게 돈을 빌려주고 있지만 사업에 이용할 목적이라면 돈을 빌려주지 않습니다. 우리는 개인 사업자들을 평가합니다(창문 닦는 사람부터 미용사, 바리스타까지, 영국에는 350만 명의 개인 사업자가 있죠). 그리고 소비 목적으로 대출을 신청하면 그들을 평가합니다. 누군가의 고용 기록을 살피는 것과 똑같은 방식으로 자영업 기록을 살펴보죠. 하지만 그 돈을 사업에 투자하려 한다면 그 신청은 거부합니다. 그러면 위험 수준이 높아진다는 사실을 알고 있으니까요.

요즘 새로운 프로젝트를 준비하고 있는데 대상자는 사업에 투자하는 개인 사업자들입니다. 개인 사업자들을 대상으로 삼으면 기존 소비자들과 동일한 여신 모델을 이용할 수 있으니까요.

브렛 가일스, 영국 정부가 소기업에 대출할 은행에 자금을 제공하는 '대출 자금 지원' 계획을 세웠다는 사실을 알고 있는지 궁금합니다. 정부는 은행에 그 돈을 건넸지만 좋게 말해 은행은 그 돈을 그냥 보관했어요. P2P 방식이 정부가 경제를 부양할 훨씬 더 직접적인 채널을 제공할 수 있을까요?

가일스　확실히 그럴 수 있을 겁니다. 정부에서는 이미 우리가 효과를 거둘 수 있다면 계속해서 자금을 제공하겠다고 밝힌 바 있습니다. 펀딩서클에 있는 친구들에게서도 정부가 지원할 거라는 같은 이야기를 들었습니다. 그들의 눈에는 은행에 건넨 돈에 무슨 일이 일어나고 있는지 안다는 노여움의 빛이 다소 서려 있어요.

브렛　제프, 이 커뮤니티가 페이스북 보급률이 매우 높은 인도네시아나 필리핀 같은 곳에서 어떻게 힘을 발휘하나요? 렌도를 위해 이런 커뮤니티 지원 요소를 어떻게 동원합니까?

제프　매우 간단합니다. 대출을 얻기 위해서는 커뮤니티에 속한 사람들의 보증이 필요합니다. 우리는 커뮤니티에서 누가 그를 기꺼이 보증하며 그가 어떤 커뮤니티의 일원인지가 상환을 예측하는 데 매우 중요한 요소임을 발견했죠. 누군가 대출을 받도록 돕는 사람 중에도 대출을 원하는 경우가 있습니다. 그런 식으로 계속 증가합니다. 우리는 우리가 알고 신뢰하는 100명으로 시작했는데 그것이 1천 명, 1만 명, 그런 다음 10만 명으로 늘어났습니다. 계속 불어나는 거죠.

브렛　고객이 존재하는 커뮤니티가 곧 고객 확보 채널이 되는 거군요.

제프　물론입니다! 방금 이야기를 나눈 고객의 경우, 자기 친구가 인터넷에서 돈을 빌렸다는 말을 믿지 않아서 친구 중에 누구에게도 대출 신청을 하도록 설득하지 못했답니다. 다른 서너 명의 친구가 대출을 받은 후에야 마침내 한 번 시도해 보더군요. 그런 식으로 계속 늘어나는 겁니다. 그것은 사회적 상품이고 친구들이 혜택을 받도록 설득하는 것이기 때문에, 당분간 둔화될 것이라고는 생각지 않습니다.

앞으로 10년,
대출 사업은
어떻게 변화할까

제프와 가일스는 대출 사업과 관련해 새로운 데이터 모델, 그리고 위험과 기회에 대한 다양한 견해를 바탕으로 신용평가와 사업 모델이 등장한다는 사실에 주목했다. 나는 좀 더 멀리, 5~10년 후에 이것이 어떤 상황으로 발전할지 살펴보고 싶었다.

브렛   이 사업은 지금 발전을 거듭하는 중입니다. 지금까지 위험에 대한 다른 시각, 연체율이 낮으며 매우 효과적으로 보이는 다른 채점과 평가 제도, 이머징마켓의 확보를 위해 사용되고 있는 커뮤니티 참여 등에 대해 알아보았습니다.

가일스, 사람들이 돈을 빌리는 방식, 심지어 저축하는 방식을 계속 파괴한다면 앞으로 10년이 지난 후 상황이 어떻게 변할 것으로 생각합니까? 이 사업의 미래는 어디로 향할까요? 특히 대출에 대한 저항을 줄이면서 금융 분야의 변두리에 위치한 틈새를 어떻게 확보할지, 어떻게 사람들이 여신을 이용하게 될지 궁금합니다.

가일스   틈새라는 단어를 제대로 쓰셨군요. 우리 같은 모델이 갖는 강점은 금융의 작은 부분을 택해서 더 좋은 성과를 거둔다는 겁니다. 그러면 효율성을 높이고, 말씀하셨듯이 저항을 줄이면서 운영할 수 있죠. 저는 P2P 대출 사업체들이 은행이 담당하는 대부분의 대출 사업을 인수할 수 있다고 봅니다. 진심입니다. 우리가 대부분을 가져올 수 있어요. 금융의 모든 작은 부분에서 그런 일이 일어날 수 있다고 생각합니다. 송장(送狀) 할인처럼 다른 금융 분야와 관계가 없는 분야가 많죠. 이 새로운 모델들이 그런 일을 더 잘 처리할 수 있습니다. 은행은 여러 사업 분야에서 비효율적인 모델로 곤욕을 치렀죠. 그들은 오랫동안 당신이 글로 썼던 파괴적인 변화 같은 일에 맞서서 고군분투했어요. 사실 파괴되어야 할 마지막 산업은 은행이며, 제가 생각하기에 바야흐로 그 일이 일어나고 있습니다. 보편적인 모델이 등장해서 더 좋은 성과를 거두기 때문이 아니라, 수많은 소규모 틈새에서 일하는 사람들이 금융의 작은 부분들을 더 잘해낼 것이기 때문에 그런 일이 일어나고 있는 겁니다. 은행 입장에서는 그리 흥미로운 일이라 할 수 없죠.

브렛　제프, 당신은 렌도로 틈새시장을 창조했습니다. 다음 10년 동안 당신의 사업과 이머징마켓의 대출 사업이 어떻게 진행될 것이라고 봅니까?

제프　이 모든 일의 핵심은 변화라는 점에 동의합니다. 제 생각에 소프트웨어, 기술, 소셜 네트워크가 본질적으로 전통적인 금융 서비스의 필요성을 제거할 겁니다. 냅스터Napster가 음악계를 개편하거나 스카이프Skype가 텔레커뮤니케이션을 개편한 방식과 비슷하게 개편될 거예요. 처리 능력과 데이터, 그리고 연결성이 역학을 완전히 바꾸었으니까요.

커뮤니티가 당신을 보증할 수 있다면 대규모 신용 중개자는 필요 없죠. 게다가 버튼만 클릭하면 끝입니다. 시티은행 본점에 있는 메인프레임이 없어도 과정을 처리하고 효과적인 방법을 파악할 수 있어요. 1980년대 중반 세계의 대다수 금융기관의 컴퓨터보다 당신 휴대폰의 처리 능력이 더 대단할 겁니다. 판도가 완전히 달라졌고 앞으로도 변할 것이라는 데 동의합니다.

하지만 소규모 플레이어들이 많아질 것이라는 사실에는 동의하지 않아요. 사실 소비자 금융의 규모가 우리나라 미디어의 두 배 정도에 이를 거라고 생각합니다. 여기서 미디어란 페이스북, 구글, 잡지, 그리고 텔레비전을 말하는 겁니다. 소비자 금융은 이 모든 것보다 더 규모가 크죠.

브렛   제가 보기에 한 가지 확실한 것은, 누군가 개인 대출 같은 상품을 살핀다면 그것은 자동차를 사거나 집을 사거나 혹은 창업의 시기를 앞당길 도구를 찾고 있다는 뜻이라는 겁니다. 은행은 지금껏 이런 다른 활동을 가능케 하는 특정 대출기관이나 대

> **$**
> 1980년대 중반 세계의 대다수 금융기관의 컴퓨터보다 당신 휴대폰의 처리 능력이 더 대단할 것이다.
> __제프 스튜어트(렌도 CEO)

출 자격을 갖출 때까지 그 도구를 찾지 못하도록 막았죠.

제프, 당신이 데이터 분석, 실시간 능력와 관련해 언급했던 도구들을 갖춘다면 결정 시간과 위험평가를 줄이고 별개의 상품 '이벤트'나 별도의 지원 과정 없이 (정확히 당신에게 그것이 필요할 때) 필요한 곳에서 실시간으로 대출을 받을 수 있지 않을까요?

창업을 하거나 집을 사는 것처럼 우리가 수행하는 다른 일들과 관련된 소비자 활동에 금융 지원 결정을 포함시키는 것이 더 논리적이지 않을까요?

제프   물론입니다. 기술을 통해 (실시간으로) 고객의 신뢰도를 수치로 표

현하고, 필요할 때 여신과 다른 금융 서비스를 이용할 수 있게 되리라 생각합니다. 이것은 대출기관뿐 아니라 소비자에게도 옳은 일이죠.

가일스   전적으로 옳은 말씀입니다. 소비자가 핵심이에요. 금융기관들은 지금껏 소비자에 대해 생각하지 않았죠. 우리 같은 기업은 소비자를 우선시합니다. 우리는 소비자가 원하는 경험을 쌓을 겁니다. 실시간 경험일 수도 있고 아닐 수도 있죠. 그건 중요하지 않아요. 문제는 소비자의 편에서 그 일을 하는 겁니다.

더욱 빠르고,
신속하고,
저렴하게

조파와 렌도는 서로 다른 기업이지만 이들 인터뷰에서 되풀이해 등장하는 몇 가지 주제가 있다.

첫째, 대출 사업을 더 잘하기 위해 반드시 은행의 방식을 따를 필요가 없다는 사실이다. 조파와 렌도는 모두 동급 은행에 비해 핵심 사업의 효율성이 높으며 연체 위험이 전반적으로 낮다. 대형 금융기관보다 수익률은 적지만 그런 한편 비용 기반, 확보 비용, 유통 비용이 현저하게 적고 위험 평가 모델이 더 정확하기 때문에 은행이 같은 기준으로 경쟁할 수 없다.

신세대 대출기관이 적어도 이론적으로는, 상업 대출을 창시했던 사람들보다 더 훌륭하고 저렴하며 안전하게 일하고 있는 것이다.

둘째, 조파와 렌도는 모두 어떤 대출기업을 세우거나 어떤 제품을 제공해야 하느냐가 아니라, 해결해야 할 고객의 문제가 무엇이냐를 출발점으로 삼았다.

위험평가 과정과 고객 참여 관점에서 볼 때, 오늘날 대출의 문제는 특히 지원 과정에서 짜증을 유발한다는 데 있다. 일반적으로 대출받는 과정 내내 즐거워하는 고객은 없다. 아울러 집이나 자동차를 구입하든 해외여행 중에 신용카드를 사용하든 상관없이 좀 더 원활한 삶을 위해 대출이 필요하다.

렌도는 새로운 시장이 10년쯤 지나면 수천억 달러의 규모로 성장할 것이라고 내다보았다. 그들은 현재 시장의 서비스가 크게 부족하다는 사실과 더불어 전통적인 신용평가 방식이 더는 통하지 않을 것임을 깨달았다.

데이터를 확보할 수 없었지만 데이터가 있다 하더라도 이 단계에서 은행들은 이머징마켓의 새롭게 부상하는 중산층을 멀리할 터였다. 아니, 사실 생각조차 못할 일이었다.

대기업들이 활약할 만큼 시장이 성숙할 무렵이면 렌도와 같은 플레이어들은 운영 면에서(커뮤니티 신뢰는 말할 것도 없고) 확실히 유리할 것이며, 브랜드 구축에 수백만 달러를 투자하지 않고서 그들을 따라잡기란 거의 불가능해질 것이다.

조파의 경우 성공의 주요 요인은 데이터다. 조파는 은행과 똑같은 데이터를 이용하지만 가일스가 인터뷰에서 말했듯이 그들은 더 많은 데이터를 이용하며 데이터 분석력이 더 뛰어나다. 그 덕분에 조파의 연체율은 지난 몇 년 동안 영국 시장에서 연체율이 가장 낮았던 HSBC 은행의 거의 절반 수준이다. 이는 다시 말해, 현재 영국에서 영업하는 상업은행들의 수익률과 가산금리가 10퍼센트에 이르지만 3퍼센트라는 수익률과 가산금리만으로도 충분히 운영이 가능하다는 뜻이다. 양도성 예금증서나 고정 예금보다 이자는 더 많고, 변동률이 높은 주식시장보다 위험성은 적은 기업에 투자하려는 기관투자가들에게 조파 같은 플레이어들은 매우 바람직하며 소위 대마불사들이 제공하는 포괄 대출 포트폴리오보다 더욱 훌륭한 투자 대상으로 보인다.

한편, 앞으로 5~10년을 내다보았을 때 또 한 가지 중요한 요소로 떠오르는 것이 있으니 바로 소비자 경험_{customer experience, CX}이다. 대출 상품의 승인 시간은 지난 20년 동안 대폭 줄었다. 사내 금융 지원의 경우 많은 선진국에서 실시간으로 승인이 진행되기도 한다. 그러나 스마트폰과 모바일 태블릿이 등장함에 따라, 부동산 중개인이나 새 자동차를 두고 흥정하며 대리점에 서 있는 소비자들은 실시간으로 금융 지원의 사전 승인이 결정되기를 원할 것이다. 비록 즉시 자금을 이용할 수는 없을지라도 말이다. 따라서 지원서 뒷면에 위험평가를 실시하는 대출 '상황'을 고집하는 은행은 성공하지 못할 것이다. 기존의 신용평가 시스템에서 분리해 이 과정을 자동화하는 은행의 연체율은 높아질 것이다. 더 많은 것, 더 똑똑한 것이 필요하다.

바로 이때 대출 게임에 빅 데이터와 분석이 등장하며, 더불어 더욱 이례적인 사고방식도 한 가지 등장한다. 렌도가 선보인 커뮤니티 보증 시스템이 그것이다. 친구들이 당신을 보증하지 않으면 여신을 이용할 수 없는 이러한 시스템하에서, 만일 상환을 연체할 경우 그것이 장차 당신의 보증과 여신 이용에 영향을 미칠 가능성이 있다면 실제로 보증을 서는 친구들에 대해 매우 신중해질 것이다. 예를 들어 이머징마켓에서는 전통적인 FICO(미국의 개인대상 신용평가모델 개발회사 —옮긴이 주) 신용점수를 매길 만큼 많은 데이터를 구성하기 위해 노력하기보다는 이런 유형의 시스템이 훨씬 더 효율적일 수 있나. 어떤 친구가 자동차를 고칠 자금으로 500달러를 빌린다 치고, 그 돈을 상환하지 않을 가능성이 있다고 하자. 이 시스템은 그런 친구를 공동으로 알고 있는 단짝 친구들의 모임이나 다름없다.

기술을 이용하거나 소비자 행동과 습관을 변화시키는 혁신가들처럼 대출 분야의 혁신가들은 다음과 같은 요소들을 찾고 있을 것이다.

- 긴 승인 시간, 복잡한 지원 과정, 그리고 투명성 부족 등의 문제를 가진 현행 시스템이나 프로세스에 대한 저항.

- 소비자 행동에 기초한 더욱 정확한 모델을 비롯해 위험을 파악하는 새로운 방식을 토대로 한 더욱 효과적인 위험 모델. 이 모델은 오늘날 대개 후행 지표에 토대를 둔 일반적인 모델보다 연체 가능성을 더욱 정확하게 알려준다. 몇 년 후면 대출 분야에서 수백만 달러 규모 사업으로 성장해 한층 더 정확하게 예측할 수 있는 데이터가 낡은 신

용평가 모델을 급속도로 대체할 것이다. 현재 이 분야에서 이뤄지고 있는 투자 실태는 매우 흥미롭다.

- 커뮤니티 영향력, 신뢰 범위, 더 저렴한 비용을 토대로 한 더 저렴하고 더 확장성이 큰 고객 확보 모델, NYLX 데이터(www.nylx.com)에 따르면 미국의 평균 중개 수수료는 약 2,480달러이며 규모가 더 큰 주택담보대출기관은 유효 잠재 고객을 확보하기 위해 대출당 800~1,200달러를 지불하고 있다. 순수 온라인 사업체의 고객 확보 비용은 지금껏 절반 이상 줄어들었지만 조파와 렌도 같은 기업의 비용은 그보다 훨씬 적다.

아직 연구되지 않았지만 중대한 역할을 담당할 또 다른 요소가 있다. 렌도나 조파에서도 찾아볼 수 없으나, 특히 렌도가 이 분야에 쉽게 적응할 수 있으리라 짐작한다. 그것은 기존의 대출이 있을 경우에 더욱 효과적인 위험 관리가다.

오늘날 대출 연체를 살펴보면 체납자를 추적하는 프로세스에는 상당한 비용이 필요하며 성공률도 여전히 낮다. 고객 서비스 비용이 증가해 부채 회복 조치나 결국에는 법적 조처를 할 가능성이 있다. 이 모든 것이 수익률에 타격을 주고 어쩔 수 없이 대손상각을 초래한다. 그러나 은행이 기술을 활용해 연체 위험을 키울 결정을 내리기 직전에 고객에게 알리고 그런 다음 위험이 커질 만한 나쁜 결정을 내리지 않도록 지도한다면 이것이 연체 상황에서 발생할 수 있는 전형적인 공격적 조치에 비해 더 효과적일 것이다. 이를 처벌 조치가 아니라 예방적 위험 관리라 부르자.

고객 행동을 관리하거나 수정함으로써 위험을 관리하는 잠재력은 오늘날 이용할 수 있는 기술과 데이터를 통해서만 살필 수 있는 영역이다. 이것은 대출 사업의 게임 체인저가 될 가능성이 있다.

데이터 프론트data front의 다른 영역으로 사전 승인 능력과 고객에게 금융지원기관이 필요할 때를 평가하거나 예상하는 능력이 있다. 사전승인

기관과 대출의 필요성을 연결하는 능력을 갖춘 대출기관은 머지않아 큰 이익을 얻을 것이다. (자동차 대리점에 가든, 주택 구입과 관련된 정보를 스마트폰에서 검색하든, 아니면 딸아이가 열여덟 번째 생일이나 고등학교 졸업식, 대학교 입학을 맞이하든 상관없이) 대출 상황을 초래하는 요인이 발생할 때 이 모든 데이터가 고객이 대출이 필요하다는 사실을 깨닫기도 전에 고객의 필요를 더욱 효과적으로 충족시킬 능력을 제공할 것이다.

조파나 렌도 같은 미래의 대출기관들은 대출 기회와 위험 문제에 대해 매우 다르게 생각하며 그것을 바탕으로 기존 기관들보다 더욱 빠르고 효과적이며 저렴하게 대처한다. 그들은 분명 핀테크 전쟁에 동참할 자격이 있다.

Who's Who in FinTech 인터뷰이 소개

제프 스튜어트

열 살에 레모네이드 가판대를 열고 난 후부터 줄곧 기업가의 길을 걸었다. 제프는 세계 최초로 신흥 중산층이 그들의 온라인 사회관계를 이용해 신용가치를 구축하고 지역의 금융 서비스를 이용할 수 있게 하는 온라인 커뮤니티의 창립자 겸 CEO이다. 지난 15년 동안 제프는 6개가 넘는 기술 회사를 창업해 현재 4개 대륙에서 활약하며 1,000명이 넘는 직원을 고용하고 있다. 그 중에는 벤처 개발 회사 어전트 그룹(Urgent Group), 앤젤 단계(창립 초창기 투자가가 필요한 단계—옮긴이)의 기술 신생 기업에 공동 투자하는 어전트 벤처스 LLC(Urgent Ventures LLC)가 있다. 제프가 창립한 또 다른 회사 미메오 닷컴(Mimeo.com)은 월간 경제 매거진 〈Inc.〉 선정 급성장하는 500대 기업, 세계적 정보기술 매체 〈레드 헤링(Red Herring)〉 선정 기술을 주도하는 100대 민간 기업, 딜로이트(Deloitte)의 테크놀로지 패스트 500(Technology Fast 500)에 선정되었다.

가일스 앤드류스

세계 최초 P2P 대출기업인 조파 창업자 가운데 한 명이며 현재 CEO를 맡고 있다. 그의 사이트 Zopa.co.uk에 실린 자기소개가 무척 마음에 들어서 여기에 다시 실었다.

"나는 회사 창립자 가운데 한 명이지만 그것이 내 아이디어였다고 말하기는 곤란하다! 현재 회사를 운영하고 있는데, 이 회사는 기본적으로 내가 없어도 더 훌륭하게 회사를 경영할 인재들을 찾는 일을 수행한다. 그 덕분에 나는 외부적으로 조파를 홍보하는 일을 계속하며 언론을 상대하고 가장 최근의 관심사인 로비 활동을 한다. 아, 그리고 금요일 저녁에는 술을 산다. 혹시 그건, 사실상 회사를 운영하는 장본인들의 영리한 책략이었던 걸까?

나는 조파 바깥에서, 석유로 연료를 공급받는 물건들 그리고 언젠가 P2P 대출이 현금 자동지급기만큼 일상적인 것으로 성장하기를 바라는 두 작은 괴물에게 불건전한 관심을 가지고 있다."

PART 2

페이먼트 전쟁 :
점점 더 똑똑해지는
결제수단

더 빠르게,
더 간단하게!

모바일 결제 스타트업들 모두가 새롭고 더 효과적이며 빠르고 단순한 모바일 프론트 엔드를 창조하기 위해 노력하고 있다. 앞으로 기존 시스템은 '그저 괜찮게' 작동하기만 해서는 존재할 수 없을 것이다. 미래 결제의 핵심 요소는 최소한의 저항으로 최대한 유익한 환경에서 언제 어디에서든 돈을 주고받을 수 있게 하는 일이다. 기존 시스템은 그것을 제공하지 못하고 있다.

역사가 결제에 대해 가르쳐준 것들

생일에 할머니로부터 받던 수표부터 월급, 장기 주택담보대출, 월세 지불에 이르기까지 우리가 즐겨 이용하는 금융의 용도는 지불과 관련이 있다. 상점에서의 카드 지불이든, 은행 간 결제든 아니면 국제 전신 송금이든 상관없이 '은행'은 지금껏 대개 그런 기본적인 역할 때문에 찾아가는 곳이었다. 하지만 오늘날에는 온라인과 디지털 결제 혁명이 일어나고 있으며 그중 상당 부분은 비(非)은행권에서 진행된다.

매우 단순한 지불 처리 메커니즘을 창조하는 페이팔PayPal부터 최근 등장한 드올라Dwolla, 스퀘어Square, 벤모Venmo, 레벨업LevelUp, M-페사M-Pesa, 알리페이^{AliPay} 등에 이르기까지, 몇 년 전만 해도 조심스러운 금융가가 상상했을 법한 (어쩌면 그 이상일 수도 있는) 많은 결제 선택 방안이 현실화되었다.

잠깐 결제의 역사를 살펴보자. 가장 초창기의 교환과 물물거래 시스템에서도 결제 방식은 대개 상당히 단순했다. 유럽에서 지폐를 최초로 도입한 곳은 1661년 스웨덴으로, 역사적인 면에서 볼 때 그리 오래전이 아니다. 국가에서 발행한 화폐의 교환은 분명 18세기 무렵에 정립되었지만, 본질적으로 그것은 상당히 단순한 가치 교환 시스템이었다.

전화 통신에 뒤이어 컴퓨터가 출현하면서 세계의 한 지역에서 다른 지역으로 현금을 보내는 기능이 등장했다. 그러나 이것은 지폐나 물물 교환을 바탕으로 한 전통적인 금전 거래보다 복잡했는데, 그 과정에 믿을 수 있는 관계자가 참여해야 했기 때문이다. 그러나 이익 시스템이나 가치 교환은 건재했고, 이 기술 덕분에 장거리에서 효과적으로 실행될 수 없었던 거래가 마침내 가능해졌다.

수표 결제를 위해서 공공기관이 설립돼야 했지만, 수표는 수취자만 사용할 수 있는 보호된 결제액을 보낼 수 있다는 뚜렷한 장점을 가지고 있었다. 서류 작업을 하고 우편으로 발송하고 예금해야 하는 등의 상대적인 복잡성보다 그러한 장점이 더 중요했다.

신용카드 결제 네트워크가 등장했을 때 핵심 개념은 현금을 가지고 다닐 필요가 없다는 사실이 아니라, 어디에서든 결제를 할 수 있다는 사실이었다.

기본 시스템은 상당히 복잡했지만 일단 너클버스터^{knucklebuster}(카본지를 이용해 전표에 압인하는 방식의 초창기 카드 단말기를 가리키는 별칭) 기술에서 전자 POS 단말기로 시스템이 바뀌자 소비자 경험이 무척 단순해졌다. 그래서 소비자 수용의 관점에서 볼 때 신용카드가 큰 인기를 얻을 수 있었다. 그 결과, 전통적인 현금 본위 시스템과는 달리 더 빠른 속도의 전송과 신원 확인의 필요성을 토대로 한 현대적 결제의 복잡성이 점차 증가하는 경향이 나타났다.

급속도로
바뀌고 있는
결제 패러다임

2009년 마이크로소프트 쇼케이스 비디오에서 사용자가 현금을 바꾸거나 카드를 긁거나 버튼을 누를 필요 없이 요금을 낼 수 있는 택시 요금 이동 결제가 처음 구상되었다. 나는 이것이 현대 결제의 결정체라고 생각한다. 그것은 여러분의 신분을 확인할 만큼 똑똑하지만, 수년 동안 축적되었던 결제 저항을 모두 제거해 버린다. 어떤 물리적 행동을 할 필요가 없으므로 사실 현금보다 저항이 더 적다.

오늘날 그 기술이 이용되는 훌륭한 사례로 우버Uber(모바일 차량이동 예약 서비스)가 있다. 여러분은 우버 자동차에 타서 이동한 다음 목적지에 이르면 자동차에서 내린다. 우버 네트워크를 통해 결제가 자동으로 진행되고 전화로 영수증이 전송된다. 결제 과정이 모두 사라진 것이다.

결제 분야에서 현재 사용되는 모든 기술의 결정체는 결제를 매력적으로 만든 것은 물론이고 눈에 보이지 않고 저항이 없는 과정으로 만들었다.

이 새로운 결제 패러다임에서 등장하고 있는 독특한 가치는 결제 자체의 용이성이 아니라 지식과 환경이다. 이런 식으로 생각해 보자. 예전에 세계의 어느 한 장소에서 다른 장소로 전화를 걸기 위해서는 전 세계 전화교환원 사이의 수익 공유 합의, 전송과 기술 기준, 이동전화의 제조 시스템, 디지털 신호 처리 칩과 셀 타워, 교환 기술 등이 전제되어야 했다. 그러나 오늘날 전화를 거는 것은 그리 복잡하지 않다. 그저 번호를 누르면 마법이 일어난다. 기술, 프로토콜, 시스템은 대부분 눈에 보이지 않는다. 전화가 걸리고 우리는 청구서를 받는다.

겉으로는 무척 매력적이고 단순한, 사용자 경험이 보일 뿐만 아니라 복잡한 것들은 모두 뒤에 숨겨져 있는 결제를 '복잡성'이라는 측면에서 바라보면 어떨까. RFID, NFC, BLE 등의 무선 기술, 모바일, 생물측정학 등 여러 면에서 우리가 성취한 진보들이 결제 경험에 통합되어 지난 60년 동안 시스템에 등장했던 저항을 제거하고 있다. 그 저항은 가치가 아니다. 그저 진화하는 시스템에서 나타나는 복잡성일 뿐이다. 기존 기관들은 경쟁으로부터 자사를 보호한다는 이유로 이 저항을 중요시하지만, 과거의 결제는 구조상 그다지 복잡한 단계가 아니었다. 최근 몇 년 동안 우리가 그런 식으로 만들었을 뿐이다.

이는 바뀌어야 하고 사실 급속도로 바뀌고 있다. 이번 인터뷰의 주제는 바로 이것이다.

인터넷이
규칙을
바꾼다

결제에 관한 한 미국에서 수표가 사라진다거나 혹은 모바일과 클라우드가 어떻게 혁신적인 결제 기술을 주도할 것인지와 관련해 회의주의가 존재한다. 최근 〈퓨처 뱅크Future Bank〉라는 잡지와 인터뷰를 했는데 그들은 영화 〈캐치 미 이프 유 캔〉의 실제 인물인 프랭크 애버그네일이 다음과 같이 말했다고 언급했다. "화장지가 존재하는 한 수표는 존재할 것이다." 미안하지만 나는 그의 의견에 동의할 수 없었다. 아직도 세계에서 쓰는 수표의 2/3가 여전히 미국에서 발행되지만, 그럼에도 오늘날 수표의 극적인 쇠퇴를 쉽게 확인할 수 있다.

2000년 한 해 동안 약 170억 건의 수표가 미국에서 발행되었다. 이 수치는 현재 1년에 약 50억 건으로 감소했으며 이 수치가 다시 절반 수준으로 감소할 2018년 무렵이면 미국의 수표는 95퍼센트가량 감소해 개인 결제 용도로만 쓰일 것이다. 이것이 극적인 변화가 아니면 무엇인가. 오늘날 수표 사용이 증가하는 국가는 단 한 곳도 없다.

문제는 '우리가 사용하는 현행 결제 시스템을 대신할 어떤 새로운 대안이 있을까?'이다. 현금, 수표, 전통적인 은행 네트워크를 사용하고 있는 지금 무엇이 등장해 이를 뒤흔들 것인가? 오늘날 목격하는 혁신이 정말로 수표와 현금을 사라지게 만들고, 그 과정에서 매우 다른 결제 환경을 창조할 것인가?

나는 결제 분야의 주요 혁신가로 손꼽히는 드올라의 창립자 벤 밀른Ben

Milne에게 물어봐야겠다고 생각했다. 드올라는 2013년 시리즈C에서 1억 6,500만 달러를 거둬들이고 샌프란시스코로 활동 영역을 넓혔다. 2013년 10월 드올라는 ADS^Alliance Data Systems와 협력해 최종 소비자에게 자사의 드올라 신용 서비스를 제공하기 시작했다. 카드 없는 자가(自家) 신용 상품인 백엔드 서비스에 가맹한 매장(출시 당시 40개)에서 소비자는 드올라를 통해 지불할 수 있다. 현재 2만 5천 개 매장과 비영리 단체, 정부가 드올라의 서비스를 이용한다. 최근 엠파운드리(mFoundry)와 파트너십을 맺은 덕분에 800개가 넘는 은행과 신용조합을 자사 네트워크에 확보하게 되었으며 2012년 현재 사용자는 20만 명이 넘는다. 드올라의 수수료는 거래당 고작 25센트이며 10달러 미만의 거래는 무료이다.

브렛   벤, 드올라가 어떻게 탄생했으며 어느 정도 성장했는지에 대한 이야기로 시작해 보죠. 파괴적인 결제라는 주제를 다루면서 결제 분야에서 현재 일어나고 있는 일에 대해서도 이야기를 나눌 겁니다. 고민되는 점은 무엇인가요? 어느 분야에서 큰 진보가 일어나고 있습니까? 우선 당신의 사업을 잘 모르는 분들을 위해서 드올라가 어떤 회사이며 어떻게 탄생했는지 설명해 주시겠어요?

벤   드올라는 기본적으로 모든 사람이나 대상이 인터넷에 접속해서 인터넷에 연결된 모든 사람이나 대상에게 돈을 보낼 수 있는 결제 네트워크입니다. 어디서 누가 돈을 받는지에 상관없이 정산 수수료를 지불하지 않고 돈을 받을 수 있죠. 이 비교적 단순한 일이 가능해진 것은 이유를 막론하고 인터넷으로 연결된 모든 장치가 돈을 교환할 수 있는 결제 네트워크를 구축했기 때문입니다. 드올라는 예전에 경영하던 회사에서 시작되었습니다. 저는 전자

상거래 회사를 소유하고 있었는데 고객들의 모든 주문이 우리 웹사이트로 들어왔죠. 회사를 매각할 무렵 연간 매출은 150만 달러 정도였습니다. 그건 연간 신용카드 수수료가 약 5만 5천 달러라는 뜻이었죠. 저는 수수료를 지불하지 않고 우리 웹사이트에서 결제할 수 있는 시스템을 찾기 시작했지만 허탕을 쳤습니다. 그래서 직접 만들기 시작했죠.

브렛 드올라는 ACH네트워크(미국의 수표 교환 네트워크)부터 은행 간 전신 송금 네트워크, 비자, 마스터카드, 디스커버, 아멕스 같은 부류를 대체할 수 있는 파괴적인 내부 거래 결제 시스템에 이르기까지 모든 것을 대체할 기관으로 여겨지고 있습니다.

드올라를 창립할 때 어느 분야에서 가장 파괴적인 조직이 될 것인지와 관련된 구체적인 목표가 있었나요? 아니면 주로 A라는 사람이 B라는 사람 또는 B라는 회사에 더 쉽게 돈을 보낼 수 있게 하는 것을 목표로 삼았나요?

벤 좋은 질문입니다. 시작할 때만 해도 그 문제를 진지하게 생각하지 않았어요. 우리는 막 단순한 일들을 시작한 참이었고, 그 단순한 일들이란 '인터넷으로 누군가의 돈에 접근하고 그것을 누구와도 교환할 수 있어야 한다'는 것이었습니다. 그리고 모든 돈이 기본적으로 데이터로 추적되기 때문에 교환 비용이 많이 들지 않아야 했죠. 이를 위해서는 결국 엔드 투 엔드end-to-end의 해결책을 창조해야 한다고 판단했습니다. 회사 규모가 커지면서 ACH 시스템과 비슷한 부류에 내재된 한계를 깨닫기 시작했죠. 우리의 초창기 철학은 '우리는 그저 이 단순한 문제를 해결하고 싶다'는 것이었어요. 처음부터 실제로 문제가 얼마나 큰지를 이

해했다고 생각지는 않습니다.

문제를 해결하기 위해서는 금융기관이 아니라 소비자와 개발자, 판매자들이 직접 의사소통할 수 있는 엔드 투 엔드 해결책을 마련해야 했죠. 금융기관의 핵심에 있는 모든 것과 직접 연결되지만 최종 소비자와 계속 상호작용하는 방식을 찾자는 생각이었어요. 당시로선 정확히 어떤 식으로 전개될지 몰랐지만, 어쨌거나 인터넷은 개방돼야 하고 네트워크가 우리를 데려가는 곳이 어디든 따라가야 한다고 믿었습니다.

브렛 당신의 팀에 대해 말씀해 주시죠. 드올라는 어떤 사람들로 이루어져 있습니까?

벤 현재 디모인, 캔자스시티, 오마하, 그리고 뉴욕에서 약 40명이 일하고 있고 계속 성장하고 있습니다. 우리는 결제가 더 개선되어야 한다고 믿는 사람들의 집단에 지나지 않아요. 정말로 운이 좋아서 아이오와주 디모인과 오마하의 금융 서비스 분야에서 잔뼈가 굵은 많은 사람들에게서 결제 인프라스트럭처에 대해 배웠지요. 솔직히 그들의 밥줄인 분야인데 말입니다. 그곳은 화이트칼라 금융 서비스의 도시니까요.

브렛 저는 뉴욕을 비롯한 여러 곳의 모임에서 드올라 직원을 많이 만나봤습니다. 자기 일에 지극히 열정적인 사람들이더군요. 그건 신생 기업에서는 대단한 겁니다. 팀원들에게 열정을 불러일으키는 방법이 있습니까? 아니면 팀 문화에 어울릴 사람을 어떻게 알아보나요?

벤 실제로 일을 성사시키고 싶어 하는 의욕적인 사람들은 눈에 띄기 마련이죠. 드올라는 성과를 거두는 사람들을 발전시키는 한편, 우리가 해결해야 할 중대한 문제가 무엇이며, 서비스를 제공할 수 있는 시장의 규모로 성공이 평가된다는 사실을 모든 사람에게 확실히 전달하는 문화를 가지고 있습니다. 우리 회사에서 시장이 얼마나 큰지, 기회가 얼마나 많으며, 또 성공하기가 얼마나 어려운지 제대로 이해하지 못하는 직원은 없을 겁니다. 그들은 그걸 제대로 이해하기 때문에 정말 열심히 일하죠. 그리고 훌륭한 성과를 거두면 모든 사람이 축하해줍니다.

브렛　앞서 미국 카드 결제 네트워크에서만 해도 수수료가 약 400억 달러 정도 발생한다는 이야기를 했습니다. 물론 P2P 송금 경제의 실제 규모는 그것보다 훨씬 더 크죠. 드올라를 거쳐 갔으면 하고 바라는 총 결제액의 목표는 어느 정도인가요?

벤　우리가 겨냥하는 시장은 신용카드, 페이팔 같은 제3자 생태계, 그리고 수표와 전신 송금입니다. 전체 시장 규모는 수백 조에 이르죠. 무엇과도 견줄 수 없을 만큼 터무니없이 거대한 시장인데 미국 시장만 계산한 겁니다. 우리는 개인 대 개인, 기업 대 소비자, 기업 대 기업은 물론이고 소비자 대 정부, 정부 대 소비자 등의 새로운 사업 발전 활동을 모색하고 있습니다. 이들은 모두 우리 경제를 뒷받침하는 핵심 아키텍처의 이용 사례입니다. 여기에 ACH와 페드와이어^{Fedwire}(연방준비은행을 이용하는 은행 간 자금결제 시스템) 시스템이 포함되죠. 우리는 그것이 기회일 뿐만 아니라 시장 규모를 정확하게 보여주는 사례라고 봅니다. 그러니 시스템이 사용되는 방식을 대폭 개방할 수밖에 없습니다.

정부에 서비스를 제공하는 우리 회사의 소프트웨어는 사람들이 커피를 살 때 사용하는 소프트웨어와 똑같습니다. 그런 식으로 기술이 개방되고 다양하게 쓰이는 거죠. 세계 시장 규모를 수치로 평가할 방법은 아직 모르지만, 우리가 느끼기에 미국이 제공하는 기회는 무시할 수 없을 만큼 큽니다. 드올라가 커질수록 사람들의 주머니에 더 많은 돈을 챙겨주고 유통시킬 수 있을 겁니다.

브렛　현재 소비자들은 드올라를 어떤 식으로 이용합니까? 그리고 그것이 앞으로 어떻게 발전할까요?

벤　일반적으로 자신이 원하고 필요로 하는 물건을 사거나 커피숍, 바에서 계산할 때 이용하고 있습니다. 하지만 소비자가 자신이 판매하는 제품이나 서비스의 대금을 받는 이용 사례가 가장 크게 증가하고 있죠.

우리는 결제가 더 개선되어야 한다고 믿는 사람들의 집단이다.
__벤 밀른(드올라 CEO)

특히 프리랜서들은 우리의 큰 시장입니다. 전국 방방곡곡의 수천 명에게 빠른 속도로 거금을 지불해야 하는 시장, 그리고 결코 수표를 보내고 싶어 하지 않을 시장이죠. 지금 소비자가 가장 크게 상승하는 분야는 소비자들이 실제로 거금을 받고 다른 보관 장소와 용도를 찾는 경우입니다. 그들은 그 돈을 때로는 직접 은행계좌에 넣고 때로는 교환하죠.

하루에 몇십만 달러를 받는 프리랜서들의 집단이나 수백 달러를 받고 메이저리그 게임 대회에서 활약하는 사람들의 집단 등 상황을 눈여겨보기 시작하면 놀랍습니다. 열여덟 살짜리 그래픽 디자이너와 서른다섯 살 그래픽 디자이너의 구매 행동은 서로 다르죠. 우리의 목표는 분명 그들이 드올라 네트워크 내에서 그 돈을 쓸 다른 방법들을 찾도록 돕는 일입니다.

브렛 근사하군요! 1년 후 드올라에 어떤 흥미진진한 일이 일어날지 궁금한데요!

벤 초점을 잃지 않고 계속 열심히 일해야 합니다. 우린 정말로 효과적인 방식들을 찾았죠. 이렇게 큰 시장에서 일단 효과적인 것을 찾았다면 반짝이는 새로운 것들에 현혹되지 않아야 합니다. 지금 우리가 초점을 맞추고 있는 건 바로 이겁니다. 우리가 발전할 수 있는 파이프라인에 속한 고객들에게 서비스를 제공하고, 이 프로젝트를 진행하고, 현재 우리가 가진 대단한 제품으로 회사를 계속 성장시키는 거죠. 초점을 잃어서는 안 됩니다.

결제 시스템에
공통 기준이나
은행이 필요할까?

미국은 1930년대 대공황 이후 맞이한 최대의 경제 침체 여파에서 아직 완전히 벗어나지 못했다. 그럼에도 지난해 세계 GDP에서 미국의 공헌도는 20퍼센트에 육박했다. 미국, 영국, 독일, 러시아와 CIS(독립국가연합) 국가, 중국이 현재 세계 결제 분야를 지배하고 있지만 비은행권 규모에서는 미국이 세계 총 매출 가운데 50퍼센트 이상을 차지한다. 세계 전자결제와 거래 분야는 북미(캐나다와 미국)가 여전히 지난 몇 년 동안 세계 결제 규모의 절반을 차지해 비슷한 실정이다. 적어도 부분적으로는, 탄탄한 결제와 금융 인프라스트럭처 덕분이라고 생각하는 편이 합리적일 것이다.

시장조사기관 셀렌트Celent는 지난해 전 세계에서 발행된 수표 가운데 2/3가 여전히 미국에서 발행된 것이라고 보도했다. 세계가 더 빠른 속도의 결제를 향해 변화하고 있는 시기에 미국은 체크21(발행 수표를 전산 처리해 결제 기간을 단축하는 것 —옮긴이 주)법을 강화하고 1950년대에 처음 대중화된 시스템을 지지해왔다. 최근 미국 금융계는 미국에서 실시간 ACH 결제를 시험 운용하는 NACHA 간편 처리와 결제Expedited Processing and Settlement, EPS 이니셔티브가 표결에 부쳐졌을 때 이를 부결시켰다. 2012년 1/4분기, 카드 결제에 EMV 기준(유로페이, 마스터카드, 비자 등 세계 3대 신용카드 관련회사가 공동으로 제정한 IC카드 관련기기의 국제기술 표준)을 채택하지 않은 나라는 미국과 북한뿐이었다. 그러던 것이 2012년 4/4분기에 북한이 EMV 기준을 채택하면서 미국은 유일하게 이를 거부한 국가가 되었고, 2015년 10월 EMV

출시를 둘러싸고 판매자와 발행인, 그리고 네트워크 사이에서 논란이 아직도 진행 중이다. 세계적으로 발전하는 결제 인프라스트럭처의 모습으로 보이지는 않는다.

판매자, 은행, 발행인, 그리고 네트워크가 채택 조건에 합의하지 못한다는 사실은 접어두고 미국에서 EMV 기준에 대한 지지가 부족한 것에 대한 가장 일반적인 변명은 다음과 같다. 즉, 미국은 EMV를 건너뛰고 모바일로 직행할 생각이라는 것이다. 이 방침을 따를 때 가장 논리적인 조치는 안전 요소 배치를 위해 적어도 이동전화용 비자와 마스터카드의 네트워크를 개편하는 부분적인 조치로서 수정된 EMV 기준을 채택하는 것일 터이다. 그러나 무접점 및 모바일 결제를 위해 비자와 마스터카드가 이용하는 전송 기술인 NFC는 미국에서 가장 고전하고 있다.

최근 많은 결제 전문가들은 NFC를 총체적인 실패라고 낙인을 찍었으며 덕분에 이 기술은 '비소비자용Not For Consumer'이라는 별명을 얻었다.

구글 월렛Google Wallet에서 구글이 이 기술을 공개적으로 지지하고 핸드셋 제조업체들이 대폭적으로 채택했음에도, 대형 소매업체들이 더빈Durbin 효과(미국의 금융개혁법안인 더빈 개정안으로 인해 정산 수수료가 조정되어 은행의 수입이 줄어든 것을 말함 —옮긴이 주)와 수수료에 대해 논의하는 동안 기존 POS 단말기를 대체하는 일을 보류하는 바람에 미국에서 POS에 NFC를 채택하는 과정은 안타까울 정도로 지지부진했다. 미국에서는 NFC에 대한 지지가 미온적이었지만 유럽, 호주, 중국, 그리고 동남아시아국가연합의 무접점 거래는 계획된 속도로 진척되고 있다.

프랑스, 영국, 호주, 폴란드 같은 국가들의 무접점 거래는 25~60퍼센트로 기록적인 규모에 이르렀다. 이에 비하면 모든 카드의 무접점 거래 비율이 0.9퍼센트에 불과한 미국의 현재 실정은 초라해 보인다. NFC는 현재 전 세계 70개국에서 시험 중이다. 이에 결제 업계는 대대적으로 비판을 퍼붓고 있으나, 그럼에도 현행 POS 네트워크는 모바일 결제로 변화한 이후에도 살아남을 가장 안전하고 확실한 방책처럼 보인다. 만일 은행의 주장이 모바일이 '칩과 핀'(EMV에서 일반적으로 채택하고 있는 칩과 핀의 이중 인증 시스템 —옮긴이 주)을 건너뛰고 있어서 EMV 기준을 채택하지 않는다는 뜻이라면 상식적으로 생각할 때 결제업계는 적극적으로 모바일 결제 기준을 따라야 할 것이다.

바깥에서 안을 들여다볼 때 미국의 로컬 시스템은 빠른 속도로 수많은 활동이 진행되는 대대적인 폐쇄 결제 시스템으로 변하는 중이지만, 나머지 세계와의 상호운용이라는 면에서는 고전하고 있다. 미국은 결제의 섬으로 빠르게 변하고 있으며 미국의 수표와 카드 기준 시스템은 세계 다른 지역에 비해 10년 정도 뒤처진 상태다.

혁신과
자유 시장만으로는
충분치 않다

미국은 6천 개가 넘는 은행과 지방은행 그리고 7천 개가 넘는 신용협동조합을 보유한 세계에서 가장 복잡하고 다양한 금융시장이다. 머케닉스 은행Mechanics Bank의 디지털 채널 전략 책임자인 브래드 라이머Brad Leimer는 최근 내게 미국에만 모바일 결제 스타트업이 500군데가 넘는다고 지적했다. 이것은 과거 엄청난 혁신을 이룩한 자유 시장경제가 전성기를 맞았다는 뜻이다.

페이팔은 현재 다국적 결제 기업 가운데 가장 성공한 사례로 손꼽힌다. 2013년 3/4분기의 총 결제액이 전년 대비 25퍼센트 증가해 430억 달러에 이르렀지만 페이팔에게는 인스토어 시장으로 진출해야 한다는 숙제가 남아 있다. 덧붙이자면 올해만 해도 페이팔의 모바일 결제액은 최소 200억 달러에 이를 것으로 예상한다. 따라서 미국에서 ACH 방식은 실패했을지 모르나 페이팔은 여전히 실시간 대응성과 모바일 결제에 대한 소비자의 수요로 뒷받침되는 인프라스트럭처로의 길을 열고 있다.

구글 월렛과 ISIS(미국의 통신 3사가 바클레이즈, DFS와 함께 만든 모바일 결제회사)는 지난 2년 동안 각자의 월렛 기술에 약 10억 달러를 투자했으나 적합한 POS 인프라스트럭처가 없다는 이유로 큰 벽에 부딪혔다. 최근 몇 달 동안 2,500만 달러를 확보한 결제업계의 최고 신참인 클링클Clinkle은 스퀘어, 드올라, 벤모 등과 맞서기 위해 경쟁의 장으로 들어설 예정이다. 스퀘어는 판매자 확보 면에서는 획기적인 성과를 거두었으나 여전히 구식 전자 카드 판독 기술에 의존한다.

다음으로 미국에는 대형유통업체들이 함께 만든 MCX**Merchant Customer Exchange**가 있다. 인스토어 결제 기술로, 주로 판매자들이 비자와 마스터 카드의 전통적인 카드 네트워크를 우회해 인하우스 거래를 진행할 수 있는 시스템을 설계한 것처럼 보인다. 하지만 P2P 결제나 QR코드 결제 기술을 향상시키거나 레몬**Lemon** 등 새로운 방식을 이용해 전화로 지불 가능한 다른 결제 기술에 대처하는 일 등은 시작조차 하지 않았다.

스퀘어와 페이팔은 예외지만 대부분의 혁신적인 결제 상품은 미국에서만 이용된다. 그것은 미국 국민에게는 좋은 일이나 상호운용성이 떨어진다는 것은 이런 애플리케이션 대다수가 미국 외에서는 효과가 없다는 뜻이며 따라서 해외로 송금하거나 해외 판매자에게서 구매할 수 없다.

매년 미국을 방문하는 여행객이 7천만 명에 가깝고 지난해 해외로 여행한 미국인은 6,200만 명에 달했다. 현재 미국의 결제혁신 상품 가운데 어떤 것도 이런 소비자들에게 서비스를 제공하지 않으며 앞으로도 그렇지 않을 것이다. 혹자는 이 1억 3천만 명의 소비자들이 크게 불평하지 않거나 소매업체, 판매자, 발행인들이 이 문제를 이미 해결했다고 주장할지 모른다.

자유 시장이 몇몇 놀라운 잠재력을 발휘할 혁신 상품을 생산하고 있다고 해서, 더 저렴한 배송비용, 세계적인 상호운용성, 결제 저항감소, 채택률 증가를 초래할 (공통) 기준을 채택하는 일을 진보의 역행이라고 생각해서는 안 된다. 이 같은 배경에서 디지털 결제 분야 전문 솔루션 업체인 컨설트 하이페리온**Consult Hyperion**의 데이브 버치**Dave Birch**, 페이팔의 금융 혁신 책임자였던 댄 샤트**Dan Schatt**와 대담을 나누었다.

브렛 데이브, 당신은 전 세계의 몇몇 매우 흥미로운 결제 이니셔티브에 참여한 경험이 있죠. 당신의 팀원들은 전자결제 분야에서 세계 최고의 기술을 가진 사람들입니다. 케냐 M-페사라는 대단히 혁신적인 모바일 개인 대 개인 결제 기술에 대해 말씀해 주시겠습니까? 어떻게 시작되었으며 현재 어떤 상태인가요?

데이브 우리는 얼마 전 M-페사에 관한 최초의 타당성 조사를 실시했습니다. 첫 주자는 보다폰Vodaphone의 명석한 두 인재, 닉 휴즈Nick Hughes와 수지 로니Susie Lonie였는데 그들에게서 이동전화를 이용한 송금 아이디어가 탄생했죠. "피처폰(스마트폰보다 성능이 낮고 상대적으로 가격이 싼 이동전화 —옮긴이 주) 보급률이 매우 높지만 은행 보급률은 매우 낮으며 평범한 사람들이 이용할 수 있는 은행 상품이 없는 나라가 있다고 합시다. 이때 이동전화(피처폰)를 가지고 우리가 할 수 있는 일이 있는지 살펴봅시다!"

그렇게 타당성 조사를 거쳐 성공적인 시험 프로젝트, 그리고 놀라운 거대 시스템으로 이어졌습니다. 시스템의 원리는 이렇습니다. M-페사가 있는 전화기를 구입하면 기본적으로 '송금'이라는 추가 메뉴를 가지게 됩니다. 만약 내가 당신에게 얼마간의 돈을 송금하고 싶다면, 전화기에서 '브렛'이라는 메뉴를 선택하고 송금하고 싶은 액수를 기입한 다음 개인 비밀번호를 입력하고 '확인'을 누릅니다. 그러면 당신의 전화기로 메시지가 전송되죠. 마치 내가 문자로 돈을 보낸 것처럼 보이지만 속을 들여다보면 꼭 그렇지는 않아요. 문자 메시지가 중앙 서버가 되어 M-페사 중앙 계정의 어느 포트에 있는 돈을 다른 포트로 옮기고 나서 당신에게 문자 메시지를 보냅니다. 하지만 고객에게는 돈이 문자를 통해 한 전화기에서 다른 전화기로 옮겨간 것처럼 보이죠.

이것은 폭발적인 성공을 거두었습니다. 더욱 흥미로운 것은, 단순하고 실용적이며 저렴한 방식으로 한 사람에게서 다른 사람에게 즉시 송금할 방법을 찾자 신생 기업들이 그 뒤로 몰려들어 새로운 놀라운 것을 창조했다는 사실입니다.

M-페사 초창기에 은행은 이것을 그다지 달가워하지 않았어요. 어째서 이 '전화기 회사'가 결제 시스템을 운영해도 좋다는 허락을 받고 있느냐며 상당히 반대했죠. 은행들은 규제기관에 계속 불평했습니다. 우리 결제 시스템이 효과적이었거든요! M-페사는 은행 상품의 환상적인 유통 채널인 것으로 판명되었고, 지금 은행들은 저축 상품과 소액보험 상품 등 M-페사의 주력 상품들이 있는 시장에서 뒤처져 있어요. 이제 그들의 소비자 기반은 완전히 달라졌죠. 여기에서 얻을 수 있는 교훈은 결제가 금융 사업이 아니며(이 문제에 대해서는 드올라의 벤에게 동의합니다) 누군가 은행보다 더욱 저렴하고 효율적으로 결제 시스템을 운영할 경우 그게 은행에 전적으로 나쁜 것은 아니라는 사실입니다.

브렛　　정말 흥미로운 배경이군요. M-페사가 등장하기 이전에 케냐 경제에는 은행 서비스가 태부족이었습니다. 기본적인 은행계좌를 이용하지 않는 인구가 80퍼센트 정도였죠. 현재 케냐 성인 가운데 64퍼센트가 M-페사를 이용하고 있습니다. 사실상 M-페사가 케냐 최대의 은행이 되었다고 말할 수 있을까요?

데이브　　전 얼간이라 그렇게 말하지는 않을 겁니다. 은행이라는 단어가 제게 주는 특정한 어감이 있습니다. 그것은 매우 구체적인 규제적 범주죠. 그리고 제 생각에는 이게 두 번째 요점인 것 같습니다. 은행은 돈을 빌리고 빌려 줍니다. 이게 은행의 기능이죠. 돈을 움직이는 것은 은행의 기능이 아닙니다. 물론 지금껏 은행이 그 일을 했지만 그건 다른 사람들도 할 수 있는 일입니다.

> M-페사는 은행 상품의 환상적인 유통 채널인 것으로 판명되었고, 은행들은 저축 상품과 소액보험 상품 등에서 M-페사에 완전히 뒤처졌다…… 이제 그들(은행)의 소비자 기반은 완전히 달라졌다.
> __데이브 버치(컨설트 하이페리온 창립이사)

브렛 이를테면 웨스턴 유니언 같은 걸 말씀하시는 건가요.

데이브 글쎄요, 미국에는 없습니다. 미국에서는 결제에 관한 대단한 새 아이디어가 등장해도 모든 규제의 고리를 통과해야만 진행될 수 있거든요. 다른 곳(일례로 유럽)에서는 결제 시스템을 창조할 수 있는 방향으로 규제 인프라스트럭처가 변화하고 있습니다. 비자나 마스터카드에 가입하면 은행이 아니어도 개인 대 개인으로 송금할 수 있어요. 결제 규제 범주, 그러니까 결제 제도와 전자 금융 제도가 다른 거죠.

이 분야에서 규제가 혁신의 거대한 장벽으로 변하고 있으니 미국도 그런 사고방식을 택하는 것이 이로울 겁니다. 물론 미국만 그렇다고 말하는 건 아닙니다. 캐나다도 마찬가집니다. 일례로, 지난해 로저스 커뮤니케이션즈Rogers Communications가 혁신적인 모바일 결제 접근 방식을 내놓았습니다. 그들은 새로운 모바일 결제 시스템을 출시하고 싶었지만 그러려면 먼저 금융 면허를 얻어야 했어요. 그저 송금을 하는 금융 면허를 얻기 위해 몇 달 동안 수백만 달러를 쓰고 변호사를 고용해야 했던 거죠. 미친 짓이죠! M-페사의 또 한 가지 장점은 그것이 조금 다른 수행 방식을 볼 수 있는 창문이라는 겁니다.

브렛 현재 우리가 보고 있는 이런 파괴적인 결제 모델(비트코인, 드올라, 벤모, 페이팔까지 어느 정도 포함해서)의 지상과제는 무엇이라고 생각합니까?

데이브 비트코인과 다른 부류의 대체 통화는 범주나 성격이 다르지만 전반적으로 결제 분야에서는 이런 경제적 기본 요소로 요약됩니다. 노르웨이, 핀란드나 그와 비슷한 나라를 보면 결제 시스템이 총 GDP의 0.15~0.2퍼센트를 차지하고 있죠. 미국의 결제 시스템이 GDP에서 차지하는 비율은 그보다 훨씬 높습니다. 이건 미국 시스템의 저항이 무척 많기 때문이고 그래서 이 분야에 눈독을 들이고 이를 단순화하거나 더 효과적인 수행 방식을 제시하기 위해 노력하는 사람들이 많죠. 케냐의 M-페사든, 영국의 조파든, 미국의 드올라든 상관없이 저항을 줄이라는 압력이 조성될 겁니다. 사람들은 이걸 보고 이렇게 말하죠. "대체 어떻게 영국에서 독일로 송금하는 데 3일이나 걸릴 수 있나요?" 레이저 빔이나 인공위성이 발명되지 않았던 시대와 똑같은 겁니다. 사람들은 이걸 보고 또 말합니다. "잠깐 기다려보세요, 저 사람들은 모든 사람을 연결하는 세계적인 네트워크가 존재하기 이전 시대의 시스템과 구조, 사업 방식을 쓰고 있네요."

재차 강조하고 싶은 건, 은행이 그것을 다시 생각해도 나쁘지 않다는 점입니다. 결제는 은행에 막대한 돈입니다. 사람들은 대부분 은행이 이 거대한 사업 분야를 손에 넣고 있다고 생각하죠. 결제로 어마어마한 돈을 벌고 있다고 말입니다. 하지만 그런 한편 대가 또한 막대합니다. 케냐 사례에서 보았듯이 결제의 효율성을 높이지 못하면 그런 진보의 뒤편에 새로운 금융기관을 위한 기회가 있을 겁니다.

브렛 이 시점에서 페이팔의 재정 혁신 분야를 지휘한 댄 샤트와 이야기를 나누며 그의 견해를 들어보죠.

세계적으로 페이팔의 고객은 수억 명에 이릅니다. 두말할 나위 없이 온라인 결제 업계의 최강자라 할 수 있죠. 페이팔의 스토리는 워낙 유명하지만, 그래도 배경을 파악할 수 있도록 페이팔이 어떻게 왜 탄생했는지 그리고 현재 어떤 파괴적이고 혁신적인 일을 하고 있는지 말씀해 주시죠.

댄 페이팔은 처음에 보안과 위험 관리 회사였는데 어쩌다 결제를 발견하게 되었죠. 결제는 당시 인터넷이 성장하기 시작하면서 개발이 필요한 분야였습니다. 직접거래를 할 수 없거나 온라인으로 거래하던 판매자와 구매자들이 편리하게 결제할 안전한 방법을 찾아야 했어요. 인터넷 붐이 시작되던 때라 이런 인터넷 기업들이 많이 생겼지만, 그들에게는 디지털 자산만 있었지 물리적인 자산은 없었습니다. 예컨대 웹사이트를 이제 막 열고 난 다음 이베이에서 무언가 팔아보려고 은행을 찾아가서 "내가 전자결제를 받을 수 있도록 보증 좀 서주시겠어요?"라고 말한다 해도 금융기관이 이들 기업에게 보증을 설 방법이 없었죠.

이때 페이팔이 등장한 겁니다. 단순히 이 모든 기업을 수용해서 온라인으로 전자결제를 받을 수 있게 하자는 것이 아이디어였습니다. 그것은 일종의 모험이었고, 그 일을 페이팔이 한 겁니다. 이들 기업에 온라인으로 돈을 지불하는 소비자들(페이팔 계정이 있는 소비자들)은 대개 자신의 신용카드를 연결했죠. 새로운 수수료 수입이 예전에는 존재하지 않았던 사업 분야에서 창출되었다는 의미에서, 페이팔이 금융 산업을 수혜자로 만든 겁니다.

이전에는 사람들이 현금을 봉투에 담아 보내거나 웨스턴 유니언 결제를 이용했지만 결제가 그다지 안전하지 않았죠. 위험을 완화할 방법이 없었습니다. 페이팔은 성장을 거듭해서 이베이에서 이 기업들을 지원한 다음 점진적으로 이베이를 떠났습니다.

페이팔이 국제무대로 확장함에 따라 전통적인 청산과 결제 시스템이 모두 연결되어 소비자와 기업의 상호작용이 가능해졌죠. 한 국가에 있는 한 사람의 은행계좌에서 돈을 인출하고 다른 나라에 있는 판매자의 페이팔 계정을 거쳐서 마지막으로 그 다른 나라에 있는 판매자의 은행계좌에서 빠져나올 수 있게 된 겁니다. 페이팔은 사실상 상이한 전 세계의 어음교환과 결제 시스템을 아우르는 인터넷 층을 창출했고, 그곳의 공통분모는 이메일 주소와 이동전화 번호였죠. 결국 여기에서 이메일 주소나 이동전화 번호로 전 세계에 즉시 돈을 보낼 방법이 탄생한 겁니다.

브렛　만일 금융 시스템을 통해 누군가에게 송금하고 싶다면 일반적으로 상대의 계좌번호, 은행, 은행명, 어쩌면 은행 코드나 은행 식별 번호, 혹은 은행 주소까지 알아야 하죠! 페이팔은 이 모든 복잡성이나 저항을 없앴고 덕분에 이메일 주소나 이동전화 번호만 알면 사람들에게 현금을 보낼 수 있게 되었습니다.

댄　맞습니다. 불과 30년 전만 해도 은행이 소비자 대 소비자 송금 시장을 거의 100퍼센트 장악했죠. 해외 어딘가로 송금하려면 아마 은행 지점을 찾아가서 신청서를 작성해야 했을 겁니다. 이때 상대방의 은행 코드와 다른 정보를 모두 알아야 했죠. 지금 미국 은행의 송금 시장점유율은 고작 3, 4퍼센트에 불과합니다. 소비자들이 등을 돌림으로써 자신의 의사를 표현한 거죠. 그들은 더 저렴하고 더 편리한 것, 기다리지 않아도 되는 곳을 원합니다.

브렛 통계적인 관점에서 처음에는 이베이를 활성화했고, 그다음에는 다른 판매자들에게까지 페이팔 서비스를 확장했다고 말했습니다. 현재 페이팔을 거치는 결제 거래량 가운데 개인 대 개인 결제와 비교했을 때 판매자 직접거래의 비율은 어느 정도인가요?

댄 기록 보관실에 있는 통계 수치를 밝힐 수는 없고, 우리의 핵심 사업이 사실 구매자와 판매자의 거래를 촉진하는 일이라는 점만 말씀드리죠.

불과 30년 전만 해도 은행이 소비자 대 소비자 송금 시장을 거의 100퍼센트 장악했다…… 지금 미국 은행의 송금 시장점유율은 고작 3, 4퍼센트에 불과하다.

＿댄 샤트(페이팔 금융혁신 담당자)

페이팔은 이메일 결제 메커니즘으로 시작했고 그 메커니즘은 입소문을 통해 유기적으로 성장했습니다. 이 메커니즘에서 이메일 결제의 형태로 소비자들이 다른 소비자와 다른 기업에 돈을 보내게 되었고, 다른 기업에 송금하는 기업도 생겼습니다. 그 자체만으로 저절로 수십억 달러 규모를 창출하고 있어요. 그렇다 해도 우리 사업의 핵심은 페이팔을 이용할 때 전통적인 결제에 대한 당신의 생각, 당신이 판매자 사이트나 이베이에 있다는 사실, 그리고 결제를 가능하게 하고 있다는 사실에 있습니다.

지금 페이팔은 종합 채널 세계로 향하고 있습니다. 그 세계의 핵심 개념은 기업이 어떤 방식으로로든(태블릿이든, 상거래 화면이든, 매장의 POS든 아니면 온라인 웹사이트든 상관없이) 인터넷에 접근할 수 있다면 모든 채널을 이용해서 순조롭게 결제가 진행되도록 도와야 한다는 것이죠. 모든 결제가 사실상 온라인 결제가 될 겁니다. 기업이 인터넷에 접속할 수 있는 한 그 방법이 효과적이죠.

브렛 클라우드에서든 모바일을 통해서든 매장에서든 아니면 온라인 매장에서든 간에 전자결제를 이용하죠.

댄 맞습니다. 세계적으로 소비자와 소매업자의 거래가 30조에 이르는데 전 세계 거래 가운데 85퍼센트가 아직 현금으로 이루어지고 있으니 우리는 정말 무언가의 첨단에 있는 셈이죠. 미국의 거래를 보아도 아직 50퍼센트가 현금 거래입니다. 현금 거래가 무척 쉬우니까요. 그 시스템에서 저항을 제거함으로써 소비자가 기꺼이 현금을 포기하고 전자거래를 시작할 만큼 대단히 매력적인 시스템을 만들어야 합니다. 우리는 페이팔이 그 저항을 제거하고 매력적인 경험을 창조할 수 있으리라 봅니다.

브렛 그런 맥락에서 페이팔, 모바일 월렛, 그리고 이처럼 저항이 없는 다른 결제 기술이 수표나 현금 같은 전통적인 결제 메커니즘을 파괴할 것이라고 생각합니까?

댄 상당 부분 파괴할 것이라고 생각합니다. 엄청난 편리 요소가 존재하니까요.

소비자들은 시간과 돈, 에너지를 절약할 수 있는 것에 끌리기 마련입니다. 휴가를 위해 쇼핑을 하던 중 장난감 매장에서 아이들 선물을 사기로 했다 칩시다. 계산대 앞에 이미 긴 줄이 늘어서 있습니다. 그 줄을 몽땅 건너뛰고 바코드를 사진으로 찍어서 계산한 후 직접 판매대에 있는 물건을 살 수 있다면 멋지지 않겠습니까? 아니면 미리 사놓고 찾으러 가거나 배달시킨다면 더 멋지지 않을까요?

아마존이 어떻게 고객들에게 매력적인 경험을 선사했는지 보십시오. 그들은 당신이 원한다는 사실조차 미처 깨닫지 못했을 물건들을 보여줍니다. 버튼만 누르면 물건을 살 수 있는 거죠. 전통적인 소매업체들은 다음날 당신이 무엇을 찾을지 미리 파악하는 능력을 갖춘 아마존 같은 조직으로부터 맹공격을 받고 있습니다! 그들은 시스템에서 저항을 없애고 있는데, 결국에는 결제가 저항이죠. 확실하게 정해진 판매 지점을 통과해서 지갑을 꺼내고 신용카드를 꺼내서 긁는 행동조차 저항인 겁니다!

저는 종종 소와 방목하는 닭을 들어 비유하곤 합니다. 구식 모델에서 소매업체에게 소비자들을 소와 같습니다. 최대한 많은 소비자를 이쪽 통로로 몰아서 최대한 빨리 거래하도록 만들기 위해 노력하는 겁니다. 미국은 수표 처리와 거래 속도를 높이려고 하는 분야에 있어서는 대단히 복잡한 기술을 가지고 있습니다. 하지만 어쨌든 그것은 여전히 종이일 뿐입니다. 종이는 대단히 비효율적인 물건이고, 그런 식으로 소비자들을 통로로 몰고 있는 셈이죠. 하지만 오늘날 결제 분야에서 소비자들은 점점 방목하는 닭처럼 변하고 있습니다. 그들은 다시는 그런 통로를 지나지 않을 거예요. 매장에 들어갈 수는 있겠지만, 그 자리에서 모바일에 접속해 아마존에서 무언가를 살 수도 있습니다. 아니면 무언가를 산 후 걸어나가면서 보안 직원에게 전화기로 디지털 영수증을 보여줄지도 모릅니다.

브렛   소비자들이 가는 길에 더 많은 장애물을 놓을수록 소비자들은 페이팔 같은 효율적인 메커니즘을 이용해 저항을 피할 방법을 찾을 가능성이 커지죠. 한 가지 좋은 사례가 우버입니다. 약간 비싸긴 하지만 우버 택시나 우버 자동차를 탔다가 목적지에 도착해서 그냥 내리면 거리에 따라 미리 정해진 요금으로 이미 결제가 끝나 있죠. 효과적으로 결제가 사라진 겁니다.

댄   맞습니다. 어떤 의미에서 많은 산업이 동사(動詞)가 될 것이고 많은 것이 우버처럼 되고 있다는 이야기가 들릴 겁니다. 현재 결제 문제 때문에 소매업체들이 매장 구조를 바꾸고 있어요. 맥도날드 프랑스를 보세요. 맥도날드는 말 그대로 새로운 통로를 만들었습니다. 미리 빅맥을 구입해서 원하는 시간을 알릴 수 있죠. 어떤 줄에서도 기다릴 필요가 없습니다. 그냥 걸어 들어가서 가져오는 거죠.

한 치 앞을
내다보기 어려운
신용결제 시장

나는 데이브와 댄에게 5~10년 후 우리가 어떤 결제를 경험하게 될지 물었다. 우리가 어디로 향하고 있는지 파악해서 논리적인 결론을 내려보자는 것이 목표였다.

미래는 언제나 예측하기 어렵지만, 이들은 결제의 세계가 몇 년 후에 어떤 모습일지를 가장 비슷하게 예측할 수 있는 사람들이다. 미래의 결과에 대한 이 전문가들의 의견이 항상 일치하지는 않는다는 사실 또한 흥미롭다.

브렛   5년 후, 어쩌면 10년 후면 평범한 사람이 일상적으로 새로운 시스템을 이용해서 송금하는 방식으로 물건 대금을 지불하게 될까요? 대금을 지불할 때 습관적으로 이용하던 지배적인 방식을 어떻게 보십니까?

댄   계속 저항이 줄어들 겁니다. 저항을 제거하는 가장 극단적인 시나리오를 떠올려보죠. 사람들은 매장에 들어가서 원하는 것을 찾고는 그냥 나올 수 있습니다. 건강과 같은 여러 분야에서 매우 저렴한 RFID 칩과 다양한 센서들이 등장할 텐데 이것들을 팔찌처럼 착용할 수 있죠. 당신의 계정과 연결된 모든 장치를 개발할 수 있습니다. 그것을 옷의 형태나 아니면 지문처럼 생체 인식과 관련된 요소로 몸에 지니고서, 말 그대로 걸어 들어가서 걸어 나올 수 있어요. 하지만 그게 전부가 아닙니다. 결제를 하지 않는다는 사실이 훨씬 더 가치 있죠.

이런 것들을 통해 150년 전에 사람들이 그랬듯이 기업과 상호작용할 수 있을 겁니다. 당시 사람들은 이름을 부르며 당신을 맞이했죠. 미래의 기업은 이렇게 말할 겁니다. "우리는 지난 몇 차례 당신이 무엇을 했는지 압니다. 당신은 대단한 고객이죠. 당신이 누군지 알고 있으니 우리의 대단한 고객이 되어준 데 대한 큰 보답을 드리겠습니다." 이때 고객에게 주는 보답이란 정말로 개인적인 서비스죠.

브렛   그런 환경이 점점 중요해지고 있군요. 구글 글래스Google Glass와 이동전화를 생각해 보죠. 데이브, 결제에 대한 우리의 인식을 바꾸는 과정에 모바일이 얼마나 중요한 역할을 수행했나요? 그리고 구글 글래스의 풍부한 데이터 같은 것이 앞으로 10년 후 결제 환경을 어떻게 변화시킬까요?

데이브   세월을 훌쩍 뛰어넘어 50년이나 100년 후에는 플라스틱 카드가 아니라 이동전화가 결제 역사의 중대한 변곡점이 되리라고 확신합니다. 부차적인 문제가 발생하겠죠. 그리고 그건 이동전화가 청구 대상에서 결제 수단으로 바뀌기 때문입니다. 신용카드는 모든 사람이 지불할 수 있음을 의미했습니다. 그러려면 당신은 지불을 받는 판매자가 되어야 했죠. 이동전화는 그 등식을 바꿉니다. 모든 사람이 이동전화로 판매자가 될 수 있습니다. 이 점에 대해서는 확신을 가지고 있습니다.

수동적인 모니터링에 관한 댄의 견해에 대해서는 확신할 수 없군요. 대중이 그것에 익숙해질지 의문입니다. 이동전화든 구글 글래스든 당신을 모니터할 사람과 당신을 보는 대상에 대한 통제권을 제시하는 일종의 리모트 컨트롤 개념에 대해서는 잘 모르겠네요. 개인적으로는, 완벽하게 수동적인 미래의 모습은 약간 불편할 것 같습니다.

> 50년이나 100년 후에는 플라스틱 카드가 아니라 이동전화가 결제 역사의 중대한 변곡점이 되리라고 확신한다.
> __데이브 버치(컨설트 하이페리온 창립이사)

실시간 결제의
미래는
밝다

아프리카의 M-페사부터 드올라와 페이팔에 이르기까지 결제의 미래에 대한 토론에서 얻은 핵심 교훈은 단순하다. 결제의 미래는 결제 자체나 결제 메커니즘이 아니라, 환경의 관점에서 결제가 고객과 판매자에게 미치는 영향에 있다.

첫째, 우리는 최근 몇십 년 동안 송금 과정이 점점 복잡해지는 순환 과정을 경험했다. 규제기관, 세계 금융 시스템의 상호운용성에 대한 필요성, 결제 시스템이 이끄는 구조나 기술 등 무엇이 문제이든 최대한 저항과 복잡성을 없애기 위해 관련자들의 경험을 새롭게 설계하는 드올라 같은 기업들이 등장했다(앞선 인터뷰에서 저항이라는 단어가 수없이 등장했던 것을 떠올려보자).

저항은 긍정적인 단어가 아니다. 시스템의 기존 참여자들은 위험 완화, 혹은 자금세탁방지Anti-Money Laundering, AML를 위한 몇 가지 주장을 펼쳤지만 과거 그것은 현금이나 동전 꾸러미를 전달하는 일만큼 단순했다. 누구나 후퇴하고 있다고 말하기보다는 복잡한 것을 주장하는 편을 택할 것이다.

둘째, 모바일이 게임 체인저가 되는 이유를 이해하려면 저항 그리고 모바일이 저항을 제거한다는 사실에 대해 생각해야 한다. 데이브 버치가 적절히 표현했듯이 50년이나 100년이 지나면 "플라스틱 카드가 아니라 이동전화가 결제 역사의 중대한 변곡점이 될 것"이다. 모바일은 결제를 유비쿼터스화하고 소비자 경험의 과정을 단순화시키고 있으며 결제 전후에 가치를 창조할 기회를 제공하고 있다. 만일 어떤 은행이 현금 결제, 수표 결제, 혹은 신용카드를 옹호한다면 그것은 압도적인 변화의 물결에 대항해 싸우는 것과 같으며, 결국 외면당하고 말 것이다.

반대로 만일 어떤 은행이 영국과 호주에서 실행되고 있는 '더 빠른 결제' 같은 플랜을 수용한다면 그들은 실시간 결제의 가치를 명확히 깨달은 것이다. 아직 실시간 결제는 매장이나 서비스 경험 면에서 기존 은행과 경쟁하기가 무척 어렵다. 집을 방문한 베이비시터나 배관공에게 즉시 현금으로 지불하는 경우가 대부분인 것만 떠올려봐도 알 수 있다. 모바일은 이를 데이터로써 바꾸고 새로운 결제 아키텍처를 주도할 것이다. 데이터는 결제에 환경을 제공하고, 아키텍처는 유연성과 상대 및 장소를 불문하고 실시간으로 지불하는 영역을 제시할 것이다. 이 과정에 모바일은 현금이 제공하는 즉시 결제 방식을 허용하지만 더 이상 현금을 가지고 다닐 필요가 없다는 추가 기능과 추가 환경을 제공한다. 궁극적으로 더 빠른 결제를 향한 욕구는 수표, 전신 송금, 그리고 ACH 같은 방식을 제거할 것이다. 이 같은 기존 방식은 소비자들에게 비효율적이며 피드백이 거의 없기 때문이다.

셋째, 기존의 많은 결제 인프라스트럭처는 시스템에 참여하려면 은행계좌와 신분확인 및 기존고객확인이 반드시 필요하다는 문제가 있다. 그 때문에 금융에서 소외된 대부분의 세계에서는 아직까지 현금 결제 방식이 선호된다. 생각해 보라. 사하라 사막 이남의 인구 가운데 76퍼센트가 금융 소외 계층이며 대부분 가난하다. 더욱 중요한 사실은 사하라 사막 이남의 인구 중 적어도 25퍼센트는 은행계좌를 개설해 서류를 작성한다 해도 은행의 규제 요건을 충족시킬 수 없으리란 점이다. 여러분이 경제를 '은행화'시키고 싶어도 금융이 반대하고 있다. 당신도 은행 지점들이 어떤 종류의 경제를 절대 자신들의 금융에 포함시키지 않으리란 사실을 알고 있지 않은가.

모바일은 케냐, 필리핀, 좀 더 최근에는 방글라데시에서 그러한 문제를 변화시켰다. 세계 인구를 '은행화'시키려고 노력할 예정이라면 참여나 포함을 가로막는 장벽을 낮춰야 한다.

은행계좌의 벽은 여전히 뚜렷이 존재한다. 반면 이동전화의 벽은 훨씬 낮다. 은행계좌가 없는 25억 명은 단순히 계좌를 개설하는 것뿐만 아니라 금융 처리능력 면에서도 벽에 부딪힌다. 은행이 그런 진입 장벽을 낮추는 한편 금융 소외 계층이 금융 처리능력을 갖추어 엄격한 신원 규제 요건을 충족시킬 가능성은 사실 매우 희박하다.

그보다는 이동전화가 (카드, 수표책, 외상 장부 등 어떤 형태든 간에) 오늘날의 은행계좌를 대체하고 더 스마트하고 단순하며 빠른 일상적인 금융 플랫폼을 가능케 하리라는 편이 가능성 있는 예측이다. 현실을 직시하자. 직불카드는 거래한 다음에야 계좌 잔고를 알려주지만, 모바일은 그렇지 않다. 그런 관점에서 볼 때 모바일은 이미 환경적으로 더 좋은 결제 수단이다. 금융을 이용하지 않으며 그래서 은행을 이용하는 소비자나 기업 같은 방식으로 거래를 수행할 능력이 없는 수십억 명의 사람들에게 이동전화는 중대하고도 유일한 은행 상품으로 떠오를 것이다.

송금과 소액금융 지원의 수행 방식을 변화시킴으로써 모바일은 금융 소외 계층인 세계 대다수 사람들을 위한 편리하고도 일상적인 금융 플랫폼이자 상품이 될 것이다. 스마트폰은 이미 선진국에서 선호되는 일상적인 금융 채널로 변하고 있다. 2020년 무렵이면 가장 일반적인 '은행계좌'는 전화와 분리할 수 없을 것이다. 여러분의 전화가 계좌가 될 테니 말이다.

하지만 이것이 현실이 되려면 은행계좌가 수행하는 가장 일반적인 기능(여러분의 돈에 대한 접근)이 물리적인 가공품과 통제된 금융 시스템의 복잡한 규칙들로부터 자유로워져야 한다. 이런 점 때문에 대부분 미국 기업인 500여 개의 모바일 결제 스타트업들이 앤젤리스트^{AngelList}에 올라 있음에도 사업을 원활히 진행시키지 못하고 있다. 데이브 버치가 지적했듯 "미국에서는 결제에 관한 대단한 아이디어를 내놓아도 모든 규제의 고리를 통과해야만 그것을 진행시킬 수" 있기 때문이다.

모바일 결제 스타트업들 모두가 새롭고 더 효과적이며 빠르고 단순한 모바일 프론트엔드를 창조하기 위해 노력하고 있다. 앞으로 기존 시스템은 '그저 괜찮게' 작동하기만 해서는 존재할 수 없을 것이다. 드올라 같은 결제 시스템이 해결하려는 문제의 경우, 지불 방식을 제한하는 기존 방법은 지나치게 통제적이어서 세계가 하나로 연결된 세상에는 더 이상 적절하지 않다. 벤 밀른은 이를 다음과 같이 표현했다.

> 드올라는 기본적으로 모든 사람이나 대상이 인터넷에 접속해서 인터넷에 연결된 모든 사람이나 대상에게 돈을 보낼 수 있는 결제 네트워크이다. 어디서 누가 돈을 받는지에 상관없이 정산 수수료를 지불하지 않고 돈을 받을 수 있다. 이 비교적 단순한 일이 가능해진 것은 이유를 막론하고 인터넷으로 연결된 모든 장치가 돈을 교환할 수 있는 결제 네트워크를 구축했기 때문이다.

미래 결제의 핵심 요소는 최소한의 저항으로 최대한 유익한 환경에서 언제 어디에서든 돈을 주고받을 수 있게 하는 일이다. 기존 시스템은 그것을 제공하지 못하고 있다. 이번 장을 마무리하기에 이보다 적절한 말은 없을 것이다.

Who's Who in FinTech 인터뷰이 소개

벤 밀른

〈MIT 테크놀로지 리뷰〉가 선정한 35세 미만 35대 혁신가 가운데 한 명이다. 밀른은 결제 분야의 아웃사이더이며 실리콘 프레리(Silicon Prairie)의 중심부에 본사를 둔 새로운 결제 네트워크 드올라의 창립자이다. 이 회사는 자사의 개방적이고 저렴한 결제 네트워크에 유익하고 혁신적인 온라인 및 모바일 상품을 구축함으로써 비자와 마스터카드를 파괴하고 있다.

밀른은 고등학교 3학년생이던 2001년, 통장에 있는 1,200달러로 오디오 스피커를 생산하는 첫 회사를 창립했다. 이후 노던 아이오와 대학교를 중퇴하고 차린 회사의 2008년 연간 매출액은 150만 달러를 기록했다.

드올라는 2010년 전국적으로 사업을 개시해 2011년 7월 무렵 하루 결제액이 100만 달러에 이르렀다. 2013년 말 이 액수는 거의 3배로 증가했다. 현재 드올라의 연간 거래 처리액은 10억 달러에 달한다. 회사는 매달 15퍼센트 성장해 계정 보유자 25만 명을 확보했다. 이는 2012년 8만 명에서 증가한 수치이며 기업과 정부를 포함해 대규모 고객만도 100여 곳에 이른다. 드올라는 이 글을 쓰는 현재 2억 2,500만 달러의 벤처 자금을 확보했다.

댄 샤트

작가 겸 금융 서비스 분야의 자문이다. 링크드인 프로필에 따르면 샤트는 "상거래, 모바일, 결제, 금융 서비스의 교차점에서 혁신을 주도" 하고 있다.

댄 샤트는 페이팔의 금융 혁신 활동을 지휘했는데, 이때 금융 및 로열티 파트너들과 함께 페이팔의 이니셔티브를 위한 사업과 상품 전략을 규정하고 실행하는 역할을 맡았다.

페이팔에서 일하기 전에는 셀렌트에서 산업 분석가로 일하며 회사의 소매 결제 관행을 이끌었다. 산업 분석가로 일하기 전에는 요들리 GM의 데이터 서비스 그룹에서 근무하며 최고 단계 금융기관들과의 통합 활동을 담당했다. 그 외에 솔로몬 스미스 바니(Salomon Smith Barney)의 투자 금융가로 일했고 시티그룹의 아시아, 유럽, 아프리카 지사에서 근무하기도 했다.

샤트의 견해는 〈뉴욕 타임스〉, 〈월스트리트 저널〉, 〈파이낸셜 타임스〉,〈비즈니스위크〉 등 여러 언론에서 인용 보도되었다. 〈아메리칸 뱅커〉와 〈뱅크 시스템스&테크놀로지〉의 기고가 이기도 하며, 국제연합 개발 프로그램 송금 원탁회의, 세계은행/APEC송금 시스템에 대한 대화, NACHA의 연례 결제 회의, BAI의 소매 배송 회의, 인터넷 소매업체 회의 등 국내외 회의에 참여했다.

데이브 버치

컨설트 하이페리온의 창립 이사이다. 컨설트 하이페리온에서 그는 모든 선구적인 결제 브랜드, 주요 텔레커뮤니케이션 공급업체, 정부기관, OECD를 포함한 국제단체 등 전 세계 고객을 대상으로 전문 자문 지원 활동을 수행한다. 1986년 컨설트 하이페리온의 창립을 지원하기 전에는 몇 년 동안 유럽, 아시아, 북미에서 컨설턴트로 일했다.

〈텔레그래프〉에서는 '디지털 머니에 관한 세계적인 전문가', 〈인디펜던트〉에서는 '영국의 가장 사용자 친화적인 우버 기술 전문가', 〈파이낸셜 월드〉에서는 '미친 사람'이라 평가받은 데이브는 〈전자 금융과 결제 법과 정책 저널〉의 편집 위원회 임원이자 〈스피드〉의 칼럼니스트이며 디지털 머니와 디지털 ID 전문 블로거로 유명하다.

그는 새로운 정보와 커뮤니케이션 기술의 영향에 대해 MBA에서 강연하며, 〈의회 IT 리뷰〉부터 잡지 〈프로스펙트〉에 이르기까지 다양한 간행물에 글을 기고하고 있으며, 수년 동안 〈가디언〉에 칼럼을 썼다. 전자 사업 문제에 관한 미디어 전문가로서 BBC 텔레비전과 라디오, SKY 등 전 세계적으로 여러 채널에 출연했다.

PART
3
지점이 없는
은행은
가능할까
웹, 모바일, 태블릿 시대
은행의 미래

과거 통행량을 포착하는 핵심 요소는 진짜 부동산을 얻는 것이었다. 미래의 핵심 요소는 디지털 영역에서 수익을 창출하는 트래픽을 얻는 것이다. USAA와 유뱅크는 급속하게 성장하는 고객 집단으로부터 수익을 창출하기 위해 지점이 필요하지 않다는 사실을 입증했다. 오늘날 지점은 불필요한 걸림돌, 아니면 그저 '일을 성사시키고' 싶어 하는 고객들을 위한 길목이 되어 가고 있다.

웹과 스마트폰에서만 가능한 은행의 등장

대다수 은행이 여전히 수익과 고객 확보를 지점 인프라스트럭처에 의존하고 있다. 고객을 직접 대면해서 신분을 확인하는 기본 조건과 전통적인 서명 카드와 같은 프로세스들을 고질적인 습관이라고 생각하는 은행이 많다. 그러나 이미 이 문제를 타파하고 나아가 지점이 아닌 다른 원천으로부터 대부분의(어떤 경우에는 모든) 수입을 거두는 은행들도 있다.

누군가는 아직도 고객이 지점에서 계좌를 개설하고 주택담보대출을 신청하는 방법을 선호한다고 주장할지 모른다. 하지만 은행이 편견에 사로

잡혀서 변화하는 고객 행동에 적응하지 못하는 바람에 중대한 새 수입원을 놓치고 있다면? 고객이 지점을 선호한다는 가정이 틀린 데다 다른 은행들이 향후 몇 년간 (아직도 자신의 가정을 굳건히 믿고 있는) 기존 기관의 시장점유율을 크게 빼앗아 갈 사업체를 설립하고 있다면 어떻게 될까?

금융 분야의 모바일 사용이 폭발적으로 증가하고 있다. 선진국 은행 가운데 고객을 위한 스마트폰 애플리케이션이 없는 곳은 찾아보기 어렵다. 멕시코, 중국, 인도, 러시아 같은 나라에서는 스마트폰 금융이 서구 세계보다 더 빠른 속도로 성장하고 있다. 오늘날 세계 거의 모든 은행이 어떤 형태든 인터넷 웹사이트와 인터넷 뱅킹 역량을 갖추고 있음은 분명한 사실이다. 그러나 대부분의 은행은 웹과 모바일을 여전히 비용(확실히 서비스 수준을 향상시키고 고객에게 서비스를 제공하는 비용을 줄이지만 사업의 순비용을 높이는 플랫폼)으로 생각한다.

오늘날 세계를 주무르는 기업 상당수가 웹, 더 최근에는 모바일에서 발생하는 수입을 토대로 설립되었다는 걸 생각하면 아이러니한 일이다.

알리바바, 아마존, 페이스북 등 순수 온라인 거래 기업들의 시가총액만 해도 이미 5천억 달러를 훌쩍 넘어섰다. 그렇게 훌륭하게 발전한 기업들이 해마다 꾸준히 온라인에서 더욱 많은 수입을 창출할 능력을 보여주는 지금, 왜 우리는 금융의 디지털 수입에 제동을 걸고 있는가?

이런 일이 일어나는 산업은 금융계뿐이며 그래서 나는 '규제 때문'이라는 변명이 더 이상 통하지 않게 될까 봐 두렵다. 그것은 확실한 오류에 지나지 않기 때문이다. 순수 웹 소매업체의 파괴성은 이미 입증된 바다. 오늘날 연구원들은 고객들이 전통적인 소매업체를 방문해서 제품을 시험해 본 후 가격이 저렴한 아마존에서 그것을 구입하는 이른바 아마존 쇼루밍 같은 구체적인 효과를 수치로 평가하기 시작했다. 구매 양상의 변화, 예컨대 음악이나 서적 구매 행동의 변화는 이미 전통적인 사업 모델과 수입을 파괴했다. 올해로 아이튠즈가 출시된 지 10년이 넘었고 그동안 물리적인 음악 매장의 판매량은 절반 이상 폭락했다. 미국에서만 14억 개가 넘는 디지털 싱글이 판매되었고 이는 같은 기간에 매장에서 판매된 CD의 7배에 해당한다. 디지털 유통 계획이 없는 음반 시장은 살아남기 어렵다.

내가 접촉하는 소매 금융의 선두 기업들은 대부분 고객 관점에서 지점 지원이 계속 감소하거나 은행이 지점을 없애고 지점에 대한 투자를 철회할 경우 수익에 미칠 위험에 대한 우려를 표한다. 그러나 사실 경제가 발전한 국가에서도 월간 거래, 연간 고객당 평균 방문 수, 혹은 가장 중대한 척도인 상품 라인당 수익 등 지점 활동이 전반적으로 점차 감소한다는 명확한 데이터가 존재한다. 주택담보대출이나 계좌 개설 같은 상품의 경우, 웹이 지점 수입의 핵심적인 추동 요인으로서 그 상품의 지점 거래량 가운데 2/3를 차지한다.

여러분도 지점 네트워크를 보유한 대부분의 소액거래 은행들이 고객을 지점으로 유도하기 위해 엄청난 노력을 기울이고 있다는 사실을 알 것이다. 아직도 지점 내 신분 확인IDV, identity verification이나 기존고객확인KYC, know your customer requirements을 요구하며 계속 수입을 거두고 있는 나머지 지점 활동을 긍정적으로 해석하는 오류들이 무수히 많다. 그러나 실질적인 문제는 고객이 지점을 찾지 않는 추세를 역전시키기 위해 은행이 할 수 있는 일이 없다는 데 있으며, 만일 은행의 수입이 지점 거래량에 크게 좌우된다면 상황은 더욱 나빠질 것이다. 디지털로 드라이브해야 할 때가 왔다!

이미 서점과 음반 매장에서 볼 수 있었듯, 고객이 은행계좌를 개설하기 위해 지점을 방문하지 않고 은행계좌를 이동전화에 다운로드하는 방법을 선택한다면 물리적인 매장 경험은 크게 위협받을 것이다. 따라서 웹과 모바일 수입의 필요성이 소액거래 은행에 절대적으로 중요해진다.

"어떻게 하면 고객들을 매장으로 다시 불러들일 수 있을까요?"라는 질문을 받으면 나는 이렇게 대답한다. "어떻게 하면 서점이나 음반 매장으로 그들을 다시 불러들일 수 있을까요?" 고객의 본질적인 욕구는 이미 역동적으로 변했고 계속해서 그럴 것이다. 만일 은행이 수익을 위해 지점 거래량을 유지하려 노력한다면, 오히려 수익과 (고객과의) 관계를 가로막는 쓸데없는 장애물을 만들고 있는 셈이다. 문제는 고객이 더 이상 은행이 원하는 방식으로 행동하지 않는다는 사실이 아니라, 그런 방식으로 더는 구매를 유도할 수 없다는 사실에 있다.

우리는 어떤 일이 일어날 것인지 알고 있으며, 지점의 수익이 돌이킬 수 없을 만큼 감소하는 추세 또한 확인할 수 있다. 그렇다면 왜 은행은 온라인과 모바일로 이익을 거두는 일에 그토록 서툰가? 왜 은행은 여전히 지점 영업에 집착하는 것일까?

금융과
웹 산업의
역사

1990년대 초반 웹사이트를 개설한 기업과 조직에게 웹은 단순히 출판 플랫폼이었다. 그러나 1995년 피자헛닷컴PizzaHut.com 같은 회사들은 이미 브로슈어웨어brochureware라고 일컬어지기 시작하던 것을 실험하고 있었다. 1995년 아마존닷컴, W.H. 스미스W. H. Smith, 테스코Tesco, 버진 메가스토어Virgin Megastores, 인터플로라Interflora, 딕슨Dixons, PC월드PC World 등을 포함해 많은 회사들이 웹을 통해 수입을 거두기 시작했다. 웹이 판매 채널로 확고하게 자리를 잡은 것이다.

하지만 소액거래 은행은 초창기에 웹을 판매 창구로 보지 않았다. 은행이 아니면 은행 상품과 서비스를 쉽게 판매할 수 없었고 지점 네트워크와 독자적으로 설립된 순수 인터넷 은행이 그리 많지 않았다는 것이 주된 이유였다. 200만 달러를 투자하면 다른 분야에 설립, 시장 진출, 마케팅, 채용을 포함해 탄탄한 순수 전자상거래 포털이나 플랫폼을 구축할 수 있는데 무엇 때문에 은행 특허와 닷컴 은행을 설립하기 위해 500만 달러를 투자하겠는가? 금융은 순수 인터넷 사업 측면에서는 그다지 매력적이지 않았다. 규제 장벽과 투자액이 어마어마한 이 산업에서는 실리콘밸리의 두 어린아이가 금융계의 '페이스북'을 설립하는 일 따위는 일어날 수 없을 것이다.

소규모 인터넷 사업체를 설립할 경우 수십만 달러만 투자해도 제품을 배송할 수 있는 반면, 결제와 금융 시스템을 구축하려면 기본적으로 수백만 달러를 투자해야 했다. 은행이 고객의 돈을 처리하다 실패했다고 해서 금융 웹사이트에 트위터 같은 고래 모양(트위터에서 사용자 폭주로 글을 올릴 수 없을 때 화면에 뜨는 그림 —옮긴이 주)을 띄울 수야 없는 일이지 않은가.

주요한 인터넷 이용 방식은 인터넷 뱅킹(기본적으로 고객이 지점을 방문하거나 전화를 걸지 않고 거래를 하고 일상적인 금융 업무를 할 수 있는 더 저렴한 방법)이 되었다. 대부분의 은행에 이는 '채널 완화'나 혹은 고객 서비스 비용 감소를 의미했다.

그렇다 보니 1995~2000년 대부분의 은행 웹사이트는 기본적으로 '안전한' 인터넷 뱅킹을 이용하기 위한 로그인 기능의 게이트웨이(국부적으로 닫힌 통신망과 그 외부의 망을 접속하는 접속 위치 —옮긴이 주)로 기능했다. 또한 IT팀이 웹을 소유했는데 수익, 상품 정보, 그리고 고객 관계가 아니라 기능성, 거래 안정성, 그리고 안전성이 웹의 우선 요건이었기 때문이다.

전자상거래 사업체들이 성장하는 것을 목격한 은행 마케터들은 은행의 공식 웹사이트 플랫폼을 이용해서 브랜드를 홍보하고 특정한 상품을 판매하게끔 해달라고 요구했다. 하지만 아마존이 온라인 서점을 열고 5년이 지난 2000년이 되어서도 은행들은 원시적인 상품 브로슈어웨어 정도만 부스럭거릴 수 있었다. 이것이 대내 규정과 온보딩, 신청 처리 과정에서 가장 우선적이고 중대한 문제였다.

내가 웹사이트 개발 단계에 참여했던 많은 은행이 다음과 같은 과정을 거쳤다. 고객의 웹 입력 데이터를 토대로 물리적인 서류를 출력하고, 그것을 상품 팀에 제출하면 상품 팀은 다시 그것을 지점의 팀에서 사용하는 시스템에 입력하거나, 지점이나 인터넷 팀으로 일상적인 서류를 보내달라고 고객에게 요청했다. 21세기에 접어들 무렵에도 금융계에 전자상거래란 존재하지 않았다.

디지털 금융 활동에서 웹은 실패를 거듭했다. 하루 종일 메시지와 광고를 전달하는 마케터들이 공식 웹사이트를 소유했지만 실제로 웹사이트에서 판매할 수 있는 것은 무척 제한적이었다. 고객들이 온라인에서 상품에 대한 글을 읽은 다음에 지점을 방문해서 신청하리란 것이 은행의 생각이었다.

반면 안전한 온라인 금융 웹사이트는 안정되고 안전한 거래 경험을 보장해야 하는 IT팀의 소관이었다. 하지만 수익으로 평가받지 않았고, 마케팅팀의 생각에는 별 관심이 없었다. 대부분의 인터넷 뱅킹 포털이 등장하고 처음 6, 7년 동안 전혀 수익을 내지 못했다. 실은 아직도 웹사이트에서 이익을 거두지 못하는 은행이 많다. 로그인 버튼만 클릭하면 일상적인 웹 트래픽의 최대 95퍼센트를 얻을 수 있는 요즘 상황에 비춰보면 이해하기 어렵다. 수익을 증가시키기 위해 노력하는 은행이라면 안전한 환경 밖에 있는 새로운 고객보다는 기존 고객을 목표로 삼는 편이 더 쉽다.

금융계의 이 디지털 디바이스로 말미암아 10년 동안 마케팅, 커뮤니케이션, PR팀, 투자관계, IT 부서 간의 갈등이 계속되었다. 이들은 하나같이 은행이 보유한 가장 소중한 온라인 재산으로 인식되는 홈페이지를 소유하고 싶어 했다. 그것은 누구도 이길 수 없는 싸움이었다. 그들 가운데 누구도 웹의 소유권을 가질 권리나 자격이 없었기 때문이다.

웹 관리를 이런 식으로 하는 기관은 은행뿐이다. 일부 공익기업을 제외하고 다른 모든 소매업체들은 웹의 주요 기능을 수입 창출이라고 본다. 은행은 언제나 자사의 지점 네트워크를 잠식할 위험이나 대내 규정의 저항을 고려해 이런 본질적인 기능을 거부했다.

아마존이 오늘날 은행과 똑같은 방식으로 웹사이트를 개설했다고 상상해 보라. 아마존에서 살 수 있는 전체 상품 카탈로그를 볼 수 있으나, 그것을 사기 위해 물리적인 매장을 방문해야만 한다면? 기존의 아마존 고객들이 온라인에 접속해서 할 수 있는 일은 예전에 샀던 제품들을 둘러보는 일뿐일 것이다. 문제를 이런 식으로 생각해 보면, 은행은 수익 면에서 '디지털'을 망쳐놓았으며 이제 우리가 그 대가를 치르고 있음을 알 수 있다.

델타항공이나 영국항공 같은 항공사들은 디지털을 통해 수익의 80퍼센트를 창출한다. 이제는 은행도 지점에서 창출하는 수입이 더 우월하다는 사고에서 벗어나야 할 때이다.

수익
문제
<u>해결하기</u>

다가오는 프로 디지털 시대에 나쁜 수익이란 개념은 존재하지 않는다. 지점의 존속을 필사적으로 정당화하는 은행이 아닌 한 모바일, 웹, 태블릿, 혹은 ATM 같은 다른 채널에서 발생하는 수익보다 지점에서 창출하는 수익을 선호하는 것은 완전히 터무니없는 일이다. 혹자는 사기 가능성을 이유로, 물리적인 신분확인이 가능한 지점 위주의 편견을 고수할 수밖에 없고 지점에서의 수익을 선호하는 것은 당연하다고 주장할지 모른다. 하지만 이 역시 고객에게 최고의 채널은 언제나 지점이라는 생각에서 벗어나지 못한 것이다. 물리적인 신분 조작을 하기 어렵다고 해서 고객 입장에서 지점을 찾을 필요성이 커지는 것은 아니다.

오늘날 지점 활동의 감소 추세로 판단하건대 2010년대 말에 (몇 가지 예를 들어) 미국, 영국, 호주, 독일, 프랑스, 그리고 스페인의 소액거래 은행들이 살아남으려면 적어도 웹, 모바일, 태블릿을 통해 수익의 절반 이상을 창출해야 할 것이다. 그러기 위해서는 이미 타겟 고객의 디지털 커뮤니티와 탄탄하게 연결되어 있는 많은 후발주자 은행들과 상품 포지셔닝에 능숙한 파트너들에게 고객 확보를 아웃소싱할 수밖에 없다. 결국 기본 상품의 고객 확보 비용이 현재 수준보다 증가하고 수익률이 감소하게 될 테니 산업의 관점에서 볼 때 바람직한 일은 아니다.

그렇게 되기 전에 오래된 영역에 머물던 수익의 개념을 확 바꿔야 할 것이다. 대내 규정 담당 팀은 컨설턴트와 협력해서 실시간으로 혹은 고객의 욕구를 토대로 이익을 거둘 기회를 안전하게 개방한다. 상품 인식을 높이고 고객을 지점으로 유도하기 위해 오랫동안 고군분투했던 광고 마케터들은 앞으로 CPM 예산을 줄여야 할 것이다. 상품 경험과 고객 여정에 대한 대응력을 향상시키는 방향으로 이미 예산이 옮겨갔으니 말이다.

언제, 왜, 어떻게 고객들이 은행 상품을 사용하는지를 이해하는 데이터 분석가들과 고객에게 상품과 서비스가 필요할 때 고객의 삶에 그것을 제공할 수 있는 스토리텔러들이 이 신세계의 핵심 기술 구성을 확보할 것이다. 반면 고객을 지점으로 불러들인 다음 고객 스스로 온갖 장애물을 넘어 자신의 가치를 입증하게끔 애쓰는 사람들의 몫은 점차 줄어들 것이다. 이번 장에서는 이미 이 문제를 해결하고, 지점 네트워크에서 벗어나 새로운 방식으로 만족스러운 수익을 창출하고 있는 두 은행과 이야기를 나눈다. 이들 은행은 지점을 가지고 있지 않다.

지점이 없다면 은행에서는 과연 어떤 일이 일어날까?

미국 시장에서는 은행 운영 방식 면에서 '지점주의'가 메인스트리트를 지배했다. 어떤 기준으로 은행을 선택하는지 묻는 조사에서 고객들은 대체로 "집이나 직장에서 가깝고, 행동반경 내의 편리한 장소에 지점이 있어야 한다"고 답해왔다. 그러나 이 같은 고객 행동이 지난 15년 동안 꾸준히 크게 변화하고 있다. 미국, 영국, 노르웨이, 스웨덴, 프랑스, 호주에서 평범한 고객이 지점을 찾는 횟수는 일 년에 고작 몇 차례에 지나지 않으며 그것마저 계속 줄어들고 있다.

즉, 세계 어느 지역에서든 몇 년 전보다 사람들이 은행을 찾는 일이 확실히 적어지는 추세이다. 그것이 금융, 특히 소액 거래 금융에서 수익을 창출하는 방식에 어떤 영향을 미칠 것인가? 필자가 USAA 은행**USAA Bank**의 이머징채널 담당 부사장 네프 허드슨**Neff Hudson**에게 했던 질문이 바로 이것이었다.

브렛　오늘날 대부분의 은행이 사업의 핵심 수익을 지점 네트워크에 크게 의존하고 있습니다. 중소기업 투자 수익과 소액 거래 수익의 대부분이 지점 네트워크에서 발생하죠. 이런 상황에서 지점을 줄인다면, 은행은 어떻게 수익을 창출할 수 있을까요? 네프, 당신은 USAA의 이머징 채널을 지휘하고 있죠. 주로 어떤 일을 하나요?

네프　우리가 생각하는 이머징 채널이란 모바일과 USAA 회원의 상호작용 모델에 새롭게 등장하는 색다른 유형의 채널을 의미합니다. 소셜미디어, 결제, 구체적으로 말해 대체 결제, 소셜 영상과 직접 대면 영상, 그와 관련된 채널 같은 거죠.

브렛 USAA의 역사와 고객 기반, USAA는 어떻게 시작되었고 어떻게 해서 현재 위치에 도달하게 되었는지 말씀해 주시죠.

네프 USAA는 미국 금융 산업에서 매우 독특한 존재입니다. 회원으로 구성된 협회인데, 1922년 미국의 장교들이 모여서 자동차보험 집단 협회로서 USAA를 설립했죠. 그래서 회원으로 구성된 협회인 겁니다.

당시 장교들은 보험에서 위험성이 적은 피보험자로 간주되지 않았습니다. 1920년대 모든 사람이 자동차를 사기 시작하자 그들도 저마다 자동차를 샀는데, 가입할 수 있는 보험을 찾을 수가 없었어요. 그래서 그들은 함께 뭉쳐서 그야말로 자기들의 돈을 탁자 한가운데 던져놓고 서로 보증해 주기로 합의했죠. 이렇게 초라하게 시작해서 지금은 은행, 투자회사, 생명보험회사까지 소유한 〈포천〉지 선정 100대 기업으로 성장했고 연합 서비스에 속해 있습니다. 따라서 통합 서비스 모델이지만 그러면서도 개인 소유죠. USAA의 소유주는 회원들이고 그동안 전체 회원 수는 940만 명으로 늘었습니다. 은행은 1983년에야 설립되었지만 특히 지난 5년간 기하급수적으로 성장했어요. 현재 예금액 기준으로 미국 30대 은행에 속합니다. 2013년 현재 510억 달러의 예금액을 확보하고 있습니다.

우리는 한때 ING다이렉트**ING Direct**라고 알려졌던 은행(현재 캐피털 원 소유)의 뒤를 이어 두 번째로 큰 인터넷 전문 은행입니다.

USAA에는 지점이 하나 있습니다. 텍사스 주 샌안토니오에 있는 은행 본점에 유일한 지점이 있죠. 뿐만 아니라 금융센터도 몇 군데 있습니다. 지점과는 다르지만 전국적으로, 주로 군사도시에 서비스 본위의 금융센터들이 있어요. 하지만 지점은 하나뿐입니다. 초창기에는 모든 일이 편지와 우편으로 처리되었고, 최근 들어서는 인터넷과 모바일로 처리하고 있습니다.

브렛 새로운 사업을 시작할 때 현재 여러분에게 가장 효과적인 채널은 무엇입니까? 1983년에 은행을 설립했다는 사실을 감안하면 5,100억 달러라는 예금액은 상당한 액수군요. 그 수익은 주로 어디에서 발생하고 지사 네트워크가 없는 상태에서 어떻게 그렇게 탄탄해질 수 있었나요?

네프 함축적인 답변을 해드리죠. USAA는 회원들 소유이기 때문에 대체로 입소문을 토대로 성장했습니다. 창립 후 처음 60여 년간은 군인들이 다른 군인들에게 우리 서비스와 상품을 전한 덕분에 성장할 수 있었죠. 광고를 시작한 것은 3~5년 전입니다. 지금은 광범위한 군인 시장으로 확장하기 위해 노력하고 있거든요. USAA 가족이 되려면 미군에서 명예롭게 복무한 경력이 있어야 합니다. 은행이 성장하는 동안 한 세대의 퇴역 군인들을 잃게 되었고 그래서 협회에 가입할 자격이 있는 모든 사람을 영입할 목적으로 광고와 메시지 전달 범위를 약간 확대했어요. 하지만 지금까지는 대부분 군대와 관련이 있는 사람들을 타겟으로 한 광고와 입소문을 통해 성장했습니다.

실제 고객 확보 면에서 보면 직접 모델로 성장했다고 할 수 있겠죠. 인터넷이 등장해서 금융의 형세를 바꾸었을 때 우리는 그야말로 도약하기 시작했습니다. 1995년부터 2005년까지 온라인 금융에 무슨 일이 일어났고, "그건 절대 인기를 얻지 못할걸"이라는 중역 회의실의 분위기가 "우리가 근본적으로 사업 모델을 바꾸었어"로 바뀌었는지에 대한 이야기를 회사 내에 모르는 사람이 없습니다. 그렇게 성장하다가 2006~2007년 무렵에 자연스럽게 모바일로 이동했죠. 다시 말씀드리지만, 자신들이 원하는 USAA의 모습을 전해주는 회원들 덕분에 이러한 변화가 가능했습니다.

우리에게는 아프가니스탄이나 다른 해외 지역에서 위험을 무릅쓰고 복무하는 회원들이 대단히 많은데, 미국에 있는 우리와 상호작용하고 재정 문제를 처리해야만 했습니다. 2007, 2008년 무렵부터는 모바일이 가장 효과적인 수단이 되었습니다. 회원들은 우리에게 모바일 기기에 맞춘 가벼운 금융과 투자 경험을 요청했죠. 우리는 그것을 잽싸게 제공했고 그들은 지난 2년 동안 정말로 흔쾌히 받아들였습니다. 재미있는 일이죠. 그러다가 제가 새롭게 부상하는 채널을 지휘한다는 말이 회자되기 시작했습니다. 해마다 세 자리 수 성장을 거듭하면서 이제 모바일이 이미 완전히 부상했으니 말이죠! 모바일이 매스미디어가 되었다고 해도 무방할 겁니다. 현재 USAA에서 단일 채널로는 최대 규모죠. 그렇게 된 게 벌써 2012년 11월부터입니다.

현재 모바일은 우리의 고객 상호작용 가운데 40퍼센트 이상을 처리하고 있고 회원 가운데 약 25퍼센트가 매달 모바일을 우선적으로 사용합니다. 말 그대로 고객이 어디에 있든 그들에게 서비스를 제공할 수 있도록 한다는 면에서 모바일은 진정한 게임

체인저입니다.

브렛 회원들이 USAA와 어떤 식으로 거래하는지 말씀해 주시죠. 지점 네트워크가 없기 때문에 제한받는 일은 없나요? 직접 만나서 거래할 수 없다면 주택담보대출이나 신용카드 같은 서비스는 어떻게 받습니까?

네프 두 가지만 예외이고 거의 모든 일이 온라인으로 이루어집니다. 현금을 관리해야 하니까 회원들의 현금 관리를 돕기 위해 안팎으로 몇몇 물리적인 집합소를 만들었죠. 그리고 사람들이 인생의 중대한 기로에 직접 대면 경험을 얻을 수 있도록 자문센터도 몇 군데 마련했습니다. 물론 현금과 안전 금고도 중요하죠. 하지만 우리는 안전 금고를 제공하지 않습니다. 샌안토니오에 있는 유일한 지점에는 있지만 그밖에는 없습니다.

그것만 제외하면 장기 주택담보대출을 얻는 일부터 자동차를 사고 당좌예금계좌를 개설하는 일, 신용카드, 양도성 예금증서, 연금, 생명보험, 투자 등등에 이르기까지 모든 일이 가능합니다. 모바일 애플리케이션 내부에 200개의 내비게이션 포인트를 가지고 그곳에 있는 기능의 수를 알려주죠. 웹사이트에는 또 375개 정도가 있으니 디지털 채널에 크게 의존하는 셈이고 그렇기 때문에 거래하기는 매우 단순하지만 사실 매우 복잡한 금융 서비스라고 할 수 있습니다.

강조해야 할 또 한 가지는 전 세계 우리 회원들에게 모바일 예금과 국내 예금을 일찌감치 제공했다는 사실입니다. 적어도 소액

> 💲 모바일은 이미 완전히 부상했으며 매스미디어가 되었다. 현재 USAA 은행에서 단일 채널로는 최대 규모로, 그렇게 된 게 벌써 2012년 11월부터이다.
> _네프 허드슨(USAA은행 부사장)

거래 면에서는 그것을 제공한 최초의 은행이었죠. 은행들 사이에서 원격 캡처(처리 또는 축적을 위해 컴퓨터에 자료를 넣는 것 —옮긴이 주)와 처리를 하던 은행이 있었지만, 고객에게 제공하는 은행은 없었습니다.

브렛 원격 당좌예금 캡처remote check deposit capture를 언제 시작하셨나요?

네프 처음에는 가정용 스캐너로 시작했어요. 2006년에 시작했습니다. 활성화하기까지 시간이 좀 걸렸죠. 2005, 2006년경 활성화되었습니다. 그런 다음 곧바로 이동전화로 확장해서 2008년까지 쭉 진행했습니다.

브렛 와, 그렇게 시작된 거군요.

네프 우리에게는 자연스러운 확장이었죠. 가정용 스캐너로 하는 건 사실 전화로 하는 것보다 더 어려웠습니다. 기술 지원 사업까지 해야 했거든요. 스캐너와 상호작용하고 수표를 업로드하려면 데스크톱에 작은 자바 애플리케이션을 설치해야 했어요. 하지만 일 자체는 무척 재미있었습니다.

이동전화로 확장할 즈음엔 이미 사업 모델을 입증한 셈이었죠. 그야말로 세계 어느 곳에서나 수표를 입금할 수 있어서 우리 회원들이 무척 좋아했습니다. 뿐만 아니라, 당좌예금을 보증하는 우리의 방식 덕분에 즉시 고객에게 돈을 제공할 수 있어 고객이 바로 현금을 사용할 수 있었죠. 그게 즉시 입금입니다. 회원들이 수표를 입금한 다음 즉시 현금을 인출할 수 있게 한 겁니다.

그게 큰 인기를 얻었습니다. 우리는 히트를 쳤다고 생각했어요. 처음 서비스를 시작했을 때의 일입니다. 직원 두 사람이 아이폰을 보고 이렇게 말했습니다. "이거 보세요, 우리가 전화에 입금을 할 수 있네요." 그 이후 '와, 우리가 이렇게까지 할 수 있다니'에서 '활성화해 보자', 그리고 '확대해 보자'에 이르기까지 약 6~9개월밖에 걸리지 않았죠. 우리는 몇 년 동안 그걸 계속해서 다듬었습니다. 얼마 전에는 안드로이드와 아이폰에 예금 모바일 상품의 최신 버전을 출시했죠. 그 상품을 이용하면 여러 장의 수표를 연속해서 처리해 여러 계정에 예금할 수 있습니다. 아직 개선의 여지가 아직 많다고 생각하지만, 여전히 동급 최강입니다.

고객의 관점에서 볼 때 전형적인 윈윈 상황이죠. 고객은 현금을 이용할 수 있으니 무척 좋아하죠. 은행 입장에서는 시스템에서 종이를 제거하고 고객과 다른 방식으로 연결할 수 있으니 좋습니다.

브렛 현재 몇 명의 회원에게 서비스를 제공하고 있습니까?

네프 협회 회원은 940만 명가량입니다. 보험, 투자 등으로 USAA를 이용하죠. 은행 회원은 현재 약 650만 명 정도 됩니다.

브렛 어떻게 그렇게 성장할 수 있었나요?

네프 은행의 회원 수는 지난 5~7년 동안 두 배 이상 증가했습니다. 원격 예금 문제를 해결했을 때 정말 선풍적인 인기를 얻었죠. 과거에는 수표를 우편으로 보내서 예금시켜야 했으니까요. 그것 때문에 사람들이 우리와 거래하기를 꺼렸죠. 원격 예금 옵션을 내놓자 많은 사람의 마음이 움직였습니다.

초창기적 현금 이야기로 되돌아가 보죠. 우리는 회원들에게 현금을 예금할 수 있는 옵션을 제공하기 위해 UPS, 그리고 다른 두 파트너와 관계를 맺었습니다. 실제로 UPS 사무실 네트워크로 들어가서 현금을 보내면 그들이 그 돈을 당신의 USAA 계정에 입금

시켜 줍니다.

제가 같은 이야기를 자꾸 반복하는 것처럼 들릴 겁니다. 하지만 문제는 군대에서는 현금을 많이 쓴다는 거죠. 특히 군인 배우자들의 경우 벌이가 불규칙하거나 현금이나 수표로 지불받는 일을 하는 경우가 많습니다. 2, 3년마다 이사를 하니까요. 그러한 현금 예금액을 처리할 수 있는 장소에서 즉시 은행 거래를 할 수 있게끔 조치해야 했습니다.

브렛 그걸 일반적으로 대리 은행 거래correspondent banking(큰 은행에서 소규모 은행의 업무를 대리하는 것 —옮긴이 주)라고 부르죠. 맞습니까?

네프 바로 그렇습니다. 현금 수금의 효율성을 확보하기 위해 그것이 우리가 해결해야 할 마지막 문제일 겁니다. 그리고 우리와 은행 거래를 하는 데 실질적인 불이익은 없을 거라고 생각합니다.

브렛 그렇게 하거나 아니면 현금을 없애거나 둘 중 하나겠죠.

네프 그 문제를 연구하고 있습니다. 디지털화되는 현금이 많아지고 있지만, 사람들은 현금을 무척 좋아하죠.

브렛 모바일과 관련해 물어보겠습니다. 최초의 애플리케이션 폰 혹은 스마트폰인 아이폰이 회원과의 상호작용 면에서 당신의 조직에 게임 체인저가 되리라는 걸 언제 깨달았나요?

네프 2008년쯤 상당히 확실해졌습니다. 이 동네에서는 상당히 일찍 아이디어가 등장했지요. 솔직히 말씀드리면 전 회의주의자였어요. 제가 1999년 처음 USAA에 입사했을 때 저의 일은 웹사이트를 구축하는 것이 전부였습니다. 처음 스마트폰이 등장했을 때 약간 부정적인 편견을 가졌었죠. 대문자 L이나 비슷한 부류들을 만들려면 위해 똑같은 버튼을 세 번 두드려야 하는 1세대 피처폰을 경험했으니까요. '이건 효과가 없을 거야'라고 생각했어요. 그러나 애플리케이션을 봤을 때, 개별적이고 명확하며 내용이 알찬 애플리케이션을 담을 수 있는 터치스크린이 등장한 걸 봤을 때 눈이 번쩍 뜨였죠. 스마트폰을 그저 전화라고 생각한다면 핵심을 놓치는 겁니다. 그건 센서들의 집합체예요. 그리고 당신이 전달하는 경험의 종류를 향상시키기 위해 그 센서들의 집합체로 무엇을 할 수 있는지 생각해 보면, 가능성이 무한하다는 걸 깨닫게 됩니다.

곧바로 카메라를 살펴보았는데 지오로케이션이 있고, 생체 인식 요소도 있고, 그것을 공유할 성능도 있더군요. 소리를 녹음하고, 이메일을 쓰고, 채팅도 하죠. 끝이 없습니다. 우리는 정말 열광했죠. 하지만 우리 회원들은 우리보다 더 열광했습니다! 그들은 스마트폰을 사서 우리와 상호작용하기 시작했어요. 우리 회원들은 직업상 이동성이 높아서 2, 3년마다 움직이고, 한 번에 6~9개월씩 가족과 떨어져서 보냅니다. 미군 중 얼마나 많은 사람이 스카이프를 통해 처음 자신의 아이를 보게 될지 상상해 보세요. 파견 6개월 만에 처음으로 가족을 잠시 만날 수 있는 통로가 바로 스카이프입니다. 그러니 대개 얼리어답터가 될 수밖에 없죠. 이런 종류의 서비스를 제공받기 적합한, 지리적으로 다양하고 이동성이 매우 높은 고객인 겁니다.

브렛 채택이라는 면에서 보면 인터넷 뱅킹보다 모바일의 채택 속도가 확실히 더 빠른 것이 사실입니다. 파견 나간 회원들이 USAA의 모바일 뱅킹을 채택하는 속도를 인터넷 뱅킹과 비교해 봤습니까? 어느 정도 빠른가요?

네프 　규모 면에서 보면 두 배 빠릅니다. 어떤 거래에서는 그 이상이기도 하고요. 최근 수치들을 살펴보면, USAA로 보내는 전체 송금 가운데 모바일 송금이 52퍼센트를 차지합니다. 정말 입이 쩍 벌어지는 수치죠.

　　오늘날 사람들은 이동전화를 손에 들고 매우 편안하게 돈을 씁니다. 송금은 물론이고 청구서를 지불하고 있죠. 개인 대 개인 지불까지 하고 있습니다. 그게 입금인 거죠. 언젠가 그것이 현금을 대체할 겁니다. 이동전화가 당신의 지갑이 되는 거예요. 물론 장애물이 있지만 그것은 가부가 아니라 시기의 문제입니다. 일단 사람들이 손 안에 은행을 가질 수 있는 기능을 발견하면, 그것은 곧바로 선풍적인 인기를 끌 겁니다.

브렛 　이미 그런 거래나 활동을 위한 가장 흔한 형태의 상호작용이 된 스마트폰의 요소들을 알고 있는 것처럼 들리는군요. 모바일이 이미 지배하기 시작한 분야에서 말입니다. 원격 당좌예금 캡처가 그중 하나가 될까요?

네프 　예금은 이미 전화로 이동했습니다. 가정용 입금 스캐너나 메일로 입금되는 양이 무척 많지만, 가장 많은 것은 스마트폰을 이용한 입금이죠. 직불카드 차단처럼 좀 더 개별적인 것도 몇 가지 있는데 제 관점에서 보면 이에 못지않게 흥미롭습니다. 예컨대 직불카드가 어디 있는지 모른다고 합시다. 잊어버렸다고 생각지는 않지만 찾을 수 없어요. 그런데 걱정스럽습니다. 이럴 때 앱에 로그인해서 직불카드 사용을 차단할 수 있죠. 전화를 걸거나 웹사이트에 로그인할 필요가 없습니다. 그냥 이동전화로 하는 거죠. 우리도 예전에는 대화를 통해 고객을 안심시키고 그들의 직불카드가 안전하다는 걸 보여주고 싶다는 이유로 회원들이 억지로 전화를 걸게 만들었죠. 소유자가 그걸 반드시 원하거나 필요로 한다는 보장도 없는데 말입니다. 사기를 당한 게 아니라 그냥 어디 있는지 몰라서 차단하고 싶은 겁니다. 웹사이트부터 시작해서 다음으로 모바일에 그러한 기능을 도입하자, 즉시 트래픽이 80~85퍼센트 움직이더군요.

브렛 회원들이 모바일이 이용하기 시작할 때 은행과의 거래가 결국 더 많아진다고 말해도 무방할까요?

네프 물론입니다. 그리고 회원들의 참여도 더 많아집니다. 모바일과 웹사이트 사이의 전형적인 활동 수준이 적어도 두세 배 높아지죠. 우리가 받는 전화 건수의 약 6배에 해당합니다. 이런 플랫폼을 창조하면 연결 고객은 더욱 늘어나죠.

상상의 날개를 활짝 펴봅시다. 누군가 하루에 다섯 번 모바일 기기를 본다면 그들의 삶에서 변화를 일으킬 기회가 다섯 배 더 많아지는 겁니다. 그들이 당신의 웹사이트에 가입했다면 적어도 일주일에 한 번 정도는 로그인하겠죠. 우선 우리는 모바일 활동을 토대로 더 많은 참여를 창조할 방법을 모색하고 있습니다. 또 한 가지, 우리는 어떻게 그 모든 채널을 통합할지 고민하고 있습니다. 그렇게 되면 앞으로도 추진력을 잃지 않을 상황에 맞는 경험을 확보하고, 고객에게 더 훌륭한 서비스를 제공할 수 있죠.

새로운 방식을
택할 것인가
지점을 수호할 것인가?

상용 인터넷의 초창기에는 순수 디지털 은행이 드물었으나, 지난 10년 동안 이 영역에서 주목할 만한 몇몇 실험이 실시되었다. 그 중 내가 기억하는 중대한 시도는 세 가지이다. 영국의 에그Egg, 미국의 네트뱅크NetBank, 그리고 캐나다에서 시작해서 미국, 호주, 오스트리아, 프랑스, 독일, 이탈리아, 스페인으로 확대된 ING다이렉트가 그것이다. 인터넷이 등장하기 전에 주로 폰뱅킹으로 성장한 영국의 퍼스트 다이렉트First Direct 같은 은행들은 여기서 제외하려 한다. 퍼스트 다이렉트는 웹을 상당히 유익하게 이용했지만 온라인 직업 영업이라는 플랜을 토대로 설립되지는 않았다.

에그는 2000년 런던주식거래소에 상장된 후 사업 규모가 21퍼센트 성장했고 이후 생명보험회사 푸르덴셜Prudential로 소유권이 넘어가면서 영국 뱅킹 부문의 직접거래 지사가 되었다. 이 회사는 1998년 성공적으로 출범한 후 급속도로 성장해 200만 명이 넘는 고객을 확보했다. 그 결과 2000년에 상장할 수 있었으나 그 시점부터 성장세에 제동이 걸렸다. 2003년 푸르덴셜에 매각되었지만 수익이 발생하지 않자 푸르덴셜은 계획을 철회했다. 2006년 이 회사는 런던 주식 거래소에서 상장 폐지되었고 2007년 시티그룹으로 넘어갔다. 2011년 바클레이 카드Barclay Card는 시티로부터 100만 개가 넘는 신용카드 계정을 매입했으며 예금과 주택담보대출 계정은 요크서 빌딩 소사이어티Yorkshire Building Society에 매각되었다.

혹자는 에그가 대성공을 거두지 못했다고 주장하지만 당시 대부분 은행에 인터넷 뱅킹이 없었다는 사실을 감안해야 한다. 에그닷컴은 순수 웹 사업 모델을 통해 고객 200만 명을 확보했다. 이는 경이로운 성과이다. 그 이후 이 회사는 어느 분야를 성장시켜야 할지 모른 채 정체성 위기에 빠졌다. 프랑스에 진출했으나 신용카드를 기반 상품으로 삼는 바람에 신용카드 사용량이 영국보다 상당히 낮은 그 시장에서 고전을 면치 못했다. 그럼에도 1998년부터 2000년 사이에 신규 고객이 200만 명에 이르러 에그는 여전히 영국 시장에서 급성장하는 신생 소액거래 은행이었다 (이것도 웹을 통한 성과였다).

네트뱅크는 1996년 2월에 애틀랜타 인터넷 뱅크Atlanta Internet Bank로 설립되었다가 1998년 닷컴 열기에 편승하고자 Net.B@nk로 개명했다. 애틀랜타 인터넷 뱅크는 자산 규모가 140억 달러인 은행 그룹 캐롤라이나 퍼스트 뱅크Carolina First Bank의 자회사였다.

네트뱅크는 1997년 7월 IPO를 끝내고 고객 3천 명으로부터 주식과 예금으로 각각 4,200만 달러와 4,300만 달러를 확보했다. 이 은행은 일반적으로 가장 순수 온라인 혹은 인터넷 전문 소액거래 은행으로 손꼽혔다. 그것은 분명 나스닥에 상장된 미국 최초의 순수 온라인 은행이며 초기에 큰 성공을 거두었다.

그러나 네트뱅크는 연방 규제기관이 취한 조치로 말미암아 2009년 9월 28일 문을 닫았다. 미국 연방예금보험공사가 네트뱅크의 예금액을 보장했고 ING다이렉트(미국)가 이를 인수했다.

ING다이렉트는 1997년 캐나다에서 ING그룹에 의해 설립되었다. ING그룹은 보험 분야에서 먼저 알려졌으나 12개국 이상에서 은행 영업소를 가지고 있었다. 2011년 7월 캐나다의 ING다이렉트는 170만 명이 넘는 고객, 900명이 넘는 직원, 그리고 미화 376억 달러가 넘는 자산을 확보하고 있었다. 2012년 말 스코티아뱅크Scotiabank가 캐나다의 ING다이렉트를 31억 캐나다달러에 인수했다.

ING다이렉트는 1999년 호주부터 시작해서 미국, 오스트리아, 프랑스, 독일, 이탈리아, 스페인으로 영업을 확대했다. 호주를 선택한 것은 아마 캐나다 시장과 규모와 시장 운영 방식이 유사했기 때문일 것이다. 하지만 그뿐만 아니라 핵심 추동 요소가 확실히 인터넷 사용에 있었고 사업 모델에 적합했다.

ING다이렉트는 북미의 다양한 곳에 1997년부터 카페를 개점함으로써 직접 대면 서비스 문제에 접근하는 새로운 방식을 선보였다. ING는 여러 행사에서 "우리 카페들은 은행 지점이 아니다. 우리는 지점이 필요 없다"고 밝혔다. 실제로 카페는 상품을 판매하기보다 브랜드를 홍보하고 서비스를 제공하는 역할을 했고, 창구 업무를 수행하지는 않았다. 다만 어떤 상품을 사고 싶다면 ING다이렉트 웹사이트에 가입할 수 있는 모니터가 있었다(지금도 그렇다). 고객은 카페를 찾아서 자신의 계정에 발생한 문제를 해결할 수 있다. 그러나 거래를 하거나 은행 상품과 서비스와 관련된 일반적인 업무를 처리할 수는 없다.

2012년 캐피털 원Capital One이 매도인 지정 가격인 90억 달러에 ING다이렉트의 미국 영업부를 인수했다. ING가 유럽위원회European Commission와 맺은 구조조정 합의의 일환으로 미국 영업부를 팔 수밖에 없었던 터라 흥미로운 상황이었다. 여기서 잠깐, 미국 ING다이렉트가 예금액만 해도 800억 달러에 달하는 매우 탄탄한 회사였다는 사실을 지적해야 할 것이다. 파이어 세일(화재가 일어나 처치가 곤란한 상품을 판매하는 것 —옮긴이 주)을 한 것도, ING가 골치 아픈 자산을 없앤 것도, 혹은 캐피탈 원의 적대적 인수도 아니었다. 사실 ING의 사업 모델은 그들이 진출한 모든 곳에서 상당히 효과적이었고, 지금도 고객들로부터 강력한 지지를 받고 있다.

포괄적으로 말해 이런 순수 인터넷 기업들은 핵심을 입증했다. 은행을 운영하는 데 지점은 필요 없으며, 은행은 지점이 없어도 더 빠른 속도로 고객 기반을 확보하고 성장할 수 있다(고객이 있는 기존의 지점 네트워크를 인수한 경우가 아니라면)는 것이다. 이런 순수 인터넷 은행들을 인수하는 비용은 지난 20년 동안 계속 업계 최고 수준을 유지하고 있다.

그런데 왜 이런 실험 사례가 더 이상 없는 것일까? 이 세 사례 모두 기존의 금융기관, 즉 특허가 있는 은행으로부터 시작되었다. 신생 기업이 특허를 얻기 위해 넘어야 할 진입 장벽은 지나치게 높았다. 오늘날 그 방식에 대한 다양한 대체 모델이 존재하지만 특허가 있는 대부분의 은행은 순수 온라인 혹은 직접 온라인을 택함으로써 기존의 지점 네트워크를 제거하고 싶은 마음이 없다. 따라서 성공 사례의 수가 제한적이었다.

그러나 최근에는 순수 디지털 브랜드에 대한 관심에 확실히 불이 붙었다. 그래서 호주에 본사를 둔 순수 디지털 브랜드 은행 유뱅크^{UBank}의 CEO 알렉스 트위그^{Alex Twigg}와 인터뷰를 가졌다.

브렛   유뱅크는 지난 몇 년 동안 인상적인 성과를 거두며 혜성처럼 등장했습니다. 정확히 언제 출범했나요?

알렉스   2008년 9월 1일이었습니다. 유뱅크에게 중요한 날이었죠.

브렛   지주회사인 호주국립은행^{National Australian Bank}은 호주의 '빅 포 은행'중 하나죠. 그러니 이 은행의 기본 개념에 대해 말씀해 주시죠. 유뱅크의 기본 개념은 무엇입니까? 호주국립은행은 왜 별개의 온라인 브랜드를 설립하기로 결정했나요?

알렉스   여러 가지 이유가 있었습니다. 첫째는 사람들의 의사소통 방식이 변하고 있다는 것이었죠.

그들은 페이스북과 트위터의 초창기에 기술 역량이 완전히 변화하는 것을 목격했습니다. 다른 모든 산업이 물리적인 환경에서 온라인 세계로, 더 최근에는 모바일로 움직이고 있었죠. 호주국립은행은 완전히 온라인으로 은행 거래를 할 온라인 고객의 수가 충분한지 확인하고 싶어했습니다. 현재 유뱅크는 지점이 없을 뿐만 아니라 콘택트 센터도 하나뿐입니다. 전화를 걸어서 전화상으로 거래를 할 수도 없죠. 중간 판매를 택하지 않습니다. 아주 단순한 원 채널 플랜이죠.

브렛   고객 참여에 대한 전통적인 마케팅 방식이나 지점 경로에 의존하지 않고 어떻게 브랜드를 출범시키고 인식을 높였나요?

알렉스   세계적으로 많은 지점이 개설되는 모습을 지켜보았습니다. 핵심은 당신의 브랜드가 무엇을 의미하는지 이해하고 이 메시지를 전달하는 데 있습니다. 유뱅크는 투명성을 의미하죠. 현상 파괴, 다른 방식, 그리고 고객들을 위해 옳은 일을 한다는 뜻입니다. 브렛, 당신도 그때를 기억할 테죠. 우리는 GFC를 겪었고 많은 불신을 받았습니다.

브렛   GFC란 호주에서는 널리 알려진 약자인데, 세계 금융 위기를 가리키는 거죠, 맞습니까?

알렉스   맞습니다.

브렛   유뱅크는 세계 금융 위기가 무르익던 바로 그때 시작되었죠. 은행 브랜드를 출범시키기에는 끔직한 시기처럼 보이는 군요! 처음 몇 년은 어땠습니까?

알렉스   대단히 훌륭한 성과를 거두었습니다. 흡수력이 굉장했죠! 처음에는 1년 후쯤에나 가능하리라 예상했던 일을 6주 후에 해냈고 그때부터 그 추세가 계속되었습니다. 출범하기 전, 동료들과 경쟁자들이 내게 와서 이렇게 말하더군요. "누가 온라인 은행에 가고 싶어 하겠습니까? 누가 온라인으로 주택담보대출을 신청하겠어요?" 그런데 그런 고객들이 몰려오더군요.

브렛 스카이프를 온보딩이나 고객 지원 프로세스로 이용하는 등 매우 쉬운 온보딩과 고객 참여 프로세스를 토대로 구체적이고 조직적으로 추진했던 것으로 알고 있습니다. 고객이 쉽게 가입할 수 있게끔 어떤 종류의 일을 했으며, 그것이 초기의 기업 성장에 얼마나 중요한 요인이었다고 생각합니까?

알렉스 절대적으로 중요했죠. 고객의 관점에서 생각해 보니(고객이 유뱅크의 상품을 택하지 않는다면, 그 원인은 무엇일까?) 핵심은 우리 모두 인간이고, 모두 물건을 원하고, 모두 편리함을 원한다는 데 있었습니다. 예금 상품만 해도 그렇죠. 일반적인 호주의 예금금리보다 100베이시스 포인트 정도 더 높은 금리를 제공한다 하더라도 이자가 상당합니다. 하지만 그 노력의 대가로 얻는 가치는 그리 크지 않죠. 온라인 프로세스를 최대한 단순하고 간단하게 만들어야 했습니다.

고객 온보딩의 최대 문제는 신원확인 프로세스입니다. 과거에는 고객이 직접 지점을 찾아가 운전면허증이나 여권을 제시해서 신원을 입증했죠. 온라인에 계좌 개설 프로세스가 있다 해도 지원서를 출력해서 그 서류를 지점이나 다른 곳에 들고 가야 했습니다. 대부분 사람들에게 그건 힘든 일이었고 그만한 가치도 없었습니다.

이러한 문제를 극복하기 위해 우리는 온라인 데이터베이스를 이용해 '기존고객확인' 규정을 모두 충족시킬 방법을 개발했습니다. 다양한 데이터 원천에서 고객을 발견하고, 그것을 교차 참조해서 그 고객의 데이터가 존재하는지, 일관되고 정확한지 확인합니다. 그러면 우리는 대내 규정 요건을 충족시킬 수 있고, 고객은 온라인으로 지원서를 작성해서 인터넷 로그인을 위한 세부 사항을 '즉시' 얻은 후 인터넷 뱅킹에 접속해 10분 내에 계정으로 지급을 받을 수 있죠.

브렛 환상적입니다! 이제 전통적인 방식으로 은행계좌를 개설한다고 생각만 해도 부담스럽네요. 예전에 보고서에서 상당히 짧은 기간, 그러니까 3, 4년 만에 예금액이나 자산으로 100억 달러를 모을 수 있었다고 밝혔죠, 맞습니까?

알렉스 그렇습니다. 단 3년 만에 자산이 100억 달러에 이르렀죠.

브렛 굉장하군요. 금융 위기 동안 호주 시장의 몇몇 다른 대형 브랜드와 비교하면 어떤 건가요?

알렉스 상대적으로 큰 수치입니다. 그 당시에 유뱅크는 모회사인 호주 국립은행과는 별개로 호주에서 아홉 번째로 큰 예금 유치 기관이었죠. 정말로 빠른 속도로 규모가 커졌다는 걸 알 수 있을 겁니다. 브랜드와 사업이 무척 빨리 성장했죠. 그리고 지금 유뱅크는 자산 면에서 호주의 6대 소액거래 은행입니다.

브렛 호주국립은행은 호주 전역에 지점이 천 개가 조금 넘습니다. 유뱅크의 성장에 얼마나 놀랐을까요? 자회사인 유뱅크가 예금 유치 분야의 경쟁자가 되었으니까 말입니다. 전통적인 은행 환경에서는 그런 역학이 어떻게 작용합니까?

알렉스   우리는 매우 보완적이죠. 전통적인 은행인 호주국립은행은 세계의 다른 모든 은행과 마찬가지로 온라인 플랜을 가지고 있습니다. 하지만 다른 전통적인 채널도 모두 확보하고 있죠. 아직 지점이 있고 콜센터, 사업형 은행가, 관계형 은행가, 고객이 기대하는 다른 모든 요소가 모두 있습니다.

유뱅크는 그 옆에 앉아서 온라인 뱅킹만 원하는 고객을 유치하죠. 유뱅크 외에는 디지털 방식으로만 은행 거래를 할 수 있는 다른 방법이 없으니까요. 그래서 우리는 서로 매우 훌륭하게 보완합니다. 순수하게 상업적인 관점에서 생각해 보면 우리가 공유할 시장이 엄청나게 많아요.

호주국립은행은 자기 몫을 차지하고 그다음 유뱅크가 다른 덩어리를 차지할 겁니다. 반대인 경우도 많죠. 시장은 호주국립은행이 차지할 수 있는 것보다 더 넓습니다. 따라서 그것은 추가적인 개념이죠.

브렛   그래도 현재 호주의 6대 예금 유치 기관이 되기까지, 틀림없이 누군가로부터 시장점유율을 빼앗았을 겁니다. 불과 2008년에, 금융 위기가 한창이었던 시기에 시작했다는 사실을 감안하면 굉장한 거죠.

먼저 알렉스에게 질문하겠습니다. 그다음 다시 이 문제와 관련된 USAA의 경험에 대해 네프에게 질문하죠. 유뱅크 초창기 브랜드에 대한 인식을 쌓고 지지 기반을 창조하는 과정에서 소셜미디어가 얼마나 중요한 역할을 했습니까, 알렉스?

알렉스   대단히 중요했죠. 우리가 출범한 2008년 당시 소셜미디어는 막 트렌드가 되기 시작하던 참이었습니다. 하지만 소수 회사들만 활용했고, 금융기관에서는 활용하지 않았죠. 우리는 새로운 브랜드였기 때문에 빨리 대중과 접촉하고, 브랜드에 대한 인식을 창조하고, 브랜드 가치를 끌어내야 했습니다. 효과가 있을지 없을지 몰라도 대화에 참여해야 했습니다. 그게 핵심 요소였죠. 결과는 성공적이었습니다. 소셜미디어를 이용하고 처음 6개월 동안 기하급수적으로 가입이 늘어났습니다.

우리는 다양한 채널로 실험을 시작했습니다. 우리만의 유튜브 채널도 만들었는데, 지금은 하나의 트렌드가 되었지만 그 시절에는 흔치 않은 일이었죠. 사람들이 자기들 돈으로 해야 할 일과 금융 제도의 원리에 관한 비디오 콘텐츠를 제작했어요. 전통적인 다큐멘터리 형식이 아니라 우리가 유튜브를 이용하는 방식에 맞춰 가볍고 유머러스한 교육 접근 방식을 도입했습니다. 그게 대단한 성과를 거두었어요. 단 12주 만에 조회 수가 50만이 넘었죠. 당시에는 엄청난 수였습니다.

브렛   이건 정말 중요한 일입니다. 인구통계학적으로 요즘 가장 빠른 소액 거래 금융 집단은 Y세대이고 그들은 검색 측면에서 볼 때 유튜브 사용량에서 지배적입니다. 실제로도 고객 가운데 Y세대가 많나요, 아니면 대부분 나이가 더 지긋한 고객들인가요?

알렉스   의외지만 우리 고객들은 다소 젊은 편입니다. 하지만 18세부터 108세까지 고객층이 다양해요. 가능한 연령 집단의 범위를 총망라하고 있습니다. 사실 유뱅크의 연령 프로필은 존재하지 않아요. 그들의 유일한 공통점은 내국인이라는 점입니다. 그들은 대부분의 삶을 완전히 디지털 방식으로 보내죠. 물론 은행 거래도 같은 방식이길 원합니다.

초창기 우리에게 적극적으로 의견을 표현해온 전문가들은 실제로 우리의 지지자들이었습니다. 그 커뮤니티가 거대한 물결처럼 브랜드에 참여했죠. 우리는 그들에게 쉽게 이용할 수 있는 높은 예금 금리를 제공했고, 그들은 그 문제에 대해 이야기하기를 원했습니다. 그래서 우리는 소셜미디어를 이용해서 그렇게 했죠.

브렛　그러한 지지자들은 현금이 풍부한 사람들이고 1, 2퍼센트의 APR 프리미엄처럼 더 유리한 금리를 찾는 사람들입니다. 당신 말에 따르면 사용의 용이성 또한 그들을 끌어들일 큰 요인이겠군요. 네프, USAA는 브랜드로서 소셜미디어와 어떤 경험을 했는지, 어떻게 소셜미디어를 통해 서비스 면에서 그리고 일반적으로 참여 면에서 회원들과 더 효과적으로 관계 맺었는지 말씀해 주시죠.

네프　소셜미디어의 관점에서 보면, 우리는 태생적으로 구전 기업입니다. 회원들이 설립한 기관이고 회원과 회원 사이의 소개를 통해 성장해왔죠. 그러니 소셜미디어로 진출한 건 우리로선 매우 자연스러운 일이었습니다. 소셜미디어 자체가 디지털 플랫폼 시대의 구전 도구가 아니고 무엇이겠습니까?

우리는 유튜브, 페이스북, 트위터 계정을 가지고 있었고 자연스럽게 회원들 사이에서 진행 중이었던 대화에 합류했습니다. 군대 내부에서 돈에 관한 대화가 한창이었죠. 사람들은 매일 어떻게 하면 소비할 때 더 현명한 결정을 내릴 수 있을지 이야기하길 원했습니다. 이런 것들이 우리의 스위트 스폿(클럽, 라켓, 배트 등에 공이 맞았을 때 가장 강한 반발력을 받는 지점 —옮긴이 주) 안에 있었고, 우리는 다가가서 회원들의 감정과 생각에 귀 기울이는 한편 브랜드의 관점에서 소비와 저축, 금융을 통해 더 좋은 삶을 만들어가는 방식에 관해 이야기했습니다. 처음에는 페이스북에서, 그다음 유튜브에서, 이어서 트위터에서 브랜드의 존재감을 구축했죠.

이제는 소셜 채널을 서비스 채널로 이용하는 단계로 넘어가고 있습니다. 처음에는 귀 기울이며 참여했고 이제 그 채널을 통해 서비스를 제공하는 방향으로 확대하고 있는 겁니다. 확실히 그건 까다로운 과정입니다. 예를 들어 트위터에서 누군가 USAA에 대해 이야기를 시작했다고 합시다. 우리는 그 사람에게 다가가서 관계를 맺고 우리에게 직접 메시지를 전달하거나 우리를 지켜본 다음에 직접적인 메시지를 전해달라고 부탁합니다. 그래야만 그들을 안전하게 개인 채널로 이동시켜서 그들의 개인 사업과 목표에 대해 이야기를 나눌 수 있죠. 그다음에는 서비스 담당자에게 그 질문이나 문제를 전달해서 그들이 선택한 채널을 통해 답변을 전달합니다.

제 생각에는 이러한 활동이 머지않아 이 게임의 판돈이 될 겁니다. 고객에게 귀를 기울이는 데서부터 시작되는 이러한 활동을 중심으로, 참여 모델이 근본적으로 바뀌고 있습니다.

브렛　대화에 참여해야 한다는 뜻입니까?

네프　그렇죠. 브랜드는 더 이상 기업의 것이 아닙니다. 고객이 주인입니다. 그리고 오늘날의 고객은 자신이 원할 때마다 기업에 대해 말할 능력, 모을 수 있는 최대의 관객에게 자신이 원하는 것을 말할 능력을 가지고 있죠. 이러한 사실이 등식을 근본적으로 바꾸고 있습니다. 기업은 고객들에게 다가가서 참여해야 하고, 아주 투명하게 운영되어야 합니다. 실상 고객에 유리하도록 운영해야 하죠. 만일 그렇지 않으면 불성실하거나 더 나쁜 경우에는 배려하지 않는 기업처럼 보일 겁니다. 그래서 우리는 최대한 진실한 모습으로 남으려고 노력하고 있어요. 진실성은 우리 브랜드의 한 요소죠. 소셜미디어는 매일 우리가 회원들과 나누는 대화의 연장입니다.

브렛　두 분 말씀은 지점이 없다는 사실이 고객과의 관계에 타격을 입히지 않는다는 뜻인 것 같네요. 사실 정반대일 수도 있고요. 앞으로 5~10년 후 두 회사의 미래는 어떨까요?

네프　당신의 주머니에 넣고 다니는 개인 디지털 시스템이 핵심입니다. 그것이 점점 커져서 판매 주기의 한 요소가 될 겁니다. 우리는 이미 모바일 채널로 일부 상품을 판매하고 있죠. 그것이 주된 판매와 수익 채널로 변할 거라고 생각합니다.

브렛　알렉스, 유뱅크는 어떻습니까?

알렉스　금융의 미래는 매우 흥미롭습니다. 지난 100여 년간 우리는 걸음걸이와 장소, 그리고 지점 규모에 맞춰 우리의 물리적 발자국을 최대한 활용하기 위해 많은 시간과 돈을 투자했죠. 디지털 생태계에서도 정확히 똑같은 일을 할 겁니다. 그리고 디지털 세계의 고객들이 향하는 곳에서 서비스를 제공할 겁니다. 고객이 알아서 찾아오리란 기대는 이제 금물입니다. 저는 가끔 실패한 나머지, 실제로 아무도 찾지 않아서 유뱅크닷컴이 폐쇄되는 미래를 떠올리기도 합니다.

> 지난 100여 년간 우리는 걸음걸이와 장소, 그리고 지점 규모에 맞춰 우리의 물리적 발자국을 최대한 활용하기 위해 많은 시간과 돈을 투자했다. 디지털 생태계에서도 정확히 똑같은 일을 할 것이다. 그리고 디지털 세계의 고객들이 향하는 곳에서 우리의 서비스를 제공할 것이다.
>
> ＿알렉스 트위그(유뱅크 CEO)

지점 없는 은행은 가능하다

알렉스 트위그가 결론에서 말했듯이 과거 통행량을 포착하는 핵심 요소는 진짜 부동산(장소, 장소, 장소!)을 얻는 것이었다. 미래의 핵심 요소는 디지털 영역에서 수익을 창출하는 트래픽을 얻는 것이다. 몇 년 전, 상업은행Commerce Bank과 영국의 메트로 은행Metro Bank을 창립한 버넌 힐Vernon Hill과 만날 기회가 있었다. 그는, 은행 설립의 핵심은 지점을 어디에 세우느냐는 '장소의 과학'이며 자신들은 기업, 학교, 도시의 중심 도로 등등과 은행 입점 후보지가 얼마나 가까운지를 살피는 데 막대한 시간을 투자했다고 말했다. 그러나 이제 지점은 불필요한 걸림돌, 또는 그저 '일을 성사시키고' 싶어 하는 고객들을 위한 길목이 되었다.

USAA와 유뱅크는 적절한 집단의 고객들(급속하게 성장하는 고객 집단)로부터 수입을 창출하기 위해 지점이 필요하지 않다는 사실을 입증했다. 금융가들이 지금 당장 해답을 제시해야 할 네 가지 문제는 다음과 같다.

1   편안하게 거래하려면 지점이 필요하다는 고객의 수가 늘어나고 있는가, 아니면 줄어들고 있는가? 중기적인 관점에서 일차적인 채널로 지점 방문을 원하는 고객이 더 많아지겠는가, 아니면 웹이나 모바일로 참여하는 고객이 더 많이 증가할 것인가?

2   모바일이나 웹을 통해 수익을 낼 새로운 기회들이 존재하는가? 물리적인 유통 네트워크를 통해서는 이런 기회를 잡기가 어려울까?

3   웹과 모바일은 다음 중 무엇일까? : 서비스 채널, 지점으로 이끌 계기를 창출하는 요소, 물리적인 매장에 비해 필요할 때 더욱 효율적으로 수익을 창출하는 독보적인 수익

채널.

4   대내 규정을 충족시키기가 쉬우므로 지점을 통한 수익이 더 우월한 수익일까, 아니면 유뱅크나 USAA 같은 은행들이 더 좋은 성과를 거둘 수 있다는 사실이 입증되었으니 지점을 통한 수익은 비효율적인 것으로 간주할 것인가?

나는 전에 발표한 내 책에서 고객의 선택과 결정 과정에 작용하는 지점의 심리학에 대해 살펴보았다. 따라서 여기에서 지점 네트워크 대 다이렉트 모델에 대한 찬반 의견이나 전반적인 가치를 반복해서 다루지는 않을 것이다. 그저 이렇게만 밝히고 싶다. 물리적인 유통 네트워크에 의존하는 은행들보다 USAA, ING다이렉트, 엠뱅크mBank, 모벤Moven, 심플Simple, 피도르Fidor, 스퀘어, 유뱅크가 은행 상품과 서비스를 더 빠르게 더 저렴한 비용으로 훨씬 적은 저항을 받으며 전달하고 있다면, 어떻게 지점에서 창출하는 수입이 더 우수하다고 생각할 수 있겠는가?

만일 은행이 웹과 모바일을 통해 더 효율적으로 수익과 서비스를 전달할 수 있는데도, 지점을 고수하기 위해 노력하느라 그렇게 하지 못한다면 머지않은 장래에 몇 가지 힘든 결정을 내리게 될 것이다.

USAA와 유뱅크는 실제로 그런 일이 가능하다는 사실을 입증한다. 은행 경영자들은 직원들에게 그들 또한 같은 방식으로 수익을 얻을 수 있다는 걸 입증할 기회를 줘야 할 것이다.

Who's Who in FinTech 인터뷰이 소개

네프 허드슨

USAA 이머징채널 담당 부사장이다. 그는 USAA의 모바일과 태블릿 채널을 감독하며 새롭게 부상하는 결제, 소셜 커머스, 비디오, 자동화 정보의 혁신 활동을 지휘한다. 13년 전 USAA의 전자상거래 팀에 입사해 승진을 거듭하며 USAA닷컴의 초대 채널 관리자가 되었다. 그가 이 일을 맡은 동안 USAA닷컴은 포레스터 리서치(Forrester Research)의 최고 금융 서비스 웹사이트로 선정되었다. USAA에 입사하기 전에는 주요 군사 뉴스 포털인 밀리터리시티닷컴(militarycity.com)의 본부장을 비롯, 언론계에서 경영자, 편집자, 기자로 일했다. 메릴랜드 대학교에서 학사 학위를 취득했다.

알렉스 트위그

호주 유뱅크의 CEO이다. 내셔널 웨스트민스터 은행(National Westminster Bank)의 관리 개발 프로그램을 마치고 고속 승진한 알렉스 트위그는 세계 최초 인터넷 전문 은행 에그부터 시작해 디지털 은행, 시티그룹과 피델리티(Fidelity)를 설립하면서 경력을 쌓고 디지털 전략을 수립해왔다. 호주국립은행의 새로운 핵심 뱅킹 플랫폼인 오라클(Oracle)을 개발하고 시험 운행하는 한편 유뱅크 팀을 이끌어 기하급수적인 성장을 실현했다.

PART
4
금융이
소셜미디어화
되고 있다
쌍방향 시대,
금융권의 대응 전략

소셜미디어에서 ROI(투자자본수익률)가 어떻게 발생하는지 모르겠다고? 다른 누군가가 그 답을 찾을 때까지 기다리고 있는 은행이 있다면, 그들의 사업은 이미 때를 놓친 것일지도 모른다. 소셜미디어는 이미 존재하고 있으며, 이제 막 비상을 시작했다. 따라서 금융 경험에서 소셜미디어를 활용할 방법을 스스로 파악하는 편이 바람직하다.

소셜미디어는
이제 막
시작되었다

유튜브, 페이스북, 트위터, 인스타그램, 텀블러가 우리가 공유하고 상호작용하는 방식을 바꾸고 있다. 이 새로운 채널들은 전통적인 방송 채널과는 달리 참여와 피드백, 대화를 권장한다. 그러나 아직까지 은행은 투명성이 떨어지는 전통적인 프로세스에 깊이 물들어 있다. 이러한 환경에서 대다수 은행은 소셜미디어와 친밀한 브랜드로 변화하는 것이 쉽지 않은 도전이라고 여긴다. 그러나 오늘날은 자사의 상품과 서비스를 설명하는 브랜드의 말보다 대중의 여론이 더 신뢰받는 세상이다.

2012년 페이스북 사용자는 10억 명에 달했고 현재 15억 명에 육박하고 있다. 보도에 따르면 평범한 페이스북 사용자는 하루에 75분 동안 페이스북을 이용한다. 세계의 연간 스마트폰 성장률은 2013년 50퍼센트였으며 상위 15개국이 34퍼센트를 차지했다. 그러나 이보다 더 중요한 사실은 2016년 무렵이면 최고의 선진 경제권에서 스마트폰 보급률이 70퍼센트에 이를 것으로 예상된다는 점이다. 스마트폰의 성장률로 말미암아 모바일을 통한 인터넷과 소셜미디어 이용량이 엄청나게 증가했다. 중국 텐센트TenCent가 가동시키는 새로운 소셜 모바일 네트워크인 웨이신Wei Xin, WeChat의 중국 이름은 14개월 만에 사용자가 1억 명에 달했으며 6개월가량 지난 후에는 2억 7천만 명을 기록했다. 아이폰 사용자의 18.6퍼센트가 스냅챗을 이용하는 상황에서 미국에 본부를 둔 스냅챗Snapchat은 매일 모바일 사진 6천만 건, 매년 스냅 50억 건을 발송하고 있다. 얼마 전 190억 달러에 페이스북에 팔린 왓츠앱What's App도 빠뜨릴 수 없다. 그러나 가장 급성장하는 소셜미디어 네트워크의 영예는 페이스북에게 인수된 지 18개월 만에 500퍼센트 성장한 인스타그램이 차지했다.

이렇게 소셜미디어가 계속해서 현대 사회에 뿌리를 내리고 있는 요즘, 전통적인 기업과 브랜드는 여전히 머리를 긁적이며 어리둥절해하고 있다. ROIReturn on Investment(투자자본수익률)는 대체 어디서 나오는가? 소셜미디어에 투자하는 사업 사례로는 어떤 것이 있는가? 페이스북과 같은 부류를 제외하고 누군가 소셜미디어에서 돈을 벌 수 있을까? ─바로 이렇게 인터넷에 대해 똑같은 질문을 했던 것이 불과 얼마 전이라는 사실이 아이러니하지 않은가? 믿거나 말거나, 팽배한 회의주의 속에서 등장한 최초의 매체는 인터넷이 아니었다.

라디오 방송은 화려하고 재미있지만 사실상 쓸모없다. 미국 방송인들이 제공하는 내용을 경청할 가치에 대해 설득력 있는 주장을 펼치기는 어렵다…… 라디오에 대한 모든 열광이 선정주의를 한층 더 나태하게 갈망하는 방향으로 미국인의 정신을 더 퇴폐하게 만드는 일(도덕적으로 타락시키는 일)만 초래할 것인가?

—E. E. 프리, '라디오의 진정한 용도', 〈포럼(The Forum)〉, 1926년 3월

20세기 초반 라디오가 처음 인기를 얻었을 때 그것이 사회에 파괴적인 영향력을 미칠까 봐 두려워하는 사람이 많았다. 가족이 탁자에 둘러앉아 성경공부를 하거나 피아노 옆에 모여 함께 노래 부르거나 또는 모든 바람직한 가족이 그러듯 대화를 나누어야 할 시간에 라디오 오락 프로그램을 들으며 몇 시간씩 앉아 있게 될 것이라고 두려워했던 것이다.

라디오의 성공 요인은 아침 신문을 기다리는 대신 실시간으로 전달되는 최신 뉴스, 그리고 스토리텔링(청취자의 상상력을 사로잡을 드라마와 코미디를 창조하는 능력)이었다. 뿐만 아니라 간간이 스포츠 중계방송도 있었다.

1938년 독특한 방식으로 청중을 참여시키거나 상상력을 사로잡는 라디오의 위력은 오손 웰즈가 감독하고 해설한 놀라운 라디오 드라마 '우주전쟁'에서 명백하게 입증되었다. 이 방송이 너무나 생생했던 나머지, 사람들은 집 밖으로 도망쳤고 경찰, 군대, 보도기관에 사실을 확인하거나 화성인 침공에 맞서 지구 방위에 지원하려는 전화가 쇄도했다.

이 새로운 형태의 미디어로 가장 먼저 돈을 번 것은 라디오 방송국 소유주와 콘텐츠 제작업체들이었다. 무선(라디오)을 통해 광고를 제작하고 마케팅 활동을 펼친 사람과 새로운 방식으로 시장을 확대하는 이 새로운 현상을 활용하려는 기업이 그 뒤를 이었다.

1950년대 후반 TV가 대거 등장했을 때 똑같은 우려가 다시금 등장했다. TV는 시간 낭비의 중대한 원인일 뿐만 아니라 도덕성을 떨어뜨리고,

함께 둘러앉아 라디오를 듣는 건전한 활동으로부터 가족을 뿔뿔이 흩어지게 할 매체였다. 물론 TV의 등장으로 라디오가 사라지지는 않았지만 변화무쌍한 콘텐츠와 공유, 광고와 마케팅, 프로그래밍과 스토리텔링은 점점 풍부해지고 복잡해졌다. 이 신기술 위에는 네트워크(새롭게 등장하는 TV 프로그래밍의 거물들, 즉 ABC, CBS, NBC, BBC 등)와 30초짜리 이야기의 감성을 제품 보증이나 판촉 광고로 변화시키는 광고회사가 있었다. 이후 몇십 년간 이 매체에서 광고할 능력이 있던 기업은 브랜드 인지도를 통해 상당한 성과와 수익을 창출할 수 있었다.

그리고 인터넷이 다시 한 번 이 패턴을 증명했다. 그것은 도덕적으로 타락하고 시간 낭비이며, 혜택보다 위험이 더 큰 매체였다.

"컴퓨터를 가지고 있는 모든 아이가 단 몇 번의 클릭으로 가장 역겹고 불쾌한 포르노를 볼 수 있다고 해도 과언이 아니다." 제임스 J. 엑손이 〈월드 헤럴드〉와의 인터뷰에서 한 말이다.

"우리는 부모들이 그저 컴퓨터 소프트웨어를 사서 아이들을 그 앞에 앉혀놓고서 그것이 그들을 돌보고 즐겁게 해줄 거라고 생각해서는 안 된다." 전국자녀교육센터의 캐츠너(Katzner)는 이렇게 말했다.

"우리는 연결되어 있다. 그것은 확실하다. 그리고 무엇을 해야 할지 이해하지 못했다." 노퍽의 교육 컨설턴트 스티븐 J. 코플론의 말이다.

— '인터넷의 섹스: 아이들을 보호할 방법,
최근 대체로 역겹고 아이들이 쉽게 접근할 수 있는 온라인 음란물을 놓고 큰 소동이 일어나
부모들이 해결책을 찾기 위해 동분서주하고 있다', 〈월드 헤럴드〉, 1995년 7월 11일자

그러나 매체로서 웹이 달랐던 점은 쌍방향 상호작용이 가능하다는 것이었으며 이는 이전의 매체에서는 불가능했던 일이었다. 근본적으로 이 덕분에 웹은 스토리텔링, 메시지 전달, 그리고 광고 매체에서 실시간으로 거래가 일어나는 기업 플랫폼으로 변했다. 이 새로운 차원의 초기 플레

이어들은 네트워크를 소유하고 그 네트워크로 콘텐츠를 유통시키는 것에 진정한 가치가 있다고 믿었다. ISP Internet service provider(인터넷 서비스 공급자)는 한때 광고회사였으나 이제 NBC나 ABC 같은 부류와 동급이 되었다.

웹을 통해 광고와 브로슈어웨어뿐 아니라 전자상거래가 가능해졌다. 인터넷의 가장 파괴적인 특성은 기존 유통 메커니즘과 기업에 도전한다는 데 있다. 그것은 결국 오랫동안 존속했던 출판·음반 산업, 소매 브랜드들의 종말, 여행사 직원과 중개업자·판매 대리인의 탈중개화 등을 촉진했고 아마존 같은 새로운 거물들의 탄생을 초래했다.

소셜미디어 역시 똑같은 패턴을 따르고 있다. 초기 영역 점령의 핵심은 전적으로 네트워크, 네트워크 채널, 부동산을 소유한 네트워크였다. 페이스북은 IPO 초기에 실패와 대대적인 붕괴가 예상되었지만, 12개월이 조금 지나자 상장 가격의 세 배 이상으로 회복되었다. 이후 트위터가 주식을 공개했다. 다시금 똑같은 패턴이 등장했다.

초기에 시장의 관점은 네트워크 소유에 맞춰져 있었다. 이후에 고객과 연결되는 새로운 파이프에 더 많은 메시지를 밀어 넣기 위해 광고회사들이 몰려들었다. 그러나 진정 흥미로운 발전 사례는 전자상거래에서 나타났다. 사회적 단층의 상부에 등장할 새로운 사업 방식이 무엇인지에 관심이 집중되었다. 새로운 기업은 이해와 행동을 중심으로 더 훌륭하게 조율된 가상 커뮤니티가 아니라, 물리적·지리적 커뮤니티에 토대를 둔 전통적인 기업에 파괴적인 존재가 될 것이다. 새로운 기업은 전통적인 시장 분류 방식에는 어울리지 않는 사회 집단에 급속도로 친화력을 발휘할 것이고, 고전적인 시장세분화와 인구통계집단을 밀어낼 것이다.

소셜미디어 위에 무수한 앱과 마케팅 이니셔티브, 커뮤니티 등이 결합되었다. 인스타그램, 포스퀘어, 핀터레스트, 바인, 그 밖의 다른 많은 것들이 공통된 사용자 플랫폼을 제공하는 페이스북의 역량을 토대로 설계되었다. 이로써 게시물이나 앱과의 링크 같은 형태로, 소셜 네트워크를 통한 빠른 공유와 채택이 가능해졌다. 만일 한 친구가 인스타그램에 사진을 게재하면 그것이 인스타그램에 등장하는 것은 물론이고 누군가 그 사람의 사진을 공유하면 페이스북에도 똑같이 등장한다. 그리고 여러분의 사진을 클릭하는 친구들은 초대를 받는 형식으로 직접 인스타그램에 접속할 수 있다. 인스타그램, 포스퀘어 등은 고유한 '네트워크'를 유지하는 한편 여러분은 대개 페이스북이나 트위터에서 새로운 친구들을 찾아서 그 앱 생태계 안에 본인의 네트워크를 형성한다.

이들 기업의 지상과제는 계속 발전하면서 수익 모델을 찾는 일이다. 인터넷에서 사업을 시작하는 기업들은 대체로 이 같은 도전에 직면한다. 펫츠닷컴Pets.com과 웹밴닷컴Webvan.com 같은 기업들은 수익을 단시간에 거두지 못해 사라지게 되었을 때 이 사실을 체감했을 것이다. 앞으로 소셜 비즈니스 분야에서도 몇몇 파란만장한 사례를 목격하겠지만, 네트워크 소유자(페이스북, 구글 플러스, 트위터)뿐만 아니라 완전히 새로운 방식으로 커뮤니티와 공동 작업, 사회적 영역에 참여하는 기업도 승리자가 될 것이다. 웹이 등장하기 이전에도 그랬듯이 소셜미디어가 주도하는 기업이 전통적인 플레이어를 대거 파괴시키고 다음 10년 동안 사업계의 새로운 거물로 떠오를 테다.

사회적 단층 위로 떠오르고 있는 완전히 새로운 기업 가운데 몇 가지 흥미로운 예를 들자면 P2P 대출기업인 킥스타터Kickstarter와 에어비앤비AirBNB, 옐프Yelp, 우버 등이 있다. 이들은 소셜미디어를 상거래에 접목시킴으로써 커뮤니티와 업무를 발전시키고 커뮤니티를 통해 가치를 창조하는 한편 그것을 통해 독특한 방식으로 수익을 창출하는 기업들이다.

소셜미디어에서 ROI가 어떻게 발생하는지 모르겠다고? 다른 누군가가 그 답을 찾을 때까지 기다리고 있는 은행이 있다면, 그들의 사업은 이미 때를 놓친 것일지도 모른다. 소셜미디어는 이미 존재하고 있으며, 이제 막 비상을 시작했다. 따라서 금융 경험에서 소셜미디어를 활용할 방법을 스스로 파악하는 편이 바람직하다. 그것이 시티은행의 프랭크 엘리아슨Frank Eliason과 뉴질랜드 ASB은행의 시몬 맥컬럼Simone McCallum이 전하는 핵심 메시지이다.

커뮤니티를 통해 브랜드를 구축하라

2007년, 시티는 소셜미디어가 그들이 '열심히 갈고닦은 브랜드 커뮤니케이션 전략의 완전성'에 위협적인 존재라고 생각했다. 그러나 단 1년 만에 태도를 바꾸고 페이스북과 트위터를 수용하기 시작했다. 2009년 무렵 시티는 고객 지원을 위해 트위터를 가장 적극적으로 이용하는 미국 최초의 주요 은행이자, 공식적인 소셜미디어팀과 함께 세계로 진출하기 위한 소셜미디어 정책 및 전략을 수립하는 최초의 주자로 손꼽혔다. 이제 소셜미디어는 시티의 고객 경험과 브랜드 참여의 결정적인 요소로 자리 잡았다. 필자는 시티의 글로벌 소셜미디어 국장 프랭크 엘리아슨과 인터뷰할 기회를 가졌고 그는 다음과 같은 지혜를 전했다.

브렛   프랭크, 요즘 들어 갑자기 금융이 흥미진진해졌습니다. 실질적인 면에서 은행들이 소셜미디어에 참여한 것이 언제였나요?

프랭크   몇 년 동안 소셜미디어를 상대하면서 내가 목격한 것은, 아마도 약간 편견을 가지고 있겠지만, 긍정적인 위기가 기업을 소셜미디어로 끌어들이는 경향이 있다는 겁니다. 아니면 적어도 기업으로 하여금 소셜미디어의 영향력을 이해시키는 측면이 있었습니다. 금융 산업에 있어 지난 몇 년에 걸친 위기는 분명 소셜미디어와 자사 브랜드, 그리고 소셜미디어에 대한 일반적인 시각에 영향을 미쳤습니다. 다른 산업도 별반 다르지 않죠. 소셜미디어 초창기를 돌아보면, 소셜미디어에 최초로 진출한 기업들(델, 스타벅스)이 일찌감치 놀라운 성과를 거두었습니다. 저는 컴캐스트Comcast에서 근무했는데 그 무렵 그런 회사들이 모두 일종의 위기를 겪고 있었죠. 위기는 기업들에게 현실을 일깨우곤 합니다.

브렛 소셜미디어 분야에서 시티가 거쳐온 여정에 대해 말씀해 주시죠. 지난 몇 년 동안 소셜미디어에 대한 내부의 견해는 어떻게 변했나요? 소셜미디어는 현재 시티의 브랜드와 시티 사용자들의 커뮤니티에 어떻게 작용하고 있습니까?

프랭크 소셜미디어는 몇 년 동안 확실히 발전했고 발전을 거듭하고 있습니다. 바로 그 발전에 주의를 기울여야 합니다. 3년 전 제가 입사했을 때 당시 CMO(최고마케팅 책임자)였던 미셸 팔라조Michelle Palazzo는 상황을 살펴보고는 우리 브랜드를 회생시킬 방법을 모색해야 한다고 말했습니다. 그녀는 CMO를 맡은 동안에 놀라운 성과를 거두었죠. 그간 시티는 전 세계에서 다양한 접근 방식을 실험하고 확실히 많이 배웠습니다. 분명 흥미진진한 일이었죠. 그럼에도 제가 시티에 입사한다고 하니, 사람들이 이렇게 말하더군요. "당신이 은행에 들어가다니, 믿을 수가 없군요!?"

> 금융 산업의 핵심은 언제나 인간관계였다. 소셜미디어의 핵심도 인간관계이다. 두 분야는 서로 관련이 있다.
>
> __프랭크 엘리아슨
> (시티그룹 글로벌 소셜미디어 국장)

브렛 좋은 의미는 아니었죠. 맞습니까?

프랭크 정확합니다! 좋은 의미는 아니었죠. 생각해 보십시오. 금융 산업의 핵심은 언제나 인간관계였습니다. 소셜미디어의 핵심도 인간관계죠. 두 가지는 서로 관련이 있습니다. 요즘 소비자들이 브랜드의 메시지가 무엇인지, 브랜드의 견해가 무엇인지 알고 싶어 할까요? 아닐 겁니다. 하지만 그것은 관계 게임의 한 요소이고 우리는 소셜미디어의 훨씬 더 깊은 측면에 가까워지고 있어요. 사람들과 대화할 때면 나는 그들이 어떻게 소셜미디어를 사용하는지, 그리고 어떻게 그렇게 대단한 브랜드의 옹호자가 되었는지에 초점을 맞추곤 합니다. 많은 경우, 그것이 바로 그들이 자신의 회사에서 일하는 이유이기도 해요. 우리는 마케팅의 접근 방식보다 한층 포괄적인 방식으로 소셜미디어를 구축하고 있습니다. 그것이 제가 소셜미디어에 열광하는 이유죠. 다시 말해 소셜미디어는 오늘날 사업 방식을 바꾸고 있습니다.

소셜미디어는 당신이 어떤 회사인지를 부각시킵니다. 따라서 당신이 하는 일을 몇 가지만 바꿀 수 있다면 브랜드에 대한 인식을 매우 극적으로 바꿀 수 있어요. 전 지금 소셜미디어에 담긴 모든 잠재력에 가슴이 설렙니다. 앞으로 그것을 가능케 하는 도구들이 쇄도할 겁니다.

브렛 대화라는 요소는 소셜미디어의 매우 중요한 측면이죠. 어떻게 하면 대화로써 브랜드의 생명력을 바꿀 수 있을까요? 브랜드나 고객이 사회적 공간에서 당신의 브랜드를 인식하는 방식을 바탕으로 말입니다.

프랭크 그저 메시지만 전달하기보다는 브랜드 자체를 바꿔야 합니다. 메시지가 미치는 근본적인 영향을 이해하지 못한다면 아무 쓸모가 없죠. 지금껏 우리가 한 일 가운데 가장 제 맘에 드는 한 가지는 주택담보대출 때문에 고생하던 사람들을 도운 일입니다. 소셜미디어에 있는 정보, 사람들이 이야기하는 정보, 그 회사에서 진정한 변화를 일으키고 있다는 정보를 모았죠. 그리고 은행에서 당신을 돕는 사람들의 역할과 주택담보대출을 바꾸도록 돕는 사람들에게서 정보를 얻었기 때문에 무척 좋았습니다. 그들은 손실 완화 전문가인 직원이 아니라 주택 보유 전문가들이며, 그들의 성과를 평가하는 기준은 주택 소유자들에 대한 지원 정도입니다. 그 과정에서 단순히 사업 방식뿐 아니라, 구성 요소가 바뀌었습니다. 즉, 주택담보대출에 초점을 맞추는 수많은 오프라인 요소, 커뮤니티, 커뮤니티 집단과의 만남, 비영리 단체와의 파트너십, 그리고 내 집 마련을 지원하는 활동에 초점을 맞추는 요소, 오프라인 요소 등 사업을 구성하는 요소가 변화되었습니다.

남반구에
불어닥친
소셜뱅킹의 바람

뉴질랜드의 ASB은행은 소셜미디어와 금융의 결합 방식을 확인시켜 주는 사례이다. 뉴질랜드는 전체 인구가 450만 명에 불과해서 대형 은행이라 해도 세계의 대형 은행과 비교하면 상대적으로 규모가 작다. 소규모 은행들은 대개 규모가 작고 예산이 부족하다는 점을 들어 소셜미디어나 기술에 투자할 수 없다고 말하곤 한다. 그렇다면 뉴질랜드의 ASB는 어떻게 그토록 훌륭한 성과를 거두는 것은 물론이고 소셜미디어에서 세계의 일류 은행들을 물리치고 있는 걸까? 이것이 바로 오클랜드에서 시몬 맥컬럼과 인터뷰할 때 내가 알고 싶었던 것이었다. 시몬은 ASB의 소셜미디어 참여와 활동을 지휘하는 담당자이다.

브렛　시몬, 당신이 근무하는 ASB에 대해 말씀해 주시죠. 우리 청취자 중에는 ASB가 생소한 분도 많을 테니까요. 뉴질랜드에서 어느 정도 위치에 있는 은행인가요?

시몬　ASB는 뉴질랜드의 주요 은행으로 손꼽힙니다. 뉴질랜드에는 큰 은행이 네다섯 개 정도 있는데 ASB의 시장점유율은 약 20퍼센트죠. 소셜미디어 면에서 볼 때는 뉴질랜드 최고입니다. 지지자와 고객 참여 면에서 제 몫 이상을 톡톡히 해내고 있어요. 금융 소셜미디어의 선두주자라고 자부합니다.

　　　제 기억으로, 은행이 처음으로 소셜미디어를 사용했던 건 2010

년경이었어요. 우리 은행이 뉴질랜드에서 첫 주자에 속했으며 이후 계속해서 선두를 달리고 있죠. 앞서 말했듯이 우리의 시장 점유율은 20퍼센트 정도이고 약 450만 명인 뉴질랜드의 인구 가운데 절반이 조금 넘는 사람들이 이미 우리의 페이스북에 가입했는데, 그 가운데 약 절반이 매일 우리 페이스북을 이용합니다. 적극적인 고객이 많아서 하루도 대화를 거르지 않죠. 일찍이 소셜미디어 채널을 구축한 건, 우리 브랜드와 고객을 위해 매우 바람직한 일이었습니다.

브렛   소셜미디어가 필요하다는 전략적인 결정은 어떻게 내렸습니까?

시몬   사실 ASB는 고객 서비스, 고객과의 관계를 언제나 중요하게 여겨왔고, 이전에도 고객과 항상 대화를 나눴습니다. 그러한 대화가 소셜미디어로 자연스럽게 연장된 셈이죠. 또한 우리 은행은 기술적인 측면에서 볼 때 매우 혁신적이었습니다. 그래서 소셜미디어가 처음 등장했을 때, 기회임을 깨닫고 양손으로 움켜잡았습니다. 앞서 말한 프랭크의 요점을 인용하자면, 우리가 소셜미디어를 시작하고 얼마 지나지 않았을 때 뉴질랜드의 크라이스트처치Christchurch에서 정말 심각한 지진이 일어났습니다. 그 위기가 조직 전체를 소셜미디어팀으로 뭉치는 계기가 되었죠. 위기 커뮤니케이션에 필요한 조직의 다양한 부서들이 힘을 합쳐 최고의 성과를 거두었고 그때부터 점점 발전하고 성장했습니다.

브렛   그 위기를 통해 한 조직으로서 소셜미디어의 가치와 소셜미디어가 고객에게 작용하는 방식에 대해 더 많이 알 수 있었군요.

시몬   바로 그렇습니다. 현실적인 면에서 위기 활동에 기여하는 동시에 우리가 할 수 있는 일로써 도울 중요한 기회였죠. 물론 그 과정에서 고객들에게 계속 정보를 제공하고 지진 피해를 입은 직원들에 계속 주목했습니다. 사람들은 본인의 재원과 돈을 쓸 방법을 찾지 못한 데다, 지진 때문에 남은 게 아무것도 없었죠. 우리는 사람들이 은행을 찾아와 직불카드를 만들어서 돈을 이용하고, 비슷한 일을 겪은 다른 사람과 허심탄회하게 보험 문제에 대해 이야기할 공간을 마련한다면 얼마나 좋을까 생각했습니다. 우리 조직 전체에서 당시 현장 상황과 ASB의 지원 활동에 대한 느낌, 그리고 일종의 일반적인 정서를 확실하게 전달하는 수단으로 이용되면서 소셜미디어의 지위가 향상되었습니다.

브렛　더욱 포괄적인 행동 양식으로서 소셜미디어에 대해 이야기해 보죠. ASB가 고객과 관계를 맺기 위해 사용하는 주된 소셜미디어 플랫폼은 무엇입니까? 페이스북을 제외하고 주로 어떤 미디어 플랫폼을 사용하나요?

시몬　페이스북을 가장 많이, 큰 규모로 사용합니다. 트위터에도 가입되어 있고요. 우리의 경험에 비추어보건대, 트위터와 페이스북은 사용자층이나 성향이 좀 다릅니다. 트위터가 여성적이기보다는 약간 남성적인 반면, 페이스북은 남성적이기보다는 약간 여성적이에요. 또 짐작건대 트위터에 가입된 사람들이 아마 약간 더 모바일에 정통할 겁니다. 더 기술적이면서 스마트폰을 더 많이 이용하는 얼리어답터들이죠.

그중에는 개발자들과 기술적으로 뛰어난 사람들, 미디어, 저널리스트, 광고, 마케팅 종사자들도 많습니다. 또한 네트워크 커뮤니티인 링크드인과도 연결되어 있는데, 링크드인은 주로 인재를 모집할 목적으로 이용합니다. 그밖에 구글 플러스, 유튜브, 인스타그램, 핀터레스트, 포스퀘어도 사용하죠. 기본적으로 주요 소셜미디어를 폭넓게 활용하는 편입니다. 텀블러는 빼고 그밖의 것은 대부분 이용하고 있어요.

브렛   흥미롭군요! 그러니까 이건 상당히 흥미로운 기술이 필요한 일입니다. 모든 채널을 유기적으로 연계하는 방식이나 기술 말이죠. 소셜미디어 팀원들에 대해 말씀해 주시죠. 은행 내부에서 팀원들을 찾으셨나요? 아니면 특별히 영입했나요? 소셜미디어 참여 팀원들은 어떤 종류의 기술들을 가지고 있습니까?

시몬   우리의 주요 소셜미디어 팀은 딱 세 사람으로 구성된 소규모 팀입니다. 그리고 콜센터의 직원들을 이용하죠. 그래서 핵심 팀으로부터 시작해 허브 앤 스포크hub-and-spoke(자전거 바퀴살인 스포크 같이 각각의 출발지에서 자전거 바퀴의 축인 허브로 물류를 집중시키는 방식 —옮긴이 주) 모델로 발전했습니다.

이를테면 콜센터에서는 주로 고객 지원을 맡아요. 커뮤니티 관리를 많이 수행하는 주무팀에서는 캠페인 등을 처리하며, 블로그를 운영하는 소셜미디어 편집자가 따로 있습니다. 뉴질랜드에서 블로그를 가진 은행은 우리뿐인데 2012년 12월 말에 시작했어요. 현재 콘텐츠를 발표하고, 고객들에게 숨겨진 이야기를 설명하며 우리가 무엇을 왜 하고 있는지를 비롯해서 ASB의 비하인드 스토리를 전하고, 금융에 대한 우리의 사고가 가진 리더십을 입증하는 등 스토리텔링에 더욱 가까워지고 있죠.

우리는 블로그와 다른 채널들을 단순히 다른 웹사이트로 이용하는 데 머물지 않습니다. 소셜미디어들을 유기적으로 활용하려면, 무엇보다도 위대한 작가가 되어야 합니다. 멀티태스커가 되어야 하고, 사회적으로 활동적이어야 하고(중요한 요소죠), 고객 여정과 그 과정에 고객이 참여하는 시점을 정확히 이해해야 합니다. '금융 서비스 산업에서 고객이 고민하는 지점은 어디일까? 그들의 신경을 건드리거나 짜증스럽게 만드는 일들은 무엇일까?'라는 데 생각이 이르러야 합니다. 그것은 대규모 조직에서 필요한 새로운 시각의 핵심 요소지요. 그렇지 않다고 말할 사람은 그리 많지 않을 겁니다.

브렛 시몬, 개인적으로 이 일에 어떻게 참여하게 되었습니까? 이 일에 열정적인 것처럼 보이는데 ASB에서 이 역할을 맡기까지 어떤 과정을 거쳤나요?

시몬 ASB에 입사한 지 올해로 12년째입니다. 원래는 주로 인터넷 뱅킹이나 인터넷 채널 분야에서 일했습니다. 그러다가 소셜미디어가 온라인 대화 창구로 떠올랐죠. 소셜미디어를 통해 우리에게 이야기를 전하려던 사람들은 인터넷 뱅킹과 우리 은행의 모바일 웹사이트 같은 서비스를 이용하던 사람들이었습니다. 도움이 필요하거나 묻고 싶은 점이 있거나 플랫폼을 가장 자주 이용하는 사람들이었죠. 그래서 소셜미디어에 참여해야 한다고 판단했습니다. 처음에는 일종의 마케팅 활동이었다가 시간이 지나면서 한 팀으로 통합되었는데 현재 허브 앤 스포크 모델로 발전하고 있어요. HR팀은 나름대로 모집 공고를 발표하고 내부 팀들이 고객 지원을 돕고 있습니다. 다음 단계의 사업 모델로 발전했다고 할 수 있겠죠.

소셜미디어,
금지할 것인가
후원할 것인가?

소셜미디어 이용에 관한 금융기관의 다양한 접근 방식을 두고 지금껏 언론에서 많은 논의가 있었다. 월스트리트와 금융 분야를 통틀어 유튜브, 페이스북 같은 종류를 조직 내부에서 사용하지 못하도록 하는 기업이 많다. 페이스북 프리IPO에 4억 5천만 달러를 투자한 골드만삭스마저 직원들에게 페이스북, 트위터, 그밖의 소셜미디어 플랫폼을 금지한 것을 두고 아이러니라라며 논란이 많았다. 소셜미디어에 중역진을 참여시키는 일은 대개 무척 어렵다. 그래서 나는 프랭크와 시몬에게 시티와 ASB에서 조직이 어떻게 소셜미디어를 지원하고 있는지 물었다.

브렛 시몬, 당신은 조직적으로 어떤 지원을 받았습니까?

시몬 솔직히 말씀드리자면, 저는 지원을 많이 받았습니다. 회사 CEO인 바바라 채프먼Barbara Chapman의 지원까지 받았죠. 그분은 소셜미디어에 대해 이야기할 때면 매우 열정적입니다. 덕분에 회사 내부에 소셜미디어를 위한 길이 열렸죠. 마케팅 활동과 다른 고위 경영진으로부터도 많은 지원이 있었습니다. 2010년 후반 크라이스트처치 지진으로 위기가 발생하자 소셜미디어의 지위가 상승했어요. 소셜미디어 안에서 이런 일이 일어날 수 있으며 이것이 바로 가치, 직접적인 가치라는 사실이 입증되었죠.

브렛 매우 흥미로운 여정처럼 들리네요. 이런 플랫폼을 이용해 마케팅을 진행해 본 적이 있습니까? 아니면 이것이 고객 지원 구조에 가깝다고 표현하겠습니까? 그것도 아니면 이들 플랫폼에 다양한 활동이 혼합되어 있나요?

시몬 혼합되어 있죠. 물론 모든 사람을 대상으로 한 폭넓은 마케팅 활동보다는, 커뮤니티 타겟의 소셜미디어를 위한 특별 마케팅 활동을 진행하는 걸 선호합니다. 그런 특수 집단을 위한 소셜미디어 활동과 기존 고객이나 잠재 고객을 위한 활동도 병행하죠. 한편, 위기 커뮤니케이션을 진행하면서도 커뮤니티와 후원 활동에 관해 많이 이야기합니다. 일례로 우리는 여러 자선단체를 지원하고 있죠. 고객 선도, 고객 서비스, 인적자원 관리와 채용, 그 밖에 필요한 모든 종류의 미디어 커뮤니케이션을 진행합니다.

브렛 소셜미디어가 어떻게 배치되고 있는지, 그것이 어떻게 조직을 바꾸고 있는지, 그리고 고객과의 접촉 방식을 어떻게 바꾸고 있는지 이야기해 보죠. 프랭크, 방금 ASB가 소셜미디어 플랫폼을 어떻게 이용했는지 시몬에게 이야기를 들었습니다. 시티는 현재 소셜미디어를 어떻게 이용하고 있습니까? 시티가 이용하는 미디어 플랫폼은 구체적으로 무엇인가요? 그리고 그런 플랫폼에 어떻게 참여하고 있습니까?

프랭크 다양한 플랫폼을 이용합니다. 세상을 둘러보면 사실상 모든 플랫폼이 어떤 식으로든 이용되고 있어요. 페이스북은 분명 여전히 가장 중요한 플랫폼이지만 콘텐츠와 콘텐츠 신디케이션(사이트의 콘텐츠 가운데 일부나 전부를 다른 서비스에서 이용할 수 있도록 허용하는 일 —옮긴이 주)에서 우리가 하는 여러 가지 일은 수많은 경계를 초월합니다. 콘텐츠와 그것이 인터넷 전체에 확산되는 방식, 우리의 거점인 북미는 물론이고 세계적으로 브랜드에 영향을 미치는 과정을 보면 상당히 인상적입니다. 가장 강력한 것은 메커니즘이나 장소가 아니라 그 일을 수행하는 방식이죠.

브렛 그렇다면 그 과정에서 (시티는 세계적인 브랜드라서 ASB와 약간 다르지만) 어느 나라의 누군가가 시티 페이스북 페이지에 와서, 이를테면 싱가포르의 시티 직원이 실제로 그 고객에게 답변을 제공하고 그들과 교감한다면 이 사람은 싱가포르에 있는 사람인가요, 아니면 뉴욕에 있는 사람인가요?

프랭크 우리의 페이스북 페이지는 다양하니까 대부분의 고객이 적절한 페이지로 인도되기를 바랍니다. 적어도 페이스북만큼은 해당 지역의 팀에게 관리를 맡기죠. 물론 개선해야 할 부분도 있습니다. 예컨대 북미에서 만들어진 일부 훌륭한 콘텐츠 같은 단편들을 연결하는 일입니다. 어떻게 하면 다른 나라로 콘텐츠를 확산시켜 고객들이 이용하도록 할 수 있을까요? 현재 그 문제를 연구하는 중입니다.

자, 전 지금 파워포인트 프레젠테이션을 등지고 앉아서 전체를 종합하면서 이 프로세스의 흐름을 묘사하고 있습니다. 그런데 당신은 다른 장소나 트위터 같은 다른 사이트상에 있죠. 세계적인 브랜드가 당면한 한 가지 도전은, 이처럼 다양한 영역에서 우리의 모습을 본다는 사실입니다. 솔직히 말해 금융 산업에서 우리는 규제 요소와 우리의 운영 방식을 바탕으로 의도적으로 다른 영역에 들어가곤 합니다. 하지만 결국 가장 중요한 것은 고객이 당신을 하나의 브랜드로 본다는 사실이죠. 어떻게 그 문제를 처리할까요? 우리는 통일된 백엔드 소프트웨어 플랫폼으로 처리합니다. 그러면 트위터나 페이스북의 댓글을 적절한 나라나 적절한 사람들이 답변하도록 쉽게 배정할 수 있죠. 만일 서비스와 관련된 문제가 등장하면 마케팅과 소셜미디어 채널을 관리하는 커뮤니티 관리자가 서비스 팀에 문제를 할당하고 최종 사용자에게까지 깔끔하게 전달할 수 있습니다.

지금 우리가 시도하는 일이 바로 이겁니다. 거의 모든 일에 가능하다면 장기적인 접근 방식을 도입하려고 노력하고 있죠. 그러려면 우리를 하나의 브랜드로 인식해야 합니다.

브렛 외부 소셜 네트워크를 관리하기 위해 운영되는 내부 소셜 네트워크가 있다는 말처럼 들리는군요. 어떤 종류의 내부 플랫폼을 이용합니까? 시티에서 그 목적으로 설립한 플랫폼이 있나요?

프랭크 아닙니다. 현재 스프링클러를 배치하는 중입니다. 그러면 트위터 활동과 그 공간에서 일어나는 모든 고객 상호작용은 물론이고 페이스북을 관리할 능력을 얻게 되죠. 물론 우리의 필요를 충족시키기 위해서 해야 할 일이 몇 가지 더 있지만 지금껏 대체로 스프링클러로 일을 훌륭하게 처리했습니다.

브렛 시몬, 고객과의 상호작용을 관리할 때 정상적인 근무시간이 아닌 시간에 일어나는 참여나 접촉은 어떻게 처리하나요? 몇몇 브랜드의 트위터를 보니, 오후 다섯 시가 되면 "대단히 감사합니다. 오늘 업무를 마칩니다. 도움이 필요하시면 아침 10시에 다시 시작하겠습니다"라고 하더군요. 하지만 고객들은 사실상 이런 채널을 24시간 이용합니다. 이 문제는 어떻게 처리하나요?

시몬 정말 그렇습니다. 고객들은 밤낮으로 우리에게 연락해와요. 개중에는 여행하는 중이라 우리와 다른 시간대에 있는 분, 해외에 거주하는 분도 있습니다. 아니면 친구와 가족의 소식을 듣고, 여행 사진을 게재하고, 금융과 관련된 질문을 하려고 페이스북을 이용하는 분들이 있죠. 여행하거나 해외에 거주하는 고객이 그 시간에 소셜 플랫폼을 이용해 우리와 상호작용하는 것은 당연합니다. 우리는 일주일에 7일 동안 페이스북과 트위터에 서비스를 제공합니다. 아침 일찍, 아침 7시쯤부터 밤 11시까지 접속 상태를 유지하기 위해 노력하죠. 당직이 있고 그럴 만한 재원이 있으니까 고객의 질문이나 조회할 내용에 한 시간 내로 답변하려고 합니다. 물론 모든 내용에 답변할 필요는 없지만, 적어도 질문인 경우에는 답변해야 마땅하고 실제로 그렇게 하고 있어요.

브렛 시몬, "모든 내용에 답변할 필요는 없다"고 말씀하셨는데요, 소셜미디어에는 이따금 그저 누군가 내 말을 들어주었으면 좋겠다는 고객들이 있습니다. 그냥 자신의 의견을 표현하고 싶은 거죠. 불만이 있을 수도 있고요. 이렇게 공식 서비스가 필요하지는 않은 경우 어떻게 처리하나요?

시몬 먼저 우리가 도울 수 있을지를 묻습니다. 고객이 부정적인 경험을 했다면 확실하게 그걸 바로잡고 상황을 다시 살펴볼 기회를 준 데 대해 고마움을 전합니다. 특정한 직원이나 특정한 제품에 대해 부정적인 경험을 했다면 우리의 페이스북을 방문해서 화풀이하고 싶은 고객도 있겠죠. 페이스북은 고객이 자신의 의견을 주장할 공식적인 통로입니다. 우리로서는 오히려 더 만족스럽습니다. 고객과 연락해서 대화하고, 문제를 검토하고, 가능하면 개선할 수 있으니까요.

물론 당장 조처할 수 없는 경우도 있어요. 이를테면 기분이 상하는 일을 겪었다거나 은행에서 개선해야 할 어떤 점을 부각시키거나 어떤 프로세스에 장애가 발생한 경우죠. 가끔은 전화받는 직원들을 교육해야 할 때도 있습니다. 어쨌든 모두 개선할 기회가 됩니다. 장애가 생겼다는 걸 모르면 바로잡을 방법도 없으니까요. 따라서 우리는 이런 종류의 댓글을 환영합니다.

브렛 프랭크, 당신은 시티에서 맡은 일뿐만 아니라 저자로도 유명합니다. 최근 《@YourService》라는 책을 발표했죠. 저자이자 브랜드의 목소리를 창조하는 사람으로서, 고객과 갈등이 생겼을지라도 대화에 참여하는 소셜미디어적 요소에 대해 어떻게 보십니까?

프랭크 몇 가지 상황이 있습니다. 흔히 사람들은 "모든 것에 답변해야 마땅하다"고 말하죠. 전 대응하지 말아야 할 수많은 사례를 제시할 수 있어요. 보험업계에 큰 물의를 일으켰다고 할 만한 유명한 사례가 있었습니다. 누군가의 말을 이해하려면 상황을 살펴야 한다는 게 제 지론이죠. 이 사례에서는 법정 소송과 관련된 문제가 발생했는데 회사 측에서 적절하게 답변할 말이 사실상 없었습니다. 그런데 모두들 그래야 한다고 말하니까 회사에서 대응했고 그 바람에 상황이 더욱 나빠졌죠.

저는 항상 이렇게 묻습니다. '상황에 대응할 수 있는 사람, 더 훌륭하게 대응할 수 있는 사람이 커뮤니티 안에 있을까?' 이 점을 인식해야 합니다. 커뮤니티가 당신의 조직보다 더 훌륭한 성과를 거둘 수 있는 경우가 있습니다. 그 사실을 널리 알리고 그런 일이 일어날 기회를 주세요. 시간을 주십시오. 항상 성급하게 대응할 필요는 없습니다.

만약 커뮤니티에서 대응할 방법이 없다면, 그래서 답변할 사람이 회사뿐이라면 대응해야 하죠. 그것도 재빨리 대응해야 합니다. 소셜미디어에서 가장 중요한 것은 속도입니다. 이 사실을 이해하고 이런 상황에 대응할 직원들을 교육해야 합니다. 물론 이따금 학습 경험이 중요할 때도 있죠. 이를테면 어떤 상황을 살피고 나서 이렇게 말합니다. "오, 당신은 그 문제에 이렇게 대처해야 합니다." 그런데 다음날에는 상황이 똑같더라도 다른 종류의 접근 방식이 필요할 수 있어요. 제 책에서 회사가 어떤 문제에 어떻게 대응해야 하는지, 상황에 따라 어떤 대응이 옳고 그른지에 관련된 다양한 사례를 대략적으로 설명했습니다.

브렛　몇 년 동안 이 문제에 관여했으니 시티에서 소셜미디어의 입지가 어떻게 더 넓어졌는지 말씀해 주시겠습니까?

프랭크　시티의 경우 조직의 고위 경영진이 우리가 소셜미디어에서 수행하는 활동을 익히 알고 있는 한편 소셜미디어의 장점 또한 잘 인지하고 있으며 관심도 많습니다. 이럴 때 한 가지 장점은 고위 경영자가 회사에서 실제로 일어나는 일에 대한 내부의 견해를 알 수 있다는 겁니다. 소셜미디어와 소셜미디어의 청취 도구가 독특한 방식으로 내부의 견해를 제공하죠.

우리는 또한 소셜미디어의 도구를 이용하려고 무척 노력하고 있고, 실제로 그것을 이용해서 소셜미디어로 연결된 세계 여러 지역에서 큰 혜택을 얻었습니다. 소셜미디어가 계속 발전한다면 어마어마한 위력을 발휘할 겁니다. 하지만 도구가 전부가 아니라는 사실도 이해해야 합니다. 소셜미디어는 점점 문화적인 요소로 변하고 있어요. 하나의 회사로서 당신이 어떤 모습인지가 중요합니다. 도구는 단지 그곳에 도달하는 방법일 뿐이죠. 마법의 총알이 아니에요. 소셜미디어라는 도구를 통해 우리는 연결성이 높은 조직을 창조하는 일에 더욱 박차를 가할 수 있습니다.

브렛 소셜미디어가 플랫폼으로서 어떻게 발전하고 있는지에 관해 좀 더 세부적으로 살펴보죠. 지금까지 소셜미디어를 연계 활용하는 기술적 문제와 조직이 어떻게 체계적으로 그것을 지원하는지 이야기했습니다. 현재 고객을 참여시키는 새로운 방식이나 전통적인 방식으로는 전달될 수 없지만, 소셜미디어의 최상위층에서 등장하는 새로운 제품이나 서비스 가운데 흥미롭다고 생각되는 건 무엇인가요? 예를 들면 당신이 페이스북에서 하는 일 가운데 약간 틀에서 벗어나는 일은 어떤 겁니까?

시몬 우리는 두 가지 약간 다른 일을 합니다. 한 가지는 온라인 지사를 두고 있다는 건데 안전한 개인용 웹 챗chat이죠. 페이스북 애플리케이션이지만 1대1이고 그래서 직원과 안전한 개인 웹 채팅 시간을 가지면서 금융 문제에서 필요한 것이면 무엇이든 이야기할 수 있습니다. 우리 고객들이 열정적으로 수용하고 이용하고 있죠. 정기적으로 고객 서비스 담당 직원과 이야기하는 사람들이 많습니다.

다른 한 가지는 스마트폰으로 페이스북 결제를 하는 겁니다. 애플 iOS, 안드로이드, 윈도우즈 모바일에 들어 있는 ASB 모바일 앱에서 결제 대상으로 페이스북 친구를 선택할 수 있습니다. 만일 당신에게 지불하고 싶다면 모바일 뱅킹 앱에 있는 페이스북 결제를 탭해서 당신을 목록 상자에서 선택하면 당신의 페이스북 아바타가 나타나고, 제가 금액을 입력해서 클릭하면 끝나는 거죠. 당신은 페이스북에서 제가 돈을 보냈다는 통지를 받고 그 돈을 찾을 수 있습니다. 간단하고 쉬운 방법이죠.

브렛 제가 ASB은행의 고객이 아니라면 어떻게 됩니까?

시몬 고객이 아니어도 상관없습니다. 그게 이 방법의 한 가지 장점이에요. 고객이 아니어도 통지서를 클릭하면 페이스북 페이지로 연결되고 거기에서 ASB를 통해 연결되는 안전한 페이지에다 당신의 은행 정보를 입력할 수 있어요. 그런 다음 우리가 그 결제를 처리해서 당신이 거래하는 다른 뉴질랜드 은행으로 보냅니다. 이건 그저 당신의 삶에 들어가서 금융을 쉽고 매끄럽게 만드는 하나의 방법일 뿐입니다. 이를테면 여러 명이 함께 점심을 먹는데 각자 돈을 내려고 합니다. 먼저 일행 중 한 사람이 밥값을 내고 나머지는 즉시 돈을 갚죠. 나중에 돈을 갚아야 한다는 사실을 상기시킬 필요도 없이 말이에요. 그냥 전화만 이용해서 그 자리에서 갚을 수 있어요. 은행계좌번호를 기억할 필요가 없습니다. 그냥 페이스북에서 연결만 하면 되니까요.

브렛 프랭크, 당신의 경험은 어떻습니까? 돈의 흐름을 포착하거나 고객에게 서비스하거나 혹은 금융의 상황을 조성하는 새로운 방식 면에서 볼 때 이런 플랫폼에서 특히 흥미롭게 여겨지는 것은 무엇입니까?

프랭크 이 공간은 꾸준히 발전하고 있어요. 우리는 최근 여러 가지 통계 수치를 확인했습니다. 페이스북의 일부 분야는 쇠퇴하고 트위터에서 약간 회복하고 있다는 그런 종류의 수치죠. 앞으로도 계속 변화될 겁니다. 그래도 결제는 소셜미디어에서 정말 흥미로운 분야라는 점에 동의합니다. 최근 구글이 지메일을 통해 결제하거나 돈을 공유할 수 있는 서비스를 시작했죠. 이 서비스가 흥미로운 건 시티를 포함한 여러 은행이 한동안 돈을 전자우편으로 송금하는 서비스를 제공했기 때문입니다. 전혀 새로운 게 아닌데도 많은 사람이 "와, 이 지메일 서비스는 굉장하다"고 말하죠. 이런 사례들이 발전을 거듭하면 한 원천에서 다른 원천으로 돈을 보내기가 더 쉬워질 겁니다.

커뮤니케이션 스타일이 어떻게 변화하는지 주의 깊게 봐야 합니다. 페이스북을 떠나는 사람들은 완전히 공개적인 한편 사적인 앱이나 공간을 가질 수 있는 트위터 같은 곳으로 향할 겁니다. 소셜미디어를 이용해서 연락하고 싶은 모든 사람과 편안한 공간에서 의사소통할 수 있도록 고객에게 서비스를 제공하는 방식이 약간 변할 거라고 예상해요.

대단히 중요한 또 다른 측면으로 비디오 사용을 들 수 있습니다. 비디오는 여러모로 게임 체인저가 될 겁니다. 이제 당신의 전화가 당신의 지점이 됩니다. 어떻게 그것을 개선하고 개인적인 것으로 만들어서 관계를 맺을 수 있을까요? 전 비디오가 발전하는 요소의 또 다른 중대한 구성 요소가 되리라 예상하고 있습니다.

브렛 이 은행들을 모두 '화상-현금 지급' 기술 범주에 집어넣다니 흥미롭군요. 뱅크 오브 아메리카는 화상-현금 지급 기술이 통합된 ATM을 출시했죠. 오늘날 많은 사람이 이런 기기, 그러니까 스마트폰이나 태블릿을 가지고 다니고 있습니다. 이 기기에서 똑같은 일을 할 수 있죠. 페이스북을 클릭하면 그 채널이나 스카이프를 통해서 자문을 얻고 전문가와 상호작용할 수 있는데 왜 굳이 지점이나 ATM을 찾아가겠습니까?

Y세대는 브랜드 참여 면에서 훨씬 더 시각에 의존하는 것으로 알

려져 있죠. 우리는 왓츠앱, 인스타그램, 핀터레스트, 텀블러에서 어느 정도 그 사실을 확인했습니다. 비디오와 화상 커뮤니케이션이 브랜드 목소리 개발 과정에서 지속적으로 어떤 역할을 수행할지 보면 흥미로울 겁니다.

시몬, 미래에는 무엇이 큰 영향력을 끼칠까요? 금융이나 금융 서비스 기관들이 독점적으로, 아니면 소액금융의 전통적인 방식과는 다른 독특한 방식으로 소셜미디어에 등장할까요?

시몬 앞으로 우리는 소셜미디어와 디지털이 더 긴밀하게 얽힘으로써 단순히 소셜미디어가 아니라 디지털과 모바일로 진화하는 모습을 보게 될 겁니다. 모든 요소가 결합되는 거죠. 더 많은 P2P 대출 솔루션이 등장할 수도 있을 겁니다. 그것이 내년쯤 어떻게 발전하고 진화할지 지켜본다면 흥미롭겠죠.

단순히 부서
하나를 추가하는
문제가 아니다

소셜미디어의 세계에서 핵심사항은 통제가 아니라 대화이다. ASB와 시티는 모두 3, 4년 동안 조직 차원에서 소셜미디어에 적극적으로 참여했다. 이 경험을 통해 그들은 고객이 이미 참여하고 있으니 은행 또한 최소한이나마 반드시 소셜 채널에 참여해야 한다는 사실을 배웠다.

소셜미디어팀은 단순히 고객의 전화를 기다리는 페이스북의 콜센터 같은 부서가 아니다. 고객 확보나 판매를 성사시키기 위해 적절한 메시지를 미묘한 방식으로 전달하는 마케터들로 구성된 팀도 아니다. 소셜미디어는 전통적인 조직의 접근 방식에 깔끔하게 들어맞지 않는 새로운 요소로 등장했다. ASB은행의 시몬과 시티그룹의 프랭크는 소셜미디어팀의 업무에 관해 고객과의 대화나 논의라고 되풀이해서 묘사했다. 뿐만 아니라 은행의 소셜미디어 플랫폼은 브랜드와 공생한다는 인식을 얻을 것으로 생각된다. 다시 말해 브랜드가 소셜미디어를 통해 강조되거나 지원받을 만한 어떤 특성을 가지지 않는다면, 소셜미디어는 커뮤니티가 소유한 별개의 하위 브랜드로 자리매김할 방법을 찾을 것이다.

정리해 보자. 소셜미디어는 부서나 팀이라기보다는 조직의 능력이다. 그것은 IT나 시장 진출업체에 추가된 기능이 아니다. 그것은 참여, 대화, 그리고 그들의 고객과 대중으로 구성된 커뮤니티에 귀를 기울이고 반응하는 조직의 개방성과 관련된 접근 방식이다.

다행인지 불행인지 모르겠지만, 기업이나 기관은 소셜 커뮤니티를 '통제'할 수 없다. 그러나 은행들이 고객에 대한 진정한 관심을 보여주기 위해 '참여'는 반드시 필요하다. 만일 조직이 참여하지 않는다면 고객들은 통제권을 독점하거나, 아니면 금융 위기 동안 점령하라 운동Occupy movement(2012년 금융 위기 때의 월스트리트 점령 시위 —옮긴이 주)에서 보았듯 커뮤니티를 모으는 자기만의 메시지를 창조하려 할 것이다. 반대로 커뮤니티는 은행의 가장 큰 협력자가 될 수도 있다.

커뮤니티가
지지를
형성한다

소셜미디어를 사용하고 긍정적으로 브랜드를 경험한 고객들은 곧바로 브랜드의 지지자가 되어 소셜미디어 세계에 해당 브랜드에 대한 긍정적인 메시지를 퍼트리기 시작한다. 새로운 브랜드와 신생 기업은 다음의 두 가지 포괄적인 이유에 힘입어 이 분야에서 특히 효과적인 성과를 거두었다.

- 그들은 통제력을 잃을까 봐 걱정하는 전통적인 브랜드가 없다.

- 그들은 대개 서비스의 수혜자가 될 대중이나 고객이 표현한 욕구를 충족시킬 해결책을 제시한다. 즉, 지지자들이 성과를 거두기가 더 쉽다.

지지의 핵심은 고객이 페이스북에서 어떤 회사의 친구가 되는 데 있지 않다. 나는 그런 일이 가능하다고 생각지 않는다. 그러나 최대한 투명하게 운영하면서 고객의 문제에 참여하고 해결하기 위해 노력하고 소통하는 건전한 브랜드는 지지 기반(기꺼이 브랜드를 도울 고객들)을 형성할 수 있다.

시몬과 프랭크는 인터뷰에서 이런 측면들에 대해 이야기했다. 시몬은 크라이스트처치의 지진에 영향을 받은 고객이든, 그냥 그날 일진이 좋지 않았던 고객이든, 그들에게 재빨리 반응하는 것이야말로 지지를 얻어내는 핵심이라고 생각했다. 그중에서도 특히 중요한 것은 경청이었다. ASB는 이따금 소셜 채널을 통해 받은 고객들의 피드백을 토대로 프로세스와 정책, 제품 접근 방식을 바꿨다. 그들은 고객들의 목소리에 기꺼이 귀를 기울이고 적응했다. 다시 말해 그들은 커뮤니티 내 소셜미디어 공간에서 탄탄한 신뢰를 쌓았으며 이는 장기적으로 지지와 수익, 기회, 그리고 위대한 브랜드를 창조해낼 것이다.

시티그룹의 프랭크 엘리아슨은 문제가 이따금 발생할 때 브랜드 지지자들이 어떻게 브랜드를 돕는지 설명했다. 고객이 커뮤니티에서 어떤 은행 브랜드를 지지하기 위해 노력한다면, (처음부터 문제가 일어나지 않았던 상황을 제외하면) 최상의 시나리오가 될 것이다. 브랜드의 지지층이 넓다면 문제가 발생하더라도 팬들은 브랜드에 대한 지지를 쉽게 포기하지 않을 것이다. 아이폰의 '데스 그립' 문제가 발생했을 때 브랜드에 어떤 일이 일어났는지 애플에게 물어보라.

그럼에도 아직 소셜미디어 사용 금지를 고집하는 금융기관들이 있다. 그들은 시간 낭비의 위험과 허가받지 않은 커뮤니케이션이 공적인 영역에 침입할 위험이 있다며 이런 행동 방침을 고수한다. 하지만 은행 직원이 자사 브랜드의 긍정적인 지지자가 될 수 없다면 고객이 그럴 가능성은 상당히 희박하다.

소셜미디어는 조직의 능력이며 대중에게 반응하는 브랜드를 창조하겠다는 결단이다. 그것은 고객에게 귀를 기울이고, 그들의 피드백을 토대로 전략과 제품을 만들고, 문제가 발생할 때 개방적이고 선행적인 태도로 고객과 협력하는 데서 시작된다. 사실 시티 같은 브랜드들은 내부에서 소셜미디어를 사용하는 것이 조직 내부의 이런 개방성과 협력을 창조해서 변화를 일으키는 최선의 방법이라고 생각한다.

만일 어떤 은행의 경영자가 이런 개방성과 참여하려는 의지를 수용하지 않는다면 가까운 장래에 브랜드로서 그런 성과를 거둘 가능성은 없다.

이 여정은 정상에서 시작하며, 조직에 있는 모든 사람의 업무이다.

Who's Who in FinTech 인터뷰이 소개

프랭크 엘리아슨

시티은행 소셜미디어 담당 전무이사이며 《@YourService》의 저자이다. 프랭크는 그의 팀 컴캐스트가 참여한 고객서비스 지원 및 접촉 활동으로 소셜미디어의 유명인사가 되었다. 그의 성과는 ABC 뉴스, 〈뉴욕 타임스〉, 〈비즈니스 위크〉 등에서 인정받은 바 있다. 트위터 @FrankEliason에서 프랭크를 팔로우하라.

시몬 맥컬럼

ASB은행의 소셜미디어 전략과 커뮤니티 활동, 고객 참여와 보유, 소셜미디어 채널의 유료화, 콘텐츠 창조 및 큐레이션(큐레이터처럼 인터넷에서 원하는 콘텐츠를 수집해 공유하고 가치를 부여해 다른 사람이 소비할 수 있도록 도와주는 서비스 ―옮긴이 주), 소셜 마케팅, 발언 능력과 확대를 상승시킬 새로운 기술과 채널 이용 등의 활동을 지휘한다. ASB는 트위터와 페이스북의 35대 금융 브랜드 은행으로 선정되었으며 뉴질랜드에서 소셜미디어를 가장 많이 이용하는 은행이다. 상을 받기도 한 '혁신적인 페이스북의 가상 지점(Virtual Branch on Facebook)'은 ASB를 고객과 커뮤니티가 있는 곳으로 데려다 주는 안전하고 신뢰할 수 있는 웹챗 애플리케이션이다.

디지털 네이티브가
돈의 흐름을
바꾼다

아버지 시대
금융습관으로는 안 된다

Y세대는 기술이 일상적인 세계에서 살고 있다. 누군가 Y세대에게 "죄송합니다. 그렇게 하실 수 없습니다. 지점으로 오셔서 서류에 서명하셔야 합니다"라고 말한다면 그건 그들에게 생소한 행동이다. 지금 이 두 세계가 충돌하고 있다. 첫 번째 세계는 프로세스의 관점에서 볼 때 규제와 전통적인 접근 방식에 물들어 있고, 두 번째 세계에서 소비자 행동은 기술의 사용과 환경을 급속도로 움직이고 있다.

만지고 느끼는 세대에서 보고 듣는 세대로

베이비붐 세대(제2차 세계대전 이후 세대)와 X세대(그들의 자녀들)의 공통점은, 구매를 결정하는 데 있어 물리적 경험을 중시한다는 것이다. 모험심, 실질적인 피드백, 혹은 직접 대면하는 사회적 관계라는 느낌 등 원하는 것이 무엇이든 간에 역사적으로 대다수 구매 행동의 핵심은 구매하기 전에 제품을 '만지고 느낄' 필요성이었다. 한편, Y세대와 Z세대/디지털 네이티브 digital native(통칭하여 M세대 혹은 멀티태스킹 세대라고 일컬어진다)의 행동은 미묘하게 변하고 있으며 그 결과 물리적인 매장에 대한 위협이 점점 증가하는 경향이 두드러지게 나타난다.

금융 분야에서 나는 흔히 왜 고객과 직접 대면해 상호작용하고 조언을 해주는 것이 중요한지, 그리고 전통적인 공간이 주는 심리적 편안함이 왜 중요한지에 대한 열띤 논쟁을 접하곤 한다. 문제는 이런 가치를 표현하는 사람들이 어쩔 수 없이 자신이 편안함을 느끼는 정도와 구매 행동을 묘사하는 베이비붐 세대이거나 X세대 소비자들이라는 사실이다. 오늘날에는 차세대 고객층을 위해 이런 전통적인 구매 행동을 포기하는 다양한 핵심 트렌드를 목격할 수 있다.

지난 10~15년간 유통 모델이 변화했고 그 결과 구매 행동이 크게 바뀌었다. 웹이 성장하고 닷컴 현상이 등장했던 때를 떠올려보자. 온라인 매장에서 소프트웨어, 책, CD와 같은 물리적 제품을 기꺼이 구매하는 구매 행동의 첫 번째 변화가 일어났다. 시간이 지나면서 물리적 매장을 찾는 사람들이 점점 감소함에 따라 이런 현상은 책과 음악 산업의 소매 매장에 영향을 미쳤다. 반면 옷, 신발, 전자제품 같은 제품들은 여전히 전통적인 매장의 상호작용이 필요하다는 주장도 많았다. 하지만 더욱 폭넓은 소매점과 쇼루밍showrooming(오프라인에서 상품을 고르고 온라인으로 구매하는 것—옮긴이 주) 현상, 그리고 모바일 인스토어의 영향에 힘입어 자포Zappos와 아마존 같은 브랜드가 큰 성공을 거두었다. 이는 행동 변화의 폭이 더 넓어지고 구매 행동이 확연히 달라진 결과였다.

핀터레스트, 인스타그램, 텀블러, 바인, 그리고 다른 소셜 네트워크는 M세대의 매우 강력한 커뮤니케이션 도구이다. 유튜브는 가장 인기 있는 검색 엔진이다. 앞 장에서 언급했듯이 소셜미디어가 모바일로 변했으나 밀레니엄 세대에게 더욱 중요한 사실은 그것이 또한 시각적으로 변했다는 사실이다. Y세대와 브랜드와의 관계는 이제 제품을 만지고 느끼거나 직접 만나서 관계를 맺을 필요성에 토대를 두지 않는다. 그들의 관계는 본능적이지만 과거와는 다른 감각에 따라 결정된다. M세대와 브랜드의 관계 맺기는 만지고 느끼는 것에서 보고 듣는 것으로 변했으며, 그 과정은 매우 빠른 속도로 이루어져야 한다.

X세대가 참석한 콘서트를 예로 들어보자. 그들은 경험, 즉 그 행사의 일원이 되고 밴드 라이브를 경험하고 몰두하는 경험을 얻기 위해 콘서트장을 찾는다. M세대 역시 똑같은 경험을 얻기 위해 콘서트에 가지만 그들은 사진과 영상을 공유하고 행사의 경험을 네트워크로 확장하기 위해 움직인다. 경험을 공유하고 경험에 대해 이야기하려는 욕구를 바탕으로 개인의 관계가 형성된다. 인스타그램과 스냅챗은 세계에서 가장 빠른 속도로 성장하는 소셜 네트워크로, 두 네트워크의 사용자는 12억 명이 넘으며 모두 사진 공유를 토대로 삼고 있다. 다시 말해 페이스북, 스냅챗, 인스타그램을 통해 매일 7억 5천만 장의 사진이 웹으로 업로드된다. 이해하기 쉽게 설명하자면, 인류가 최초로 사진을 찍은 것으로 알려진 1638년부터 2000년까지 약 8억 5천만 장의 사진이 찍혔지만, 오늘날 우리는 이와 맞먹는 숫자의 사진을 90일 남짓 만에 찍어내고 있다.

1980년대와 1990년대 십 대 소녀들은 친구들과 쇼핑하는 경험을 위해 쇼핑몰에 모였다. 그것은 구매뿐만 아니라 협력과 사회적 관계, 그리고 매장 경험을 얻기 위한 일이었다. 그들은 쇼핑 환경에서 한 집단으로서의 길을 찾았고, 집단의 합의를 통해 나타난 것을 토대로 트렌드가 형성되곤 했다. 오늘날 그런 쇼핑 경험은 헐 비디오haul videos(자신이 최근 구매한 상품을 소개하는 비디오 —옮긴이 주), 신학기나 봄방학 패션에 대한 이야기 등을 통해 온라인에서 집단으로 이루어진다. 어떤 옷을 고를지를 선택할 때 그 결정의 추동 요인은 매장 콜라보레이션이나 광고 메시지가 아니라 온라인

상의 브랜드 지지, 콘텐츠를 통한 브랜드와의 관계이다.

일례로, 미셸 판Michelle Phan이 전하는 유튜브 메이크업 정보는 매달 조회 수가 5억~7억 5천 건에 이르며, 십 대 쇼핑객에게는 잡지나 TV 광고보다 훨씬 더 큰 영향력을 미치고 신뢰도도 더 높다. 은행 중에는 유튜브를 통해 이 같은 유형의 지지 기반 참여나 접속량을 일부나마 확보한 곳조차 없다. 미셸 판도 세계에서 가장 인기 있는 유튜버인 스웨덴의 @PewDiePie (일명 펠릭스 아르비드 울프 셸버그 —옮긴이 주)를 따라가기에는 역부족이다. 비디오 게임 리뷰에 대한 독특한 해석으로 유명한 셸버그의 유튜브 채널 조회 수는 경이롭게도 매달 1억 9천 만 건에 이른다.

그렇기 때문에 브랜드 지지가 이 신세대 소비자들에게는 중대한 추동 요인이 된다. 그들은 사진으로 생각하고, 직접 영상을 찍고, 체크인해서 사진을 공유한다. 그 결과 왓츠업, 위챗, 인스타그램, 핀터레스트가 이들 집단에서 급속도로 성장한 것이다. 제품이나 브랜드와 시각적인 관계를 맺고 싶어 하며 친구에게 직접 듣든, 소셜 네트워크와 같은 믿을 만한 플랫폼에서 듣든 상관없이 그 브랜드 경험에 대해 듣고 싶어 한다. M세대는 이런 식으로 관계를 맺는다.

은행에서
멀어지는
세대

차세대 금융이나 소액금융을 설계하려는 은행이라면 앞으로 10년간 핵심 고객들의 구매 행동이 변화하리라는 것을 이해해야 한다. 즉, 현장에서 브랜드의 핵심을 만지고 느끼거나 '(전통적인 의미의) 전문가'에게 조언을 구하기보다는 보고 듣는 관계에 의존하리란 사실을 알아야 하는 것이다. 제품을 이미 사용한, 네트워크의 친구들보다 더 훌륭한 전문가는 없다. 제품Product, 장소Place, 홍보Promotion라는 과거의 개념은 새로운 네트워크 공간에서는 효과가 없다. 광고는 지지를 형성하지 못하며 사람들은 대체로 광고주가 만든 브랜드 메시지보다는 네트워크를 더 신뢰하기 때문에 광고를 채택하는 경우는 매우 적다.

　은행의 고객은 보고 듣는 공간에서 어떻게 브랜드와 관계를 맺고 있는가? 제품을 만지고 느끼는 것은 더 이상 중요하지 않다. 고객을 매장으로 끌어들이는 것은 이제 최고의 고객 경험이 아니다. 중요한 것은 내가 지지하고 공유할 수 있는 제품이나 서비스를 통해 브랜드와의 관계를 창조하는 것이다.

　이것이 오늘날 지점을 옹호하는 많은 전문가가 놓치고 있는 요점이다. 브랜드의 정당성을 인정받는 과정에 전통적인 안전성이나 확신은 인터넷이 등장하기 이전에 성장한 구세대가 아니면 그리 효과적인 차별화 전략이 아니다.

　매장이 있다는 이유로 어떤 기업이 더욱 실질적이라고 가정한다면 이는 인터넷이 대안을 제공하지 않았던 시기로 후퇴한 것이다. X세대와 베이비붐 세대는 전자상거래에 적응해야 했고 상용 인터넷이 등장한 후 처음 10년 동안 우리는 온라인으로 무언가를 주문해도 매장에서 구입하는 것만큼 효과적이라는 사실을 선뜻 믿지 못했다. 전자상거래는 우리에게 이 사실을 증명해야 했다. 하지만 오늘날 성장하는 세대는 그렇지 않다. 그들에게는 매장과 전자상거래, 순수 인터넷 브랜드는 그저 삶의 다양성 가운데 한 요소일 뿐이다. 대다수 제품의 경우 물리적인 매장에서 얻을 수 있는 순수한 이익은 없다.

Y세대 또한 매장에 가고 싶을 때가 분명 있을 것이다. 문제는 디지털 네이티브 대부분이 온라인에 접속해 제품과 서비스를 집으로 배달시키는 환경에서 자랐다는 사실이다. 즉시 무언가가 필요하다면, 이를테면 아이폰 신제품이 출시될 때는 편하게 매장에 가는 편을 선택할지 모른다. 그러나 금융은 그런 범주에 속하지 않는다. 금융 상품이 복잡하다거나 젊은 시절 가장 중대한 구매 결정(내 집 마련)이니까 은행의 '전문가'가 내게 직접 괜찮다고 말해주는 식의 심리적 안정이 필요하다고 해서 반드시 지점을 방문하지는 않을 것이다. 몇몇 연구원들은 이에 대해 다음과 같이 구분한다.

멀티채널 금융서비스 국장이자 보고서의 작성자인 마크 슈반하우저(Mark Schwanhausser)는 다음과 같이 말한다.

"그들이 여전히 지점을 방문하는 이유는 자신의 금융 기반을 개발하고 있기 때문이다. 그들에게는 붙잡을 손이 필요하다."

—메리 위스니에프스키(Mary Wisniewski), '왜 일부 밀레니엄 세대는 여전히 지점을 찾는가'
〈아메리칸 뱅커 뱅크 테크놀로지 뉴스〉, 2013년 1월 22일

이것이 오늘의 실정이다. Y세대가 지점 네트워크를 이용하는 빈도는

지난 50년 동안 인구통계학적인 면에서 역사적으로 우리가 목격한 가장 낮은 수준이다. 이 집단이 지점을 사랑하고 지점을 선호해서 디지털 공간에 대한 본질적인 욕구를 버릴 것이라는 희망에 매달리는 것은 터무니없는 일이다. 그들은 그저 다를 뿐이다. 은행도 달라져야 할 때가 왔다.

소통 방식이 달라졌다,
송금 방식도
달라질 것이다

신기술과 변화하는 행동역학에 관심이 있는 사람이라면 분명 디지털 현황에 관한 메리 미커Mary Meeker의 연례 보고서를 읽었을 것이다. 올해 중대한 수치는 지난 12개월 동안 전 세계 스마트폰 사용률이 50퍼센트 올랐다는 것이었다. 스마트폰을 사용하는 전 세계 인구는 10억 명에서 이제 15억 명으로 증가했다. 뿐만 아니라 태블릿이 스마트폰의 2, 3배 속도로 증가하고 있다. 기술과의 상호작용은 실제로 가속화되는 중이다.

신기술이 시장에 등장할 때면 많은 사람이 이렇게 말한다. "멋지군, 하지만 지금 당장은 내 전화를 계속 쓸 거야." 심지어 이렇게 말할 수도 있다. "나는 절대 페이스북을 이용하지 않을 거야." 단 2년 만에 이런 신기술들이 판도를 지배하고 있으며 사용률이 폭증하고 있다. 현재 미국인들은 대부분 물리적인 전화선이 필요하지 않다는 이유 때문에 일반전화보다는 이동전화를 선택한다.

이것이 소매 매장과 우리의 상호작용을 바꾸고 있는가? 책을 구매할 때 아이패드와 킨들 같은 기술을 이용하는 현상에서 이런 변화를 목격할 수 있다. 사람들이 콘텐츠를 읽는 방식은 극적으로 변화했으며, 음악을 구매하는 방식에도 똑같은 변화가 일어나고 있다. 그것이 사람들의 본질적인 욕구를 바꿔놓았다. 이런 기술과 변화하는 소비자 행동은 금융계에 어떤 영향을 미치고 있는가?

나는 금융과 관련이 있는 이 같은 행동 변화를 좀 더 자세히 탐구하고 싫었다. 그래서 이런 중대한 변화에 대해 논의하고자 업계의 최고 전문가 세 명을 초대했다. 먼저 금융 서비스 산업의 주도적인 연구원 론 셰블린Ron Shevlin과 인터뷰를 했다. 론은 보스턴에 본사를 둔 아이트그룹Aite Group에 근무한다.

브렛　론, 아이트에서 어떤 역할을 맡고 있는지 말씀해 주시겠습니까? 그리고 본인 소개도 해주시죠.

론　저는 아이트그룹의 선임 분석가입니다. 제 연구는 금융기관들이 금융 활동의 효과와 효율성을 개선하도록 돕는 일에 중점을 두고 있죠. 전 금융기관의 마케팅 전략, 온라인 판매와 마케팅 분석, 그리고 소비자 행동을 조사합니다.

브렛　본질적으로 당신은 마케터입니다. 당신이 참여하는 연구를 금융기관이 고객과 관계를 맺는 방식이라고 분류할 수 있을까요?

론　그들이 참여할 수 있는 방식, 새로운 고객을 확보하면서 관계의 질을 향상시킬 수 있는 방식, 그리고 새로운 기회를 활용하는 방식이죠. 아울러 저는 이처럼 새롭게 부상하는 기술을 이용해 어떻게 금융기관들이 수익 흐름을 창조할 수 있는지에 초점을 맞추고 있습니다. 그게 이 산업의 중대한 한 가지 도전이니까요. 비이자 상품에서 발생하는 순이자수익net interest income, NII이 매우 낮은 은행이 많습니다. 따라서 어디에서 수익이 발생할 것인지가 중대한 문제죠. 이 신기술에서 새로운 수익의 원천이 될 새로운 서비스를 창조할 많은 기회를 찾을 수 있습니다.

브렛　당신이 진행한 연구에서 개인적으로 제가 관심이 있는 분야는 새롭게 부상하는 Y세대에 관한 것입니다. 이들은 '밀레니엄 세대',

'디지털 네이티브' 등 여러 가지로 분류되기도 하죠. '은행과 멀어지는' 세대라는 이 개념과 기본적인 당좌예금계좌의 예를 들어 금융 행동이 변화하는 방식에 대해 이야기했죠. 거기에 대해 말씀해 주시겠습니까?

론   금융 분야에서 '은행에서 멀어지는' 사람들에게 대한 이야기가 많이 들립니다. 확실히 초점을 맞춰야 하는 중요한 집단이죠. 맞습니다. 서비스와 마케팅이 필요한데도 제공받지 못하고 기본적인 금융 서비스에서 소외된 사람들이 많죠. 하지만 분석 결과에서 빠진 건, 서비스와 혜택을 받지 못하는 고객이라고 할 수 없는 데도 은행에서 멀어지는 고객의 수가 (아직은 적지만) 점점 많아진다는 사실입니다. 교육 수준이 높고, 평균보다 높은 비율로 대학교나 대학원을 졸업했고, 직장이 있거나 확실하게 직장을 구할 수 있으며(십중팔구 학교에 다니는 중이라 직장이 없는), 전통적인 금융 제도에서 기꺼이 벗어나려는 사람들이 점점 많아지고 있어요.

지난 60~70년 동안 성인이 된 고객이 가장 먼저 한 일은 대학을 졸업하고 은행을 찾아가서 당좌예금계좌를 개설하는 거였습니다. 60년 만에 처음으로 새롭게 등장한 성인인 Y세대는 당좌예금계좌를 개설해야 한다는 사실을 당연하게 여기지 않습니다. 그들은 계산기를 두드려보고 사전 조사를 하고서 당좌예금계좌의 대안이 있다는 사실을 깨닫죠. 선불카드/신용카드로 계정과 재무를 관리하거나 아니면 당좌예금계좌를 대체할 방법을 발견할 수도 있습니다. 이들이 바로 새롭게 부상하는 은행에서 멀어지는 세대입니다. 전체 세대가 은행에서 멀어지고 있다고 말할 수는 없겠지만, 대안을 찾고 있는 소비자 집단이 점점 커지고 있는 것만은 분명합니다.

이건 금융기관의 관점에서 볼 때 중요합니다. 전통적으로 젊은 소비자층에서는 지금껏 언제나 당좌예금계좌, 신용카드, 금융 상품에 대한 수요의 비율이 서로 비례하지 않았습니다. 만일 이 소비자들이 전통적인 은행에서 서비스를 구하지 않는다면 전통적인 금융 제도에 큰 위협이 될 겁니다.

브렛 디지털 세대의 매우 흥미로운 한 가지 요소는 그들이 소셜미디어와 문자 메시지, 그리고 오버더톱(개방된 인터넷에서 동영상 등을 제공하는 서비스 —옮긴이 주) 메시지, 스냅챗 같은 요소를 매우 편안하게 여긴다는 사실이죠. 그들은 항상 이런 방식으로 소통하고 있어요. 이전 세대와 비교해 그들의 소통 방식은 크게 바뀌었습니다. 논리적으로 보아 송금하는 방식 또한 바뀔 겁니다. 또한 그들은 대개 수표를 쓰지 않아요. 이것이 왜 그들이 당좌예금계좌를 좋아하지 않는지에 대한 설명이 될까요?

론 이 점에 대해서는 당신과 제 생각이 다르군요. 브렛, 나는 문제는 수표가 아니라고 생각합니다. 수표 이용은 Y세대가 성년이 되기 훨씬 전인 10년 전부터 줄곧 감소했죠. 심지어 X세대의 행동을 돌아보시면 직불카드를 최초로 채택한 건 그들이었습니다. 수표는 그때부터 줄곧 감소했어요.

전 그것이 결제의 물리적인 형태보다는 계좌로 결제하는 것 자체의 문제라고 생각해요. 물론 많은 젊은 소비자들이 이제 막 사회생활을 시작했고 수입이 소폭으로 증가하는 터라 재정적인 삶을 겨우겨우 꾸려나가고 있습니다. 그리고 개중에는 계좌를 초과 인출하고 과소비하는 사람들이 많은 것 같습니다. 얼마 전 끝낸 소비자 연구 결과를 보면 Y세대의 약 1/4이 '충동구매' 하는 경향 때문에 매달 저축하는 데 애를 먹습니다. 우리가 어린 시절에 그랬듯이요. 수입과 지출을 맞추느라 고생하는 이들은 선불카드 공급업체에 매달 5달러를 지불하는 편이 이른바 요구불 예금계좌보다 더 경제적이고 이롭다고 판단했죠. 요구불 예금계좌를 이용할 경우 한 해에 두 번 이상 초과 인출을 하면 수수료가 당좌예금계좌를 거의 없앨 정도인 최하 70달러나 됩니다. 그래서 그들이 직접 자신들의 행동 모델을 만든 겁니다.

전 그것이 수표에 대한 거부가 아니라, 가치를 제공하기보다는 벌금과 수수료로 돈을 벌던 은행 당좌예금계좌의 전통적인 구조에 대한 거부라고 생각합니다.

브렛 이 문제에서 월마트 요인, 그러니까 미국 선불 시장의 성장에 월마트가 어떻게 큰 요인이 되었는지에 대해 많이 들었습니다. 아이러니하게도 사람들이 월마트에서 첫 은행계좌를 얻고 편안함을 느끼곤 하죠. 이러한 변화가 전통적인 금융 제도에 대한 반발이나 세계 금융 위기의 부수적인 결과라고 생각합니까?

론 그렇게 말하자니 좀 거창하군요. 어느 조사라고 꼭 집어 말할 수는 없지만 대부분 금융기관이 몇 년 전 일어난 경기 침체의 주범이라고 비난받은 건 분명합니다. 십중팔구 부정적인 감정이 남아 있겠죠.

신용조합은 몇 년 동안 이 점을 이용했습니다. 분명히 그런 면이 있습니다. 하지만 전 이렇게 말하겠습니다. 그것 또한 지나가리라. 시간이 지나면 흘러들어왔다 흘러나갑니다. 몇 년 전 걸프 만에서 일어난 일 탓에 미국의 큰 원흉은 브리티시 페트롤리엄

British Petroleum, BP(영국의 다국적 정유회사—옮긴이 주)이었죠. 이제는 과거지사가 되었습니다. 그런 다음에는 경제 문제를 일으킨 원흉은 은행이 되었죠. 이것 역시 지나갈 겁니다. 지나가지 않을 게 있다면 전통적인 금융 제도의 대안이 존재할 것이라는 새로운 Y세대의 가정이죠.

전 15년 동안 소비자 연구를 했는데 15년 전에는 소비자들에게 이렇게 질문했습니다. "마이크로소프트나 소니에 당좌예금계좌를 개설하겠습니까?" 15년 전에 소비자들은 "예, 할 겁니다!"라고 대답했죠. 하지만 그런 일은 일어나지 않았습니다. 그 후에는 "애플에 당좌예금계좌를 개설하겠습니까? 라고 물었고 "예, 그럴 겁니다"라는 답변을 들었죠. 하지만 그런 일은 일어나지 않았어요. 오늘날 Y세대는 전통적인 금융 제도에 얽매이지 않고 대안에 개방적이죠. 구글과 같은 대안은 아닐지 모르지만 확실히 기회가 있습니다. 구태의연하게 당좌예금계좌를 창조하겠다는 회사가 아니라 다른 유형의 계좌를 창조하는 회사에도 기회가 있어요.

더 좋은 용어가 없어서 전 지금껏 그런 대안을 신(新) 당좌예금 계좌neo-checking accounts라고 불렀습니다. 개념은 좀 다르지만 말이죠. 그건 사람들에게 직불카드든 모바일 결제 시스템이든 상관없이 돈을 쓸 수 있는 메커니즘을 주는 일상 관리 계좌입니다. 하지만 구조가 다르죠(대개 설계상 모바일입니다). 이 계좌를 제공하는 회사들은 지점 구조를 이용하는 것이 경제적이지 않다고 생각해서 지점을 두지 않아요. 하지만 그래도 일반적으로 콜센터 지원은 아직 존재합니다.

그러나 무엇보다 중요한 건 가치 중심의 접근 방식이 있다는 사실이이에요. 계좌와 인프라스트럭처에 도입할 수 있는 개인 재무관리personal financial management , PFM 유형의 기능이 많습니다. 카드로 구매하는 경우라도 구매하자마자 즉시 영수증을 제공하면 구매 시점에 바로 그 장소에서 당신이 돈을 쓴다는 사실을 경고할 수 있죠. 이 신 당좌예금계좌의 진정한 차이는 그저 돈을 보관하거나 수표를 쓰거나 청구서를 지불하기 위해 사용하는 것이 아니라 매일 가치를 제공하는 일에 토대를 둔다는 점입니다.

브렛 스마트폰과 모바일 뱅킹은 얼마나 빠른 속도로 대다수 미국 소액 금융 소비자들의 일상적인 금융 행동에 자리 잡기 시작했나요?

론 간단히 대답하자면 속도가 매우 빨랐습니다. 15년 전 처음 등장했을 때 온라인 뱅킹과 이후 온라인 청구서 납부의 채택률을 보면 성장률이 스마트폰 채택률에 비해 훨씬 느렸죠. 최근 이 문제에 대해 제가 실시한 연구에 따르면 현재 전체 소비자의 약 60퍼센트가 스마트폰을 소유하고 있는데, (물론 구세대보다 Y세대의 경우 훨씬 더 높은 비율입니다) 모바일 뱅킹 비율 또한 증가하는 추세입니다. 사실 현재 20~30퍼센트 수준으로 상당히 낮지만 은행이 그런 역량을 제공하는 속도가 느리다는 공급 측면의 문제와 무관하지 않습니다.

지점 경제학은
어떻게
변하고 있는가

9장에서는 지점의 운명이 변화함으로써 고객 확보 방식이 어떻게 변화하는지, 그리고 미국 같은 시장에서 지점 거래량이 얼마나 빠른 속도로 감소하고 있는지에 대한 명확한 추정치를 자세히 살펴볼 것이다. 그러나 유통 메커니즘에 있어 중대한 변화의 핵심은 소비자 행동이다. 우리는 '고객들이 지점을 방문하기를 좋아한다'는 고참 은행의 주장을 흔히 접하곤 한다(적어도 나는 항상 그런 이야기를 듣는다).

일부 은행가들은 새로운 Y세대 고객들이 다른 행동을 보일 수도 있다는 사실을 인정하지만 기존 고객이 스마트폰, 모바일 앱, 그리고 그런 부류의 다른 메커니즘의 등장으로 비슷한 영향을 받았는지 여부는 불확실하다.

이를 위해 경영 컨설팅 회사인 노반타스^{Novantas}의 상무이사 케빈 트래비스^{Kevin Travis}를 초대했다. 노반타스가 관찰하는 데이터를 토대로 전통적인 상업 금융 유통 모델에 이처럼 변화하는 소비자 행동이 어떤 영향을 미치는지 알아보자.

브렛   케빈, 노반타스가 이 분야에서 진보적인 연구 방식을 택했다는 점이 흥미롭습니다. 이런 방식으로 지점에서 구매하고 지점을 방문하는 방식을 중심으로 행동의 변화를 관찰하고, 장기적으로 특히 거래와 수익 활동과 관련해서 이 문제를 검토했죠. 포괄적인 연구를 통해 발견한 결과를 말씀해 주시겠습니까?

케빈 물론이죠. 정말로 중요한 두 가지 감소 현상이 떠오릅니다. 지난 7, 8년 동안 매년 지점 거래가 최하 3퍼센트 정도 꾸준히 줄어들었어요. 지금은 그 수치가 매년 5~7퍼센트로 가속화하고 있다고 봅니다. 은행이 입금용 투입구에 수표를 붙여서 인식할 수 있는 영상 기반 ATM 같은 신기술을 발표함에 따라 지점의 일상적인 결제와 서비스 거래 감소가 더욱 가속화될 겁니다. 매년 3퍼센트씩 감소한다면 얼마 지나지 않아 25~30퍼센트에 이르겠죠. 이게 현재 금융 산업이 직면하고 있는 한 가지 큰 딜레마입니다. 엄청난 서비스 역량, 높은 비용, 하지만 거래량은 그리 많지 않죠. 어떻게 이 문제를 처리할 수 있을까요?

가장 최근에 얻은 정보를 통해 확인한 또 다른 중대한 현상은 금융 상품에 대한 쇼핑과 구매 통로가 분열되고 파열되었다는 사실입니다. 고객 가운데 적어도 2/3가 전적으로 온라인에서 금융 상품을 쇼핑하고 있습니다! 적어도 75퍼센트가 온라인을 선택하죠. 지점에 가는 경우도 있겠지만 모든 사람이 정말로 온라인으로 상품으로 구매하고 있으며 그것이 사람들의 구매 방식을 근본적으로 바꾸고 있습니다. 예전에는 지점으로 걸어 들어가서 직원과 대화를 나누었고, 그러면 은행은 그들에게 상품을 판매할 기회를 주었죠. 그런데 이제 고객들은 온라인을 둘러보며 은행 상품을 고릅니다.

오늘날 고객들이 지점을 찾는 건(아직 세 명 가운데 두 명꼴로 지점을 찾습니다) '확인하고 싶다'는 심리적인 요인 때문입니다. 그런데 만약 모든 사람이 '확인하고' 싶은 마음뿐이라면 그들이 과연 다시 은행을 찾을까요? 이것이 문제죠. 그 한 가지 상호작용을 위해서

8만 8천 개의 지점을 두는 것은 판매 방식으로는 매우 비싼 방식입니다.

브렛　10년 후에 금융은 어떻게 변할까요? 지점을 유지할 만큼 충분한 현금과 매력을 가지고 있는 대형 은행만 남고 나머지는 단순히 결제 회사가 될까요?

케빈　분명히 그 초대형 은행이란 고객들이 움직이고 있는 곳에 남는 데 필요한 기술에 투자할 자금이 있는 은행이겠죠. 뱅크 오브 아메리카, 체이스Chase, 웰스 파고Wells Fargo, 시티 등 온라인 고객을 유치하기 위해 움직이는 몇몇 대형 은행들이 있습니다. 그런 일이 발생할 것이고 모종의 통합도 일어날 겁니다.

다른 흥미로운 질문은 이 경제 모델에서 지점 네트워크 자체가 필요하냐는 거죠. 그리고 만일 그렇다면 우리가 그곳에서 무슨 일을 하게 될까요?

어떤 형태든 은행과 직접 대면해서 상호작용해야 할 필요성이 꾸준히 있습니다. 이런 필요성을 '돈은 책을 사는 것과는 다르다'며 위안을 주는 요소에 가깝다고 생각하는 고객이 많아요. 하지만 우리는 은행들이 서점처럼 변화할 거라고 생각합니다. 정말 전 거래 면에서 지점이 필요하지 않다고 생각합니다. 그러나 은행이 화상을 통해서든 판매 인력을 통해서든 직접 대면을 토대로 일종의 브랜드 충성도를 만들어낼 방법을 찾아야 하겠죠. 그런 종류의 기술에 투자할 수 있는 은행이 선두에 나설 겁니다.

브렛　당신이 지금 목격하는 일부 트렌드를 고려할 때 이 초기 단계에 지점으로부터 이동하는 주된 상품은 무엇일까요?

케빈　은행 용어로 부채 계정 상품, 예금 상품들이죠. 당좌예금계좌가 가장 빠르게 이동하고 있습니다. 사람들이 온라인으로 저축 예금과 당좌예금, 그리고 다른 예금 상품을 구매하고 있으니까요. 그리고 그것이 ING가 지난 12년 동안 공들인 범주입니다. 물론 이동이 가장 빨랐던 분야이기도 하죠. 결제와 결제 월렛과 관련이 있는 수수료 기반 거래들이 대단히 빠른 속도로 이동하고 있습니다.

흥미로운 점은 장기 주택담보대출과 일부 소비자 대출 상품이 첫 번째 제동 요인이라는 사실입니다(Y세대가 지점을 사용하는 편을 고려하고 있다고 말할 때 볼 수 있는 한 가지 딜레마죠). 그들은 처음 주택담보대출을 받으려고 고민할 때 지점을 방문하고 싶은 마음이 더 큰 것처럼 보입니다. 그들은 지점에 들어가서 누군가에게 말을 걸고 싶어 합니다. 그러나 두 번째 주택담보대출을 받을 무렵이면 지점에서 급속도로 이탈하죠. 온라인이나 모바일 플랫폼을 통해 소비자에게 정보가 잘 제공되고, 진행도 쉽다면 소비자들은 그걸 선택합니다. 더 유리한 경험을 제공하니까요.

브렛　여기에 진짜 묘미가 있습니다. 저항을 제거하는 방법과 참여를 더 쉽게 만드는 방법을 찾는 일말입니다. 이런 많은 프로세스가 지점을 중심으로 차근차근 형성되었기 때문이죠. 많은 사람이 아직도 지점에 들어가서 서류를 작성할 거라고 생각하지만 이런 상호작용에 대한 고객들의 기대가 점점 실시간으로 변하고 있어요. 예를 들어, 주말에 부동산을 둘러볼 예정인데 은행이 이 집을 담보로 내게 돈을 빌려줄지 궁금하다면, 그런 종류의 일이 이러한 참여 모델에 더욱 압력을 가할까요?

케빈　아마존이나 구글과 거래할 때 고객은 그들이 정보를 활용해서 실시간으로 피드백을 제공할 것이라고 기대합니다. 그런 곳에서는 즉각적으로, (순간적인 만족이라고 표현하지는 않겠지만) 확실히 즉각적으로 정보가 제공됩니다. 그에 반해 이제까지 은행의 사고방식은 이랬습니다. —7일이 아니라 3일 만에 정보를 제공할 수 있으니 주기가 향상되었다는 식이었죠. 이런 태도는 변해야 합니다. 이런 종류의 데이터와 그런 반응이 가능한 IT 인프라스트럭처에 투자하지 못한 은행은 지금 실질적으로 압박을 받고 있어요. 고객이 500만, 1천만, 2억 명인 은행의 경우 IT 인프라스트럭처로 이동하는 데 막대한 비용이 드니까요.

대형 은행이 그걸 실현하는 과정에서 지속적인 일탈이 일어날 겁니다. 규모가 가장 작은 은행 중 관련 기술력을 가진 외부 제공 업체로부터 서비스를 사들이는 곳이 생길 수도 있습니다. 하지만 오늘날 핵심 기술은 '은행'입니다. 과거 '은행'은 지점 네트워크였지만, 오늘날 중요한 업무는 핵심 기술 플랫폼을 구축하는 것이고 그것이 앞으로 진정한 차별 요소가 될 겁니다.

브렛 고객과 접촉하고 상품을 전달하는 유통 단계에서 진정한 혁신이 일어나고 있군요. 상품 유통을 익숙한 한 가지 채널에만 한정한다면 수익과 운영 면에서 대가를 치르게 되겠죠.

케빈 기억해야 할 한 가지 흥미로운 사실은 페이팔 거래조차도 은행을 거친다는 점입니다. 고객과 핵심 제공업체의 경제적 관계가 변했습니다. 은행은 페이팔의 중개를 받죠. 페이팔은 실제로 돈을 송금하기 위해 어딘가에 있는 은행을 이용합니다. 양이 많으니까 비용이 더 저렴한 거예요. 앞으로 페이팔처럼 은행과 고객 사이에 앉아서 고객 관계를 확보하는 플레이어들이 대거 등장할 테고 은행은 그 핵심적인 관계를 잃을 겁니다. 은행이 직면한 진정한 위험은 바로 그겁니다.

브렛 페이팔이나 스퀘어 같은 조직을 예로 들어 보죠. 그들이 전통적인 기업들에 성공적으로 데미지를 입힐 수 있었던 이유 중 하나는 저항을 많이 제거했기 때문입니다. 이 변화가 저항을 제거한다는 사실과 얼마나 관련이 있을까요?

케빈 그 점에 대해서 두 가지 방식으로 생각할 수 있습니다. 우선, 페이팔은 저항을 제거하기 위해 거래를 일종의 셀프서비스 활동으로 만들었습니다. 은행이 모든 개인 고객의 이메일 주소를 아는 경우, 고객이 페이팔에 정보를 제공하면 페이팔은 그 정보를 백엔드로 전달함으로써 고객에게 편의를 제공합니다. 은행은 그동안 이런 일에 정말 서툴렀습니다. 고객은 신속한 결제, 전신 송금, ACH, 카드 결제 등 무엇이든 신경 쓰지 않는다는 사실만 은행이 이해하면 바로 이 분야에서 금융 기술 혁신이 일어날 수 있죠. 고객은 단지 옆집 이웃에게 돈을 지불하거나 집세를 지불할 뿐이지만, 은행으로서는 중대한 사고방식의 전환이 필요합니다. 은행은 전통적으로 '우리 일은 워낙 복잡하니까, 당신이 결제를 빨리하고 싶거든 먼저 우리 얘기부터 다 듣도록 해'라는 사고방식을 가지고 있어요.

하지만 고객은 온라인 세계의 다른 분야에서 경험을 쌓고 있습니다. 은행 일 또한 쉬워져야 마땅하다고 판단하게 되고, 그러다 생각만큼 쉬워지지 않으면 그냥 참여하지 않는 거죠. 이미 그런 일이 일어나고 있습니다.

은행은 왜 상대적으로 형편없는 수익 엔진인가

최근 조사에서 은행은 다른 산업 분야보다 IT에 더 많은 투자를 하는 것으로 나타났다(도이체방크 연구;은행의 IT: 비용이 얼마나 드는가?참조). 사실 평범한 은행은 기술에 예산의 7.3퍼센트를 지출하며 다른 산업은 3.7퍼센트 수준이다. 은행가들은 임무 수행에 필수적인 성과 요건과 더불어 레거시 시스템 지원, 안전과 부정행위 조치뿐만 아니라 대내 규정과 규제 비용 때문에 이 정도 비용이 든다고 변명할 것이다.

> 금융 산업에 IT 사용률이 높은 이유는 다양하다. 금융기관은 엄격한 규제 요건을 충족시켜야 하며 그러면 비용이 들기 때문에 회사의 수익에 도움이 되지 않는다. 뿐만 아니라 은행은 유통 채널은 물론이고 후선 업무부서의 IT에 크게 의존한다.
>
> —하이크 마이(Heike Mai), 도이체방크

이는 그처럼 지출이 많은 한 가지 이유일 수 있지만, 이런 변화와 혁신의 시대에 변명이 되지는 못한다.

금융은 오랫동안 시장에서 수익성이 높은 분야로 생각되었으며 대형 은행(대마불사 집단으로 일컬어지는)은 대개 주식시장의 가장 안전한 우량 블루칩에 속했다. 그러나 2009년 대침체 이후 우리는 이를 재고해야 했다. 비록 많은 은행의 주식이 올해 들어 상당히 회복되었지만 미국의 4대 주요 은행(보파, JP모건 체이스, 웰스 파고, 시티)의 평균 베타 계수(시장의 반응도 또는 위험 가격으로, 1을 넘으면 기대수익률과 더불어 위험도 함께 커진다고 봄 —옮긴이 주)는 1.935

로 대단히 불안정하다. 이에 비해 4대 주요 기술 브랜드(구글, 애플, 마이크로소프트, 오라클)는 평균 0.938에 지나지 않으며 이는 변동성이 은행 주식의 절반 수준이라는 의미이다. 아마존은 0.8로 이와 비슷한 성격을 가지고 있다. 페이스북은 의미 있는 베타 계수를 제공할 만큼 영업의 역사가 충분치 않다. 하지만 이 또한 십중팔구 상당히 불안정할 것이다.

같은 집단의 상위 기업을 이용해 상대적인 성과를 비교하자면, 기술 산업은 지난 몇 년 동안 수익성 면에서 상당히 좋은 성과를 거두고 있다. 애플만 해도 지난해 수익이 거의 417억 달러에 이르렀으며 이는 보파, 웰스, 체이스를 모두 합친 436억 달러와 맞먹는 수준이다. 4대 은행은 2012년 510억 달러의 수익을 창출한 반면 4개 거물급 기술 기업은 같은 기간에 852억 달러의 수익을 냈다. 겉으로 볼 때는 몇 년 동안 힘든 시기를 겪은 은행들의 성과치고는 좋은 것 같지만 현실적으로 보아 그들의 총수입은 비교적 효율적이지 못했다.

다른 산업 분야보다 더 많은 IT 비용을 지출하지만 직원당 수익은 인상적이다. 뱅크 오브 아메리카, JP 모건 체이스, 웰스 파고, 시티는 105만 1천 명의 직원을 고용해 510억 달러, 즉 직원 한 명당 4만 8,517달러의 수익을 거두었다. 한편 구글, 애플 컴퓨터, 마이크로소프트, 오라클의 직원 43만 1,777명은 2012년 852억 달러, 다시 말해 직원 한 명당 24만 9,285달러의 수익을 거두었고 이는 4대 금융 서비스 기업 수익률의 5배가 넘는다.

구글, 페이스북,
애플이 금융에서
더 좋은 성과를 거둘까?

'페이스북, 구글, 애플이 과연 더 우수한 은행이 될 수 있을까'라는 문제를 생각해본 사람은 많다. 그러나 미래 사업 모델에서 이 불균형이 어떻게 드러날 것인가를 묻는 편이 더 타당하다. 구글, 페이스북, 애플이 금융 사업 같은 종류의 자본, 대내 규정이나 규제와 관련된 경상비를 지출하는 은행이 되기를 원치는 않을 테니까 말이다.

그보다는 구글, 페이스북, 애플이 은행의 유통비용을 낮추는 해결책에 일조할 가능성이 더 크다. 특히 '더 이상 고객이 지점에서 새 계좌를 개설하지 않으리라는 사실'을 은행이 깨닫고 고객을 확보하기 위한 새로운 방법을 찾기 시작할 때 그들은 앞으로 그 사용권에 프리미엄을 덧붙일 수 있을 것이다.

오늘날 대내 규정과 거래 프로세싱 능력을 복제하기는 여간 어렵지 않으며 어마어마한 비용을 필요로 한다. 바로 그 점 때문에 구글, 페이스북, 애플은 금융 사업에 뛰어들기를 원치 않는다. 그러나 (고객을 확보할 만한 매력을 유지하기 위해서) 그들이 고객에게 판매하는 금융 상품, 앱, 서비스는 점점 증가할 것이다. 그리고 낮은 마진율로 수익을 확보하며 노출 빈도는 높은 광고 기회를 얻을 수 있으므로 더욱 많은 결제 사례(거래가 일어나기 전에, 일어나는 동안, 일어난 후에)를 소유하기 위해 노력할 것이다.

미국 구글의 금융 서비스 산업 담당 국장 제리 캐닝Jerry Canning과 미래에 대해 논의하는 동안, 구글은 은행이 되는 방안은 염두에 두고 있지 않다는 사실이 확실해졌다.

브렛 제리, 구글에서 당신이 하고 있는 일에 관해 말씀해 주십시오.

제리 전 구글에서 금융 서비스, 특히 은행 거래를 다루는 팀을 지휘합니다. 미국 전역의 최고 금융기관 몇 곳과 협력하고 있으며, 기본적으로 디지털 컨설턴트로 활약합니다. 우리 팀은 사업 전체에 디지털과 구글 제품을 십분 활용하도록 돕고 있죠

브렛 당신은 사람들이 참여하는 방식, 상황에 대해 이야기하는 방식, 구매하는 방식에 관한 방대한 양의 데이터를 볼 수 있죠. 금융기관에 참여하는 방식의 변화, 또는 은행이 제공하는 상품에 나타나는 어떤 트렌드가 있나요?

제리 데이터를 이용하고 그 같은 정보를 확인하면 우리 파트너들을 위한 소중한 도구와 학습 목표를 얻을 수 있죠. 예를 들어 미국의 어느 초대형 은행과 협력한 적이 있습니다. 우리는 그들에게 매일 매장이나 은행을 찾는 대략적인 방문객 수가 그들의 브랜드를 온라인에서 검색하는 소비자 수와 비슷하다는 사실을 보여줬습니다. 이를 통해 그들은 자사 관점에서 디지털을 생각할 때 플랫폼의 중요성과 디지털 플랫폼 직접 대면 소액금융 거래소를 고려해야 한다는 사실을 재차 확인했죠. 확실히 그 무렵까지 그들이 했던 어떤 일보다 디지털을 우선순위로 삼아야 할 필요성이 확인된 겁니다.

브렛 이런 상황 조성 문제와 모바일, 우리가 움직이는 방식에 관해 이

> **$**
> 어느 초대형 은행과 협력한 적이 있다. 우리는 그들에게 매일 매장이나 은행을 찾는 대략적인 방문객 수가 그들의 브랜드를 온라인에서 검색하는 소비자 수와 비슷하다는 사실을 보여주었다.
>
> _제리 캐닝(구글 금융 서비스 담당 국장)

야기해 보죠. 금융 분야에서 검색은 어떻게 쓰이고 있습니까? 이를테면, 자동차 대리점에 가면 자동차를 검색하고 실제로 집을 보러 다닐 때면 장기 주택담보대출에 관한 정보를 검색하나요?

제리 그렇습니다. 장소와 관련된 몇 가지 특정한 행동이 있습니다. 하지만 언제 어디서든 해답이 필요할 때마다 데이터와 연결하는 사실상의 플랫폼으로서 모바일을 이용한다는 것이 중요합니다. 현재 전체 금융 관련 검색 가운데 25퍼센트가 모바일에서 이루어집니다. 소비자는 데스크톱에서 모바일과 태블릿까지 완벽한 경험을 기대합니다. 처음부터 끝까지 은행과 대화를 나눌 수 있으며 갈 때마다 다시 시작하는 것이 아니라 연속적으로 진행되기를 기대하죠. 따라서 은행은 더욱 노력해서 해답을 제시해야 할 겁니다.

브렛 예를 들어 풍부한 데이터 환경을 제공하는 구글 글래스 같은 신상품을 택한다고 해보죠. 소비자가 특정한 장소에 있을 때, 그런 개인 재무관리 수단이 구매 결정에 어느 정도 영향을 미치리라 생각합니까?

제리 당신이 어떤 물건을 바코드로 스캔할 때 그것이 당신의 가격 범위에서 벗어나거나 혹은 꼭 추천할 만한 상품은 아니라는 사실을 구글 글래스나 이동전화가 알려준다면 어떨까요? 그 비슷한 일을 상상해 봤습니까? 2년 전만 해도 〈마이너리티 리포트〉에나 나올 법한 이야기라고 생각했죠. 하지만 소비자가 원하면 그런 종류의 지도를 제공할 수 있는 시점이 가까워지고 있습니다.

브렛 케빈 트래비스는 첫 장기 주택담보대출 같이 중대하고 감정적인 결정을 내려야 할 경우 Y세대가 누군가를 만나서 의논하고 싶어 한다고 언급한 바 있습니다. 사람들이 구글과 상호작용하면 구매 행동과 의논 상대에 어떤 변화가 일어날 거라고 생각하나요?

제리 케빈이 정확하게 짚어서 말했군요. 우리가 어려움을 겪는 것이 바로 그 범주입니다. 지금껏 전면적으로 온라인을 선택한 다른 분야와는 달리 아직도 소액거래 은행에 의존하는 경향이 아직 남아 있습니다. 하지만 '마이 뉴 홈My New Home' 앱으로 체이스가 진행하는 일을 보십시오. 디지털 경험을 연결해서 소비자가 디지털 도구를 활용하는 데 도움을 주죠. 디지털을 통해 소비자에게 주택담보대출을 설명하고 소비자의 욕구에 대처하며 전체 과정을 원활하게 진행하는 완벽한 사례입니다.

브렛 구체적인 구매 과정이 궁금합니다. 모바일 검색을 이용해서 제품을 선택할 때 어떻게 구글과 상호작용하는지 알려주세요.

제리 모바일의 가치는 정보 이용에서 시작됩니다. 키보드가 아닌 음성 검색을 이용하며, 가치 있는 일을 위해 모바일을 활용한 것이 과정을 용이하게 만들 출발점이죠. 구글이 어디로 진출할지 궁금하십니까? 그렇다면 당신이 집을 보러 다닐 때 앱을 사용할 수 있다고 상상하십시오. 장기 주택담보대출을 찾아서 그것이 어떤 식으로 주택을 구입하는 과정에 적용될 수 있고 당신이 어떤 제한을 추가할 수 있는지를 확인시켜주는 앱 말입니다. 그런 종류의 도구들이 우리 손이 미치는 곳에 있고 모바일 기술을 통해 정보 수집이 끝나면 곧바로 소비자 경험으로 직결됩니다. 그리고 그것이 구글의 역할이죠.

브렛 최근 구글은 지메일용 구글 P2P 결제 기능을 발표했습니다. 이것이 행동적인 관점에서 구성하는 그림과 검색, 데이터를 포함한 프레임워크의 모든 부분이라고 보십니까? 이것이 구글 레이어를 통한 금융 서비스로 거래 및 상호작용하는 토대, 또는 금융 플랫폼으로 향하는 전면적인 움직임일까요?

제리 구글은 그것을 더 큰 혁신과 변화의 일부로 보고 있습니다. 핵심은 소비자들에게 권한을 부여하는 일이죠. 우리는 여러 사례를 통해 고객이 인터넷에 항시 접근할 수 있음을 깨달았습니다. 모바일이나 다른 기기로 정보를 이용할 수 있기 때문에 인터넷에 접근하기가 더욱 쉬워지고 있죠. 최근 포레스터가 실시한 연구에서 사람들은 실제로 온라인에서 보내는 시간은 적어졌다고 말했지만 추적 연구에서는 오히려 더 많은 시간을 보내는 것으로 나타났습니다.

결론 내리자면, 온라인에 접속하는 것이 무척 자연스러워져서 사람들은 자신이 거기에서 시간을 보내고 있다는 사실을 인식하지 못합니다. 요즘 사람들에게는 온라인에 접속해 있는 것이 평범한 일상이고 항상 연결되어 있는 한 방법인 겁니다. 바로 이 영역에서 구글이 높아지는 소비자의 기대를 충족시킬 어떤 기회를 발견할 때, 계속해서 실험하고 조각을 맞춰가며 소비자가 찾는 것을 더 빨리 찾고 필요를 충족시키도록 도울 수 있죠.

브렛 Y세대는 기술이 일상적인 세계에서 살고 있습니다. 누군가 Y세대에게 "죄송합니다. 그렇게 하실 수 없습니다. 지점으로 오셔서 서류에 서명하셔야 합니다"라고 말한다면 그건 그들에게 생소한 행동이죠. 지금 이 두 세계가 충돌하고 있습니다. 첫 번째 세계는 프로세스의 관점에서 볼 때 규제와 전통적인 접근 방식에 물들어 있고, 두 번째 세계에서 소비자 행동은 기술의 사용과 환경

을 급속도로 움직이고 있죠. 무엇이 부서질까요? 무엇이 길을 비

킬까요? 이렇게 변화하지 못할 은행이 있을까요?

제리 변화는 계속될 겁니다. 당신 말이 맞습니다, 그런 행동이 매우 실

질적으로 나타나고 있어요. 우리는 또한 금융 이외의 분야도 살

핍니다. 이를테면 인터넷이나 모바일 기기를 통해 프로그램에

접근할 수 있으니 지역 케이블 TV 회사에 계속 돈을 낼 필요가

없다는 사실을 깨닫는 개인들을 '코드 커터cord-cutters'라고 표현하

죠. 지난해에 유선 방송 계약을 갱신하지 않은 사람들이 미국 전

체의 1퍼센트였습니다. 이들보다 더 빠르게 증가하는 사람들이

있으니, 이른바 학교 밖에서 유선 방송을 계약하지 않는 '코드 네

버cord nevers'죠. 세대가 같으면 행동이 같다는 것이 핵심입니다.

금융 분야에서 초대형 은행과 많은 중간 규모 은행, 그리고 지역

은행들을 종합해서 말하자면, 이들은 모두 변화하는 소비자 행

동을 인식하고 있으며 규제적 제한과 더불어 레거시 시스템, 그

리고 시스템에서 발생하는 난제들을 극복해야 한다는 도전에 직

면해 있습니다. 그래서 금융계에 환상적인 혁신이 많이 일어나

는 겁니다.

기술이
세상을
먹어치울 것이다

나는 그들에게 다음 5~10년 동안 무슨 일이 일어날지 묻고 싶었다. 아이팟과 아이튠즈가 출시되기 10년 전에는 애플이 미국의 최대 음악 판매업체가 되리라고 예측하기 어려웠을 것이다. 그러나 그런 일이 실제로 일어났다. 아마존의 경우 그런 일을 예상하기가 조금 더 쉬웠다.

최고 산업 연구자 두 명과 구글 금융 서비스 사업 분야의 책임자의 지적 능력을 토대로 우리는 5~10년 앞을 내다볼 수 있어야 한다.

브렛 론, 우선 당신에게 이 질문하죠. 현재 목격하고 있는 이 변화와 변동을 토대로 해서 앞으로 5년 후 금융계의 소액거래 은행이 어떻게 변할지 설명해 주시겠습니까?

론 근본적으로 여러분은 지금 이 산업계에서 경쟁의 기반이 변화하는 현장을 보고 있습니다. 몇 년 전 금융계는 지점 위치를 바탕으로 경쟁했다가 이율과 수수료를 바탕으로 한 경쟁을 거쳤고 이제 다시 변화가 일어나 성과를 바탕으로 경쟁하고 있죠. 당신이 재정적인 삶을 실행하고 관리할 때 가장 좋은 성과를 거두는 데 누가 가장 크게 공헌합니까? 이 변화의 토대를 이룰 한 가지 요소는 '누가 1차 금융기관이 될 것인가'에서 '내가 사용하는 1차 금융 앱은 무엇일까'로 생각이 변한다는 점입니다. 누구든지 그런 앱을 개발할 수 있죠. 제 생각에는, 한 가지 앱이나 한 가지 싱글 디지털 월렛으로 통일되지는 않을 겁니다. 변화가 핵심이 되었고 이제는 최고의 스마트폰 애플리케이션이 되기 위해 경쟁하는 쪽으로 변했어요. 많은 전문가의 의견이 다르지만, 이 분야에서 은행과 금융기관은 아직 패배하지 않았습니다.

지금 제가 진행하는 연구의 결과를 조금 알려 드릴 수도 있습니다. 소비자에게 제안의 질과 조언의 적절성에 대해 물어보면 은행과 신용조합은 매우 높은 점수를 받습니다. 제리의 기분을 상하게 할 마음은 없지만 은행이 구글, 애플, 페이스북보다 제안의 적절성과 조언의 질, 전반적인 경험 면에서 훨씬 높은 점수를 받죠. 아무리 생각해도 은행은 아직 이 게임에서 패배하지 않았습니다. 하지만 1차 금융기관이 되겠다는 생각에서 1차 앱을 제공하는 일로 초점이 변할 겁니다.

브렛 실시간으로 상황에 맞게 조언하는 일에 적응해야 할 겁니다. 그러려면 유통 게임에 더 능숙한 다른 조직들과 협력해야 하겠죠. 그렇게 말해도 무방할까요, 론?

> 이 변화의 토대를 이뤄질 한 가지 요소는 '누가 1차 금융기관이 될 것인가'에서 '내가 사용하는 1차 금융 앱은 무엇일까'로 생각이 변한다는 점이다.
> __론 셰블린(아이트그룹 선임 연구원)

론 그렇습니다. 그래야만 이익을 거둘 기회를 확대할 수 있죠. 은행은 소비자로부터 돈을 벌 뿐만 아니라 판매자와 소매업체를 가장 적합한 소비자에게 연결함으로써 돈을 법니다. 그리고 그것이 수익 흐름을 다양화할 한 가지 방법이죠.

브렛 케빈, 연구 결과와 오늘 우리가 나눈 이야기로 추론하건대 10년 후에 이것이 어떻게 변할 거라고 생각합니까?

케빈 공급 주도 사업에서 브랜드 중심의 마케팅 주도 사업으로 큰 변화가 일어나고 있습니다. 근본적으로 이 전투에서 은행의 승패를 결정하는 문제는 그들이 전달할 수 있는 경험의 수준과 금융 산업의 다른 분야나 동급 은행의 기술 진보에 보조를 맞출 수 있는지 여부에 달려 있죠. 따라서 포괄적인 원거리 거래 역량과 대단히 탄탄한 브랜드, 강력한 온라인과 모바일 역량을 갖춘 한편 브랜드가 탄탄하고 지점 수가 훨씬 적은 (어쩌면 절반 수준) 두세 개의 초대형 은행이 금융업계를 주도하게 될 겁니다.

또한 물리적 역량이 있든 없든 상관없이 은행처럼 선별적인 브랜드 중심의 맞춤형 경험을 제공하는 틈새 공급업체가 부상할 겁니다. 전통적이든 아니든, 보파처럼 실제 고객이 프론트엔드에 브랜드를 보유한 마케팅 기업의 활동 영역에서 결제 기능이나 엔진을 제공할 은행이 있을지도 모르죠. 시간이 지나면 이것도 괜찮아요. 이것이 고객에게는 실제로 더 유리할 겁니다. 자신이 원하는 유형의 서비스와 수수료 구조를 선택할 수 있으니까요.

한편 이건 금융 산업에 필요한 지점은 물론이고 은행의 수도 줄어든다는 뜻입니다. 다음 10년 동안 중대한 도전은 이겁니다. 어떻게 규제기관과 다른 모든 사람이 그런 변화가 일어나도록 놔둘 것인가? 파산 법칙만 존재하는 항공업계나 다른 전통적인 산업과는 다르죠. 금융계에는 규제 인프라스트럭처가 있는데 규제 인프라스트럭처, 기술, 은행 자체가 일관적인지는 확실치 않습니다. 그건 무척 직접적이고 즉각적이며 어디에나 존재하기 때문이죠. 앞으로 우리는 그걸 해결하기 위해 많은 혼란을 겪으며 무수한 시간을 투자해야 할 겁니다.

브렛 동의합니다. 기술이 매우 빠른 속도로 발전하고 있으니 규제기관이 따라잡아야 합니다. 하지만 그래도 괜찮습니다. 그들의 임무는 혁신이 아니니까요. 그들은 시장을 보호하기 위해 거기 있는 겁니다.

그냥 앉아서 규제기관이 '할 수 있다'와 '할 수 없다'는 말을 해주기를 기다리는 금융가는 이런 변화가 일어날 때 확실히 곤욕을 치를 겁니다. 제리, 구글의 입장에서 볼 때 금융 세계가 어떻게 변할까요? 구글은 이 세계에 어떻게 적응할까요?

> 포괄적인 원거리 거래 기능과 대단히 탄탄한 브랜드와 지점이 훨씬 강력한 온라인과 모바일 역량을 갖춘 한편, 브랜드가 탄탄하고 지점 수가 훨씬 적은 두세 개의 초대형 은행이 금융업계를 주도하게 될 것이다.
>
> __케빈 트래비스(노반타스 상무이사)

제리　브렛, 앞에서 저항 없는 참여에 대해 언급했죠. 저항 없는 참여야말로 이것을 움직이는 원동력이고 소비자들이 요구하는 겁니다. 그리고 은행이 일을 제대로 처리하고 있을 때 가치를 찾을 수 있는 곳이죠.

마지막 주의 사항이 있습니다. 이동전화 공급업체가 인증 및 시장 출시를 위해 애쓰고 있는 여러 가지 테스트에 대해 이야기하는 걸 들은 적이 있어요. 모토로라는 전자 문신부터 전화로 인식하고 인증하는 섭취할 수 있는 알약에 이르기까지 다양한 이야기를 했습니다. 이런 것들은 매우 현실적이고 계속해서 소비자들의 기대 수준을 움직이고 높일 기술입니다. 은행은 이를 활용할 방안을 고려해야 할 겁니다.

달라지는 소비자 행동,
금융도 이젠
바뀌어야 할 때다

이 문제의 교훈은 상당히 단순하다. 구매 주기에서 확연히 다른 행동들이 새롭게 등장하고 있다. 인터뷰했던 모든 전문가가 강조한 요점은 유연성, 즉 은행에서 제시하는 해결책이 필요할 때마다 고객을 참여시키고 수익을 확보할 수 있는 능력이었다. 지점이라는 통로는 지난 수십 년 동안 대단히 성공적이었으나, 지금은 걸림돌이며 구매 과정이 더욱 단순하고 직선적이었던 과거의 잔재가 되었다.

날이 갈수록 핵심 고객의 구매 행동이 변하고 있다. 과거 책을 사려는 사람은 자동적으로 서점을 떠올렸으나, 요즘은 킨들을 떠올린다. 아마존은 킨들을 통해 소비자 구매 행동을 바꾸었고, 이제 많은 고객이 디지털로 책을 구입한다. 서점을 찾는 일은 시대에 뒤떨어지는 행동으로 전락했다. 고객의 일차적인 본능은 이제 매장에 찾아가는 것이 아니다. 개인적으로 서점에 가는 것을 아무리 좋아한다 하더라도 그것이 보더스(2011년에 파산한 미국의 서점 체인─옮긴이 주)를 몰락으로부터 구하지는 못했다.

아이트그룹과 노반타스의 데이터를 보면, 거래에서부터 구매 행동과 금융 상품에 이르기까지 똑같은 현상이 일어나고 있는 것이 분명하다. 온라인에 접속하고 모바일을 이용하려는 본능이 매일 점점 강해지고 있으며 이것이 전통적인 참여 방식과 지점으로 이어지는 판매 통로의 효과를 감소시키고 있다. Y세대가 이 변화를 이끌 것이다.

하지만 금융은 책을 사는 것보다 약간 더 복잡하다. 지점에서든 전화를 통해서든 은행과 이야기를 나누고 싶어하는 까다로운 요소가 언제나 존재할 것이다. 소수의 지점은 살아남을 것이다(영향력은 더 적어질 것이다). 그러나 대부분의 고객은 무언가를 구매하고 신청할 때 어떤 본능에 따라 움직일 것인가? 이것이 문제다.

일차적인 디지털 관계가 그렇듯이 여기서는 환경이 중요할 것이다. 기억하라. 아이트그룹의 론 셰블린은 이제 1차 금융기관이 아니라 1차 금융 앱, 즉 고객이 돈을 관리할 환경을 제공하고 매일 소비에 관한 조언을 제시하는 디지털 관계를 위한 전쟁이 시작되었다고 말했다. 이런 점에서 구글과 같은 서비스는, 예상되는 고객 행동을 이해하는 한편 행동에 반응하거나 메시지를 전달하는 능력이 가까운 미래에 중대한 성공 요인이 되리라는 점을 이해한다.

은행은 구글과 같은 서비스에 그 데이터를 이용하는 대가를 지불해야 할 것이다. 은행 또한 엄청난 데이터 세트를 보유하고 있지만 보관실에 그 데이터를 모셔두고 있으니 말이다. 모바일 사용 데이터와 상품 판매를 연결할 방법이 없다. 내가 구매하는 곳과 내가 특정한 판매자의 결제 수단을 선호하는지 여부를 연관시키지 못한다. 고객에게 맞추어 모바일로 전달하는 주택담보대출 같은 상품을 실시간으로 검색할 메커니즘이 없는 것이다.

만일 은행이 앞으로 탄탄한 수익을 원한다면 조직의 행동을 바꿔야 한다. 고객들은 달라진 본능에 따라 다르게 행동하고 있기 때문이다.

Who's Who in FinTech 인터뷰이 소개

론 셰블린

아이트그룹의 선임 분석가이다. 그는 판매 및 마케팅 기술, 고객 및 마케팅 관리, 충성도 관리, P2P 대출, 개인 재무 관리, 소셜 컴퓨팅, 온라인 뱅킹, 고객 경험, 소비자 행동을 포함한 소액 거래 금융 문제를 전문적으로 분석한다. 올바른 고객 상호작용 채널링, 고객 지지가 미래의 구매 목적에 미치는 영향, 그리고 판매와 마케팅 활동을 향상시키는 감지와 반응 마케팅 역량 개발과 관련된 연구를 주도하는 유명 이론가이다. 〈미국 금융가와 신용조합 관리〉에 보도되었고 BAI 리테일 딜리버리, CUES CEO 네트워크, DMA 파이낸셜 서비스, NICSA 테크놀로지 포럼, 포레스터 파이낸스 포럼 등 수많은 산업계 행사에서 기조연설을 맡았다. 뉴욕 주립대 빙햄턴의 경제학과를 졸업했으며, 텍사스 대학교 금융과 통계학과에서 MBA 학위를 받았다. 2011년 10월에 발간된 《스나케팅 2.0: 소셜미디어 시대의 마케팅(Snarketing 2.0: Marketing In the Age of Social Media)》의 저자이기도 하다.

케빈 트래비스

경영 컨설팅 회사인 노반타스 뉴욕 사무소의 파트너이며 유통전략 실행 분야의 책임자이다. 지난 5년 동안 금융 상품과 서비스의 은행 판매·구매 분야에서 변화하는 고객 태도와 행동을 중점적으로 연구했다. 그전에는 유럽과 아프리카의 상업은행에 근무했다. 진화하는 고객 선호, 유통, 국제 금융, 전반적인 금융 전략 분야의 전문 강사로도 활약하고 있다. 〈아메리칸 뱅커〉, 〈크레디트 유니언 타임스〉, 〈테크 저널〉 등의 잡지에 온라인 모바일 뱅킹 안전성과 확산, 온라인 개인 재정 관리 도구, 인터넷 광고 등의 주제에 대한 의견을 실었다. 대중 연설가와 작가로 활약하며 진화하는 유통 전략과 금융 모델에 관한 다양한 기사와 백서, 보고서를 발표했다.

제리 캐닝

구글의 금융 서비스 산업 담당 국장으로 근무 중이다. 이 직책을 수행하며 금융, 대출, 보험, 투자·중개, 신용카드, 신용 보고 범주 등 다양한 분야의 마케터들과 협력한다. 금융 서비스 분야에서 경험을 쌓았을 뿐만 아니라 구글의 여행, 선거, 로컬(Travel, Elections, and Local) 팀을 관리했다. 2004년 말 엑사이트 네트워크(Excite Network)를 떠나 구글에 입사했다. 그전에는 터너 방송국에서 3년 동안 근무하며 CNN, TBS, TNT 케이블 네트워크의 핵심 파트너들을 위한 통합 솔루션을 개발했다. 풋 로커(Foot Locker)에서 사회생활을 시작해서 10년 동안 NBA, NFL, MLB와의 파트너십을 포함해 다양한 스포츠 마케팅 후원 활동을 관리했다. 현재 뉴욕 광고 클럽(New York Advertising Club)의 이사회 임원이며 이 이사회에서 2011 대통령상을 받았다. 뉴욕 비즈니스 마케팅 협회(New York Business Marketing Association) 임원이기도 하다. 펜실베이니아 주 앨런 타운의 뮬런버그 대학 커뮤니케이션/비즈니스 학과를 졸업했다.

비트코인은 현금을 사라지게 할 것인가

비트코인은 현실이다

비트코인은 국경을 넘어 가치 교환의 저항이 없는 온라인 방식으로 떠올랐다. 비트코인 경제나 시장에서 현금을 바꾸는 과정에는 여전히 저항이 존재하지만 비트코인은 17, 18세기에 지폐가 등장했던 똑같은 이유로 등장했다. 이것으로 말미암아 당장 10년 후에 현금이 사라지지는 않겠지만, 다음 20년 동안 능지처참을 당할 가능성이 점점 커지고 있다.

현금이 사라지는 시대가 올 것인가

2천 년이 넘도록 거래는 현금, 즉 금속 화폐를 토대로 이루어졌다. 그러나 오늘날 전 세계 거래 가운데 90퍼센트가 전자(電子)식으로 진행된다. 소액 거래 환경에서는 현금 사용이 여전히 강세를 보이지만 그럼에도 현금 사용이 꾸준히 줄어들고 있는 나라가 많다.

이번 장에는 〈와이어드〉의 유명한 편집자이자 《돈의 종말The End of Money》의 저자인 데이비드 월먼David Wolman, 〈아메리칸 뱅커〉의 기자 마크 호흐슈타인Marc Hochstein, 비트코인 재단의 전무이사 존 마토니스Jon Matonis

로부터 얻은 주옥같은 정보를 담았다.

지난 한 해 동안 나는 '현금의 종말', 혹자는 '현금의 때 이른 암살'이라 부르는 현상에 관한 논의에 참여했다. 현금이 미국, 호주, 영국 같은 시장에서 천천히 감소하고 있으나 앞으로 몇 년 만에 사라지지 않으리라는 것은 분명하다. 그러나 장기적인(20~30년 후를 생각해 보라) 전망은 그리 밝지 않다. 결제 형태가 끊임없이 변하고 있으므로 현금이 일상적인 거래의 주역으로 남을 가능성은 희박하다. 더욱 흥미로운 사실은 우리가 돈이라고 생각하는 것 자체가 변할 수도 있다는 점이다.

미국 정부가 은행권을 발행하기 시작한 것은 1861년부터였으며 이후 미합중국 제1 은행First Bank of the United States에서 1791년부터 민간 통화를 발행했다. 1696년 스코틀랜드 은행Bank of Scotland은 미국보다 앞서 영국에서 사용될 최초의 은행권을 발행했다. 그 시절에는 실제로 소규모 지역사회들이 각자 은행권을 발행하고 은행에서 자사 통화를 발행하는 일을 흔히 볼 수 있었다. 시간이 지나자, 통화 집중화가 무역과 상거래에 더욱 효율적이라는 것이 밝혀졌고 그 결과 전 지역에서 인정하는 통화를 발행할 수 있는 '중앙은행'이 등장했다.

은행권이 사용되기 전에는 물론 동전이 존재했다. 동전이 등장하기 전에는 물물교환이 거래의 주요 메커니즘이었으리라 짐작하겠지만 수천 년 전에 다른 형태의 통화가 존재했으며 이는 오늘날 우리가 지갑에 넣고 다니는 지폐의 훌륭한 대용물이었다. 기록에 남겨진 가장 오래된 통화는 기원전 3천 년에 '셰켈shekel'이라고 불리던 것으로 무게 측정 단위인 동시에 통화의 초창기 형태였다. 아메리카 대륙, 아시아, 태평양 지역의 여러 나라에서는 조개껍데기가 쓰였다. 그러나 기원전 650~600년 고대 그리스인들은 최초로 실제 동전을 주조했고 1세기 무렵 그런 동전들이 점점 전 세계 금전 가치 교환의 가장 기본적인 형태로 자리를 잡아갔다.

비트코인은 분산적인 P2P 디지털 암호화 통화이다. 비트코인이 인기를 얻은 최초의 디지털 통화는 아니지만 현재 공식적으로는 가장 광범위하게 이용된다. 추정치에 따르면 미화 3천만 달러 가치의 린든 달러Linden Dollars가 세컨드 라이프Second Life 경제의 한 요소로서 유통되고 있는데, 세컨드 라이프의 2011년 가치는 약 미화 5억 6,700만 달러를 기록했다. 중국 QQ코인의 시장 가치는 2006년 무렵 미화 9억 달러에 달했다. 2011년 가상 경제 거래는 미화 30억 규모에 맞먹었다. 그러나 2013년 11월 급성장해 미화 120억이 넘는 어마어마한 시가 총액에 이른 비트코인은 세계 가상 통화 가운데 단연코 최대 규모이다. 연방준비은행의 추정치에 따르면 1조 2,200억 달러의 '실제' 미국 달러가 유통되는 현재, 그리 심각하게 생각할 일이 아니라고 주장하는 전문가들도 있을지 모른다. 하지만 그것이 유일한 척도는 아닐 것이다. 이 글을 쓰는 지금 비트코인의 가치는 가나, 우크라이나, 그 밖의 여러 나라의 통화보다 더 크며, 그 결과 세계 100대 통화의 반열에 들었다.

그럼에도 언론은 테러리즘이나 대규모 범죄 활동 같은 실질적인 위협을 다루는 강도로 비트코인의 폐해와 위험에 대해 지속적으로 보도했다. 최근에는 매주 비트코인의 종말이 임박했다는 반복적인 예측이 쇄도했다. 다음은 이 현상에 대해 다룬 최근의 헤드라인 가운데 내가 가장 좋아하는 몇 가지이다.

영국 세무 당국, 경찰, 첩보 요원, 비트코인을 위협적인 요소로 보다. ―〈파이낸셜 타임스〉

비트코인은 실로 현대 자유 국가에 위협적인 존재이다. ―〈블룸버그〉

'실크 로드(Silk Road)'가 비트코인을 죽일 것인가? ―〈블룸버그〉

그러므로 그것이 비트코인의 종말이다. —〈포브스〉

국가와 지역 규제기관, 가상 통화에 의문을 제기하다. —〈로이터〉

러시아, 비트코인에 대한 탄압을 준비하다. —〈파이낸셜 타임스〉

난장판이 된 비트코인의 가장 오래된 거래가 결제를 중단시키다. —〈와이어드〉

또 다른 중대한 비트코인 거래가 위협을 받을지 모른다. —〈비즈니스 인사이더〉

하지만 비트코인의 부상과 세계적인 정당성을 얻기 위한 투쟁을 보여주는 한층 흥미로운 지표가 있다. 전 세계 규제기관이 이른바 '#비트코인 현상'과 맞서고 있는 마치 전투와도 같은 상황이 그것이다. 규제기관은 비트코인(사실은 비트코인을 비롯한 모든 가상 통화)을 '불법화'하고 싶어 했다. 비트코인이 앞으로 2년 이내에 점점 종말에 가까워질 것이라는 의혹이 난무하는 가운데, 실상 지금껏 진지하게 가상 통화 문제에 법적으로 대처한 지역은 고작 중국, 미국, 태국뿐이다. 영국과 독일은 이제 겨우 이 문제를 살피기 시작했다.

태국에서는 비트코인을 '불법'으로 규정하겠다는 최근의 결정을 대서특필하리만치 지나치게 열정적인 보고가 있었다. 그럼에도 불구하고 규제기관이기도 한 타일랜드 은행Bank of Thailand은 기본적으로 그들이 비트코인을 '불법화'할 수 없다는 판결을 내렸다. '기존 법적 프레임워크와 규제가 가상 통화를 아우를 수 있을 만큼 탄탄하지 않'으므로 지역 거래에서 비트코인이 필요했다는 것이 판결의 근거였다.

2006년에 가치가 9억 달러가 넘었던 중국의 QQ코인은 거래가 활발하게 이루어지며 매우 짧은 기간 동안 70퍼센트가량 가치가 상승했고 이후 중앙은행(인민은행)의 규제를 받았다. 이로써 중앙은행은 비록 QQ코인을 불법화하지는 못했지만 거래되고 교환되는 방식을 규제할 수 있었다. 좀 더 최근에는 중국인민은행 부총재가 나서서 비트코인에 대한 중국의 입장을 구체적으로 밝혔다. 그는 소비자 스스로 책임을 진다는 전제하에 비트코인으로 자유롭게 거래할 수는 있으나, 공인된 통화가 아니므로 은행이 비트코인을 예금으로 보유하는 것은 허용되지 않는다고 말했다.

미국 텍사스 동부지방법원의 아모스 마잔트**Amos Mazzant** 판사는 비트코인 거래업자이자 투자자문을 하는 트렌든 셰이버스**Trendon Shavers**가 피라미드 사기 혐의에 대한 미국 증권거래위원회**SEC**의 기소를 피할 수 없다는 판결을 내렸다. 셰이버스는 비트코인이 '진짜' 돈이 아니며 따라서 자신이 현재 미국 법률을 위반하는 것이 아니라는 입장이었다

그러나 미국 증권거래위원회의 검찰관들은 비트코인을 실행 가능한 통화이자 합법적인 금융 도구로 생각한다는 입장을 명확히 밝힘으로써 셰이버스의 작전을 물리쳤다. 법정은 다음과 같이 판결했다.

비트코인이 돈으로 사용될 수 있다는 사실은 분명하다. 제품과 서비스를 구매하기 위해 사용될 수 있으며 셰이버스가 밝혔듯이 개인의 생활비를 지불하기 위해 사용될 수 있다. 비트코인의 유일한 한계는 그것을 통화로 받아들이는 장소에서만 사용할 수 있다는 사실이다. 하지만 비트코인은 미국 달러, 유로, 엔, 위안처럼 전통적인 통화로 교환될 수 있다. 그러므로 비트코인은 통화 혹은 돈의 한 형태이며 따라서 BTCST에 투자하고 싶었던 투자자들이 투자금을 제공했다.

—텍사스 동부지방법원 예심판사 아모스 마잔트

이는 미국 증권거래위원회가 적어도 지금은 비트코인이 가상이지만 실제 세계의 통화로 취급되고 규제받을 충분한 매력이 있다고 판단한다는 뜻이므로 중대한 변화라 할 것이다. 이는 또한 (결국에는) 비트코인 재단의 방어선을 가로막아야 한다는 뜻이기도 하다. 비트코인은 최근 캘리포니

아 금융기관국Department of Financial Institutions, DFI의 영업 정지 명령을 거부했다. 금융기관국은 정지 명령에서 비트코인으로 거래할 수 없다고 말했다. 재단(그 외 단체들)이 '금융 상품'에 관한 여러 규제를 위반했으며 송금업체 면허가 없다는 것이 이유였다. 비트코인 재단은 금융 상품이란 '종이에 쓰인 것'이라는 2001년의 판결은 완전한 가상 통화인 비트코인을 현재 규제하는 데 적용할 수 없으므로 자신들에 대한 은행 개선명령cease and desit, C&D 은 무시해도 된다고 주장했다.

주 법률은 송금업체를 '결제 도구'나 '저장된 가치'를 판매하거나 발행하거나 혹은 '송금을 위해 돈을 수령하는' 회사로 규정한다. 핸슨(Hansen)은 금융기관국에서 '상품'을 '수표나 어음과 비슷한 성격의 기입되거나 서명된 서류'로 규정한다고 밝히는 2001년 판결문을 언급했다.

그는 "이 판결은 액수를 기입하면 상품이 된다는 것을 뒷받침한다"면서 비트코인은 디지털이므로 상품이 아니라고 했다. 또한 캘리포니아 주 법률에서 "저장된 가치란 전자 또는 디지털 매체로 저장된 발행인을 상대로 청구할 수 있는 것"으로 규정되는데 비트코인에는 발행인이 없다고 핸슨은 지적했다.

— 〈아메리칸 뱅커 뱅크 테코놀로지 뉴스〉, 2013년 8월 8일

규제기관은 무엇보다 비트코인 문제에 있어서 돈세탁과 익명성에 대해 우려하는 것처럼 보인다. 지금 시점에서 비트코인이 실제로 달러나 유로 같은 통화를 대체할 것이라고 생각하는 규제기관은 없지만, 비트코인에 규제를 적용하지 않으면 불법 자금이 국경을 넘어 자유롭게 이동할 것이라는 인식이 존재한다. 지금까지 비트코인의 이동·거래를 중지하거나 제한하려는 시도는 주로 달러를 비트코인으로 교환하지 못하게 하는 데 집중되었다.

전 세계 규제기관들은 이후 미국 의회, 유럽중앙은행ECB, 그리고 널리 보도된 다른 청문회 등에서 비트코인의 지위에 대해 논의했다. 초기 미국 의회와 뉴욕의 중앙은행 청문회가 마치 암호화 통화의 신뢰도를 높여준 것처럼 보이는 바람에 통화가치가 오르내렸다. 이어서 중국과 러시아가 그 통화에 상당히 명확한 제한을 가하자 심지어 버냉키와 세계 일류 은행의 CEO들까지 이 같은 논의에 참여했다.

규제기관과 법정은 양자택일을 해야 한다. 비트코인은 통화이거나, 통화가 아니다. 거래할 수 있는 일상용품이거나 혹은 그렇지 않다. 비트코인이 법적으로 승인된 교환 수단이라면 그 때문에 누군가를 불법 거래나 상업 활동으로 기소할 수 없다. 미국 정부가 비트코인을 거래에서 배제시키는 법률을 제정할(또는 이란의 리알화에 대해 그렇게 했듯 제제조치를 취하거나 제한할) 의도가 없는 한 미국 법정의 선례에 따라 비트코인이 공식적으로 '허용될' 가능성이 있다. 만일 '비트코인'이란 명칭을 적시하여 법적으로 금지한다 하더라도 그 이후 이름을 바꾸거나 누군가 비트코인 'V2'(제2차 세계대전 때 독일이 사용한 위력적인 로켓 폭탄으로 탄도미사일의 효시가 됨―옮긴이 주)를 시작하면 다음번 가상 통화 또한 법적으로 금지해야 한다. 이와 관련된 법률을 바꾸는 데 걸리는 시간을 고려하건대 비트코인과 싸워서 결코 승리를 거둘 수 없을 것이다. 그렇다면 왜 모든 가상 통화를 법적으로 금지할 수 없을까?

만일 모든 가상 통화를 법적으로 금지한다면 새롭게 등장할 수 있는 모든 새로운 가상 통화의 구성을 포함시킬 만큼 법률 적용 범위가 넓어야 한다. 만일 이 목표를 성취할 만큼 법률 적용 범위가 넓어진다면 포괄적인 수준에서 (최근 마잔트가 적절히 지적했듯이) 비트코인은 실세계 통화와 구분할 수 없으므로 본의 아니게 모든 비(非)지역적 통화를 법적으로 금지하게 될 것이다. 게다가 캐나다 조폐국에서 구체화하고 있는 민트 칩 같은 '합법적인' 가상 통화까지 불법으로 규정될 것이다. 결국 항공 마일리지, 징가 코인zynga coins(소셜 게임 업체인 징가가 도입한 비트코인을 말함 ―옮긴이 주), 그 밖의 변형 통화 또한 불법으로 규정해야 할 것이다. 비트코인과 다른 모든 가상 통화 혹은 준통화는 온라인에 존재하는데 현행법은 통화를 물리적인 일상용품이나 기입된 금융 도구로 규정하고 있으며, 이처럼 낙후된 현행법이 비트코인의 확산을 돕고 있다는 사실만 고려해도 모든 가상 통화를 포괄적으로 불법화할 수는 없다.

현실적으로 규제기관이 직면한 근본적인 문제는 비트코인이 중앙은행의 작품이 아니며 따라서 비트코인 재단이나 그 홍보 단체가 기존 전통에 따라 행동하리라고 기대할 수 없다는 점이다. 그렇다고 소비자와 기업이 제품을 구매하고 판매하거나 금처럼 일상용품으로 비트코인을 거래할 수 있다는 사실이 변하지는 않는다. 데이비드 월먼은 그의 책 《돈의 종말》에서 모든 통화는 본질적으로 가상이며, 그 통화를 신뢰하고 사용하는 공동체만이 그것에 가치를 부여한다고 지적했다. 디지털 머니 포럼의 창시자 데이브 버치는 이를 다음과 같이 적절히 표현한다.

> 바라건대 사람들이 비트코인, WoW 골드, QQ코인과 비교하여 미국 달러나 유로가 '진짜'라는 말을 하지 않았으면 좋겠다. 중앙은행이 발행한다는 이유만으로, 공동체가 거래나 상거래를 위해 신뢰하거나 소중하게 여기는 다른 수단이나 일상용품보다 어떤 통화가 더 합법적인 통화가 되는 것은 아니다.

규제기관들이 동의하지 않을 수도 있고 어쩌면 지역적으로 어떤 통화의 사용을 제한할 수도 있겠지만 가상 공간에서 가상 통화의 사용을 제한하기는 쉽지 않을 것이다. 이를 규제할 유일한 방법이 있다면 송금 관련 규칙, 기존고객확인, 펀드 계약 원천 등에 관한 기존 규칙을 이용하는 것이다.

직불카드, 모바일 결제 등의 사용이 증가하면서 물리적인 현금 사용은 2000년대 이후 하향세에 접어들었다. 오늘날 세계 소비자 지출의 총 가치 가운데 34퍼센트를 차지할 뿐이다. 현금 이외의 결제가 선진국에서 최고치를 기록하는 반면 모바일 결제와 모바일 은행계좌가 등장함에 따라 금속 화폐의 사용이 세계적으로 더욱 빠른 속도로 감소할 것이다.

이 시점에서 이렇게 생각하는 사람이 있을지 모른다. "현금은 절대 사라지지 않을 것이다." 대부분의 현대 경제에서 2025년 무렵 현금이 완전히 사라질 가능성은 없지만, 2050년을 내다보면 확실치 않다.

물리적인 돈이 없는 세상을 이해하고 싶다면 이 점을 기억하라.

사회에서 지폐를 사용한 것은 비교적 최근의 일이다. 지폐는 거래와 상거래의 효율성을 높이고 그것이 있는 국가와 지역사회의 가치 시스템을 표준화하기 위해 도입되었다. 오늘날 우리는 세계가 하나가 된 지역사회에서 살고 있다. 오늘날의 상거래는 수메르, 그리스, 중국, 이탈리아, 그리고 다른 통화 제도의 초기 설립자들이 상상도 못했을 방식으로 이루어진다.

비트코인은 국경을 넘어 가치 교환의 저항이 없는 온라인 방식으로 떠올랐다. 비트코인 경제나 시장에서 현금을 바꾸는 과정에는 여전히 저항이 따르지만, 비트코인은 17, 18세기에 지폐가 등장했던 똑같은 이유로(교환 방식을 표준화하고 상거래의 효율성을 높이기 위해, 하지만 새로운 매체, 즉 인터넷을 통해) 등장했다. 이것으로 말미암아 당장 10년 후에 현금이 사라지지는 않겠지만, 다음 20년 동안 능지처참을 당할 가능성이 점점 커진다.

물리적 화폐도
최근에 등장한
기술에 불과하다

여전히 돈(물리적 화폐)에 상당히 의존하면서 은행이나 은행계좌의 완벽한 디지털화를 성취할 수 있을까? 생각해 보면 돈은 비교적 최근에 등장한 기술이다. 원래 결제 시스템의 토대는 대부분 일상용품이었다. 사람들은 곡식, 상품, 서비스로 결제를 하곤 했다. 이런 시스템은 물리적인 현금이 등장하던 6, 7세기까지 존재했다.

유럽에서 최초의 은행권이 발행된 것은 1661년의 일이다. 우리가 익히 알고 있는 금본위제도는 물리적인 지폐가 금의 양으로 뒷받침되던 화폐제도였다. 이는 18, 19세기가 되어서야 비로소 등장했다. 따라서 오늘날과 같은 형태의 현금은 상당히 최근에 발명되었거나 적어도 최근 들어서야 현장에 나타났다.

현금을 사라지지 않는 영구적인 사회의 특성이라고 생각하고 싶겠지만 역사적인 원리는 그렇지 않다. 진정한 문제는 이것이다. "모바일 결제와 이동전화로 결제하는 능력, 그리고 이 모든 기술이 발전하는 지금 우리가 물리적인 화폐를 이용할 기간은 얼마나 될까? 물리적 화폐와 관련된 사람들의 행동이 얼마나 빨리 변할 것인가?" (암호화된 통화든 아니면 다른 것이든 간에) 디지털 통화가 전 세계 중앙은행들이 지원하는 지폐 통화와 얼마나 효과적으로 경쟁할 수 있는지 탐구하기 위해 베스트셀러 《돈의 종말》의 저자이자 〈와이어드〉의 편집자 데이비드 월먼을 초대해 그의 연구와 연구 결과에 대해 이야기를 나누었다.

그의 책 《돈의 종말》을 어떻게 쓰게 되었는지에 대해 인터뷰했을 때였다. 그는 책의 마지막 부분에 이르러 많은 이성적인 사람들이 현금을 옹호하지만 실상 대부분의 선진국 시장에서 현금 사용이 눈에 띄게 감소하고 있다는 사실을 언급했다. 이 부분과 관련해 나는 그에게 현금 사용의 감소가 갑작스럽게 가속화되고, 사람들이 그 변화에 저항하거나 방어적인 이유를 대략적으로 설명해 달라고 부탁했다. 그는 다음과 같이 말했다.

> 비록 현금은 이미 현대 경제에서 변방으로 밀려났지만 사람들은 무조건적으로 현금을 수호하기 위해 달려들었다. 이런 반응의 감정적인 강도와 그런 모순은 내가 상처(책의 형태로 치료를 받아야 마땅한 상처)를 건드렸다는 신호를 보냈다…….
>
> _데이비드 월먼(〈와이어드〉 주필)

적어도 팁과 같은 소액을 결제할 때 현금만큼 빠르고 보편적으로 수용되며 결정적인 교환 매체가 없다. 다른 형태의 통화는 이런 특성을 일부 가지고 있지만 전부 가진 것은 없다. 따라서 현금은 다음 10년 동안에는 사라지지 않을 것이다. 이와 동시에 경제와 사람들의 일상생활에서 현금의 적절성이 감소하고 있다. 따라서 다시 한 번 일종의 능지처참이 일어날 것이다.

데이비드는 현금이 변화하는 경제, 기술, 변화하는 소비자 행동의 도전을 받고 있는 세 가지 포괄적인 분야를 밝혔다.

1 현금은 생각보다 비싸다

현금에 수반되는 다양한 비용을 더욱 솔직하게 계산해 보자. 현금 사용이 여러분과 나, 개인, 기업, 국가, 혹은 사회에 반드시 큰 영향을 미치는 것은 아닌 반면, 현금에는 수많은 간접 혹은 제3의 비용이 존재한다.

2   기술을 통해 현금이 속도가 느리고 비효율적이라는 사실이 드러나고 있다.

모바일 당좌예금계좌든, '페이 위드 스퀘어Pay with Square' 같은 모바일 결제 도구든, 아니면 앱 스토어를 통해 앱으로 결제하든 간에 현금은 오늘날 세계의 거래에 점점 어울리지 않는 수단으로 변하고 있다. 가장 큰 이슈는 소비자들이 대체 결제 메커니즘을 빠른 속도로 채택하고 아마존, 알리바바, 이베이 같은 온라인 거래 플랫폼을 지지한다는 사실이다.

3   대체 통화 방안에 대한 혁신과 관심

데이비드는 "국가의 통화가 궁극적인 모든 것은 아니라는 중대한 각성이 일어나는" 것 같다고 말한다. 현금은 분명 더 이상 유일한 선택 방안이 아니며 국가 통화도 마찬가지다. 데이비드는 디지털 통화의 미래에 대해 다음과 같이 말한다.

수평선을 바라보면 이동전화로 사용 가능한 통화 선택 방안의 무지개가 보일 것이다. 내가 줄곧 가장 정직한 현금 비용의 계산이라고 일컫던 것과 더불어 이런 여러 발전이 물리적 현금을 점점 벼랑 끝으로 밀어붙이고 있다.

데이비드에게 현대 사회의 현금 사용에 수반된 문제와 숨겨진 비용을 밝혀달라고 부탁하자 그는 다음과 같은 예를 들었다.

이런 성급한 팩토이드(근거가 없는 데도 일반적인 사실로 여겨지는 것)가 있다. 내가 책을 쓰고 수정하던 2년 동안 미국에 1만 건의 은행 강도 사건이 일어났다. 이제 악당들은 거금을 손에 넣지 못하고 어쨌든 남은 돈마저 모두 보험에 들어 있다. 그러나 그것으로 현금에 대한 논의가 끝나지는 않는다. 은행, 사회, 납세자들이 치러야 하는 훨씬 더 중요한 여러 가지 대가가 있다. 은행 직원들이 입은 신체적 · 감정적 상처, 재산 손실, 직원과 고객을 위한 외상 후 스트레스 장애 치료. 더 깊이 내려가면 더 많은 대가가 숨어 있다. 이러한 사건을 비롯해 여타 현금 관련 범죄를 수사하고 기소하며 범법자들을 투옥시키는 데 할당하는 법 집행 자원이 그것이다. 그런 비용은 우리의 몫이며 현금 유지라는 일반적인 개념과 완벽하게 분리되어 있다. 그 비용은 단순히 물리적인 돈을 지키는 데 들어가는 경비, 즉 그것을 주문하고, 세고, 유통하고, 저장하고, 확보하고, 다시 세고, 바꾸고, 은행으로 운반하는 과정에 들어가는 경비이다. 아무도 잠시 멈추어 묻지 않은 채 우리는 계속 이리저리 돌아다니고 있다. "이것이 과연 우리가 할 수 있는 최선인가?"

모든 사람이 이야기하는 디지털 머니

〈아메리칸 뱅커〉의 주필 마크 호흐슈타인은 비트코인 현상이 시작된 이후 줄곧 그 추이를 추적했다. 존 마토니스는 비트코인 재단의 전무이사이다.

브렛 마크, 당신은 비트코인과 특히 시장변동성, 그리고 비트코인이 이용되는 방식에 대해 많은 취재를 해왔죠. 금융계의 준비성이나 현금과 돈의 디지털화가 적합할 만한 시스템에 대한 전반적인 견해에서 어떤 트렌드가 보입니까?

마크 제가 금융의 결제 분야를 눈여겨보는 동안, 마스터카드와 비자 같은 카드 네트워크들은 언제나 현금과 수표가 최대 경쟁자라는 말을 되풀이했죠. 정말 솔직히 말씀드리면 당시에 전 그게 핑계라고 생각했습니다. 아메리칸 익스프레스나 디스커버Discover와의 경쟁에 대해 물어봐도 똑같은 답변을 했으니까요. 하지만 좀 더 큰 그림으로 보면 그 말이 맞습니다. 지난 20년 동안 직불카드의 사용이 증가한 데다 온갖 종류의 새로운 카드 결제가 등장하더니 이제 모바일 결제 상품이 등장했죠. 따라서 대단히 빠른 속도는 아니지만, 현금이 변방으로 밀려나고 있습니다. 상당히 디지털화되었죠. 현금은 금이 아니에요, 가치를 보증받지 못합니다. 그렇게 변한 지 꽤 오래됐어요. 그러니 달러든 비트코인이든 간에 돈은 모두 이제 가상의 존재인 셈입니다.

브렛　적어도 거래의 관점에서 보면 특히 비트코인은 통화라기보다는 일상용품에 가깝습니다.

> 현금은 금처럼 보장받지 못한다. 그렇게 변한지 꽤 오래되었다. 그러니 달러든 비트코인이든 간에 돈은 이제 가상의 존재인 셈이다.
> __마크 호흐슈타인(〈아메리칸 뱅크〉 주필)

비트코인이 시장에서 그걸 사용하는 사람들을 위해 자기 가치를 찾고 있다는 사실이 (그건 국경을 초월하니까) 성공의 관건이 무엇인지 보여줍니다. 그렇다면 통화로 거래하거나 통화를 구매하는 과정은 어떻게 될까요? 그러니까 어떻게 비트코인을 구매할 수 있습니까?

마크　몇 가지 방법이 있습니다. 가장 흔한 방법은 거래를 통해 얻는 거죠. 미국 달러, 유로, 심지어 다른 디지털 통화 대신 비트코인을 사고팔 수 있는 거래가 있어요. 최근 들어서는 특히 미국에서 상황이 약간 더 복잡해졌습니다. 비트코인의 최대 통화 거래 기관은 마운트 곡스Mt. Gox로, 일본에 본사를 두고 있는데 미국 정부가 그동안 그 조직을 엄하게 단속해왔고 몇 가지 거래상 문제도 있었거든요. 마운트 곡스가 자금세탁 규정 혹은 자금세탁방지antimoney laundering, AML 시스템의 보고 규정을 위반하고 있다는 혐의를 받으면서 얼마 전 마운트 곡스와 관련된 미국 고객들의 자금이 모두 압수되었습니다. 그 바람에 적어도 미국인들은 구매하기가 어려워졌죠.

비트코인의 소액 거래 업체라고 부를 만한 것도 있습니다. 어쩔 수 없이 소액의 프리미엄을 주고 비트코인을 거래하는 대신에 비트-인스턴트Bit-Instant라는 회사에서 비트코인을 살 수 있어요.

소매 매점, 이를테면 머니그램MoneyGram 매장이 있는 약국의 예금을 통해서 그 회사로 현금을 보낼 수 있습니다. 당신이 현금을 매장에 들고 가서 비트-인스턴트에게 보내면 그들은 당신의 비트코인 계정에 지급하죠. 뉴욕에는 비트코인 지역 판매업체가 있습니다. 유니언 스퀘어Union Square에서 매주 월요일 저녁에 이런 종류의 직접거래 시장 모임이 열리죠. 비트코인을 얻을 수 있는 가장 효율적인 방식이라고 할 수는 없지만 사람들을 만나는 흥미로운 방식인 건 확실합니다.

얼마 지나지 않아 기존고객확인KYC 규정과 자금세탁방지 규정의 대상이 되는 이런 교환은 압력을 받게 될 테고, 제 생각에 일부는 폐지될 겁니다. 그러니 일종의 취미로 이 일에 열심인 지역 비트코인 판매업체에게는 당분간 가장 효과적인 방식이 되겠죠.

브렛   대개 어떤 식으로 비트코인을 이용합니까?

마크   용도가 무척 많습니다. 어떤 사람은 투자할 목적으로 비트코인을 사죠. 그렇게 해서 부자가 된 사람이 있는가 하면 돈을 잃은 사람도 있습니다. 역사적으로 달러 환율은 변동이 심했죠. 그래도 사람들은 거래할 때 달러를 씁니다. 저는 달러로 모자를 샀고 달러로 전자서적을 샀습니다. 또 무료 콘텐츠와 공용 도메인인 인터넷 아카이브로 기부할 때 이용했죠. 그들은 비트코인으로도 기부를 받습니다.

물론 불법 거래에 비트코인이 이용된다는 말을 뺀다면 그건 솔직하지 않은 거겠죠. 온라인으로 마약을 거래할 때 비트코인이 이용된 적도 있습니다. 익명 거래죠. 가명 거래라는 편이 더 정확할 수도 있겠네요.

이제 기술적인 관점에서 비트코인의 기본적인 특성에 관한 존 마토니스의 의견을 전할 것이다. 존은 비트코인이 어떻게 하나의 통화로서 웹 전체에 디지털 방식으로 역할을 수행하는지 그러면서도 어떻게 전통적인 통화 및 결제 체계와 차별화되는지를 매우 자세히 설명했다. 그는 비트코인 재단의 전무이사로 런던에서 근무한다.

브렛   존, 당신이 볼 때 통화로서의 비트코인과 교환 수단으로서 비트코인의 진정한 차이는 뭔가요? 미국 달러와 같은 통화에 비해 비트코인이 제공하는 뚜렷한 장점은 무엇이며, 비트코인은 어떻게 세계적으로 폭넓고 다양한 집단의 상상력을 사로잡았나요?

존   글쎄요, 제 생각에는 미국의 달러나 다른 국가의 통화 단위와 비교할 때 비트코인의 주된 차이점은 비트코인이 본질적으로 비국가적이고 비정치적이라는 데 있습니다. 그런 점에서 보면 금이나 은과 더 비슷하죠. 충분히 생각한 끝에 금을 구매하는 사람이라면 비트코인 같은 종류를 상당히 좋아할 겁니다. 공급량이 한정적이고 어떤 국가의 정치적 목적과도 무관하니까요. 그것이 미국 달러, 유로, 파운드, 엔과 비교할 때 비트코인의 주된 차이점입니다.

1990년대 중반에서 말경 등장한 다른 디지털 통화와 비교하면 비트코인은 분산된 방식을 통해 이중으로 사용하는 문제를 해결하는 기술을 개발하는 데 초점을 맞추었죠. 비트코인이 등장하기 이전에는 중앙 발행인이 항상 이중 사용 문제를 해결했습니다. 다시 말해서 조폐국으로 돌아가서 당신의 동전이 사용되지 않았다는 사실을 확인하고서 다시 발행하는 방식으로 온라인 이

중 사용 문제에 대비해야 한다는 뜻이죠. 비트코인의 혁신적인 기술은 분산 블록코인인데 이건 실제로 집중적인 발행인을 거치지 않고 이중 사용문제를 해결할 경우에 거래를 진행하고 결제하는 제3의 중개인이 필요 없어요.

브렛 비트코인이 사용하기 편한 한 가지 이유는 A로부터 B에게 송금하는 과정이 매우 간단하고 저항이 없기 때문이죠. 기존 뱅킹으로 누군가에게 돈을 보내려면 그 사람에 대한 많은 정보를 알아야 합니다. 비트코인은 그런 복잡성에서 완전히 벗어나서 송금 과정을 간소화했어요. 하지만 그런 한편 지금껏 사람들은 익명으로 송금할 수 있다는 점을 걱정스러워했습니다. 비트코인을 이용해서 실제로 송금하는 방식에 익숙하지 않은 사람들을 위해 어떻게 송금이 진행되는지, 거래 과정에서 사람들을 어떻게 확인하고 인증하는지 설명해 주시겠습니까?

존 비트코인의 한 가지 주된 용도는 P2P peer-to-peer 결제 혹은 개인 대 개인 person-to-person 결제입니다. 비트코인을 이용하면 비용 면에서 매우 효율적이고 결제 과정이 매우 순조롭죠. 아직 경험해 보지 않은 많은 분에게 그 과정이 얼마나 자유로운지 시험해 보라고 권하고 싶습니다. 비트코인을 이용하면 이른바 '사용자 정의 프라이버시'를 얻을 수 있어요. 전통적인 은행에서처럼 계정을 개설하기 위해 신상 정보를 모두 밝힐 필요 없이, 자신이 밝히고 싶은 정보에 한해서만 개인 사용자가 책임지는 겁니다. 일종의 프라이버시 차등제로 생각하면 됩니다. 저울에 자신을 완전히 노출시키는 한쪽 끝, 또는 알려지거나 눈에 띄기를 극도로 피하는 다른 한쪽 끝을 선택할 수 있는 거죠.

브렛   모든 사례에서 이런 규정된 변수를 충족시킬 필요가 없는 거네요. 충족시키지 못하면 송금하지 못하거나 돈세탁을 했다는 의심을 받을 수 있는 사례 말입니다.

존   바로 그겁니다. 제3자가 개입하지 않기 때문에 결국 두 사람, 즉 고객과 판매자가 거래해서 교환과 결제 창이 단축되는 되죠. 결제 분야와 금융계에 종사하는 사람이라면 무슨 뜻인지 이해할 겁니다. 신용카드나 다른 결제에서는 인증, 교환, 결제 과정을 거쳐야 하니까요. 기본적으로 3단계 과정이죠. 반면 비트코인은 실제 물리적인 현금처럼 이 모든 것을 한순간으로 압축합니다. 그런 면에서 디지털판 현금이라고 생각할 수 있죠. 누군가에게 50파운드 지폐를 건네는 것과 다름없이 지폐가 당신 손에서 다른 사람의 손으로 순식간에 넘어가는 겁니다. 교환과 결제가 동시에 일어나는 거죠.

브렛   시장은 비트코인의 가치를 어떻게 생각하나요? 비트코인의 공급량은 금처럼 유한합니다. 유통되는 비트코인은 어느 정도인가요?

존   비트코인 경제에서 시가 총액, 다시 말해 자금 공급량이라고 생각할 수 있는 건 현재 미화 100~150억 달러 사이이고 이건 이용되는 혹은 발행된 1,200만 비트코인을 기준으로 환산한 겁니다. 최대한도는 2,100만 비트코인이죠. 나머지 비트코인은 2140년까지 120년 동안 발행될 예정입니다.

브렛   규칙적인 일정에 따라 발행됩니까?

존   그렇습니다. 발행 일정을 따릅니다. 대다수는 지금부터 2132년 사이에 발행될 예정이지만 마지막 8년 동안에는 마지막 1퍼센트만 발행될 겁니다. 하지만 가치로 따지면 비트코인은 소수점 아래로 무한대로 나눌 수 있죠(현재 소수점 아래 여덟 자리까지 허용됩니다). 화폐 역사상 무한하게 나눠지고도 계속 이용할 수 있는 건 없었습니다. 금이나 은을 그 정도까지 나눈다면 결국 쓸모없는 먼지만 남을 테지요.

바이마르공화국, 짐바브웨, 유고슬라비아, 브라질, 그리고 대대적인 인플레이션을 겪었을 때 아르헨티나의 통화와 비트코인을 비교해 보세요. 그들은 소수점의 왼쪽으로 움직였고 소수점 왼쪽으로 0을 더하죠. 프로토콜에 충실한 비트코인은 소수점 오른쪽으로 움직이며 무한대로 나눌 수 있습니다. 따라서 결국 잠재적으로 2천만 비트코인을 사용할 수 있다는 건 중요하지 않아요. 1천만이 될 수도 있고 500만이 될 수도 있죠. 결국은 정수니까요. 그러니 비트코인은 공급이 유한하기 때문에 인플레이션이나 디플레이션의 압박을 받지 않는다는 말은 원칙적으로 옳지 않습니다.

브렛 비트코인의 포괄적인 정당성은 어떻게 얻을 수 있을까요? 그저 사용하는 사람들이 더 많다는 것을 빼고 말입니다.

존 흠, 정당성이란 문제를 제기하다니 반갑군요. 많은 규제기관이나 표준적이고 전통적인 결제 시스템을 옹호하는 사람들은 정부나 법률에 토대를 둔 정당성에 대해 이야기할 겁니다. 비트코인은 그것이 성공적이어야 한다거나 기능적이어야 한다는 요구를 하지 않아요. 비트코인은 시장에 토대를 둔 정당성, 다시 말해 적절한 결제 형태이자 화폐로서 채택되기를 요구합니다. 얼마나 빠른 속도로 모바일 세계의 애플리케이션이 비트코인을 중심으로 발전하는지 살펴보면 그걸 입증할 수 있죠.

훨씬 더 중요한 건 은행과 다른 금융기관이 사용하는 세 자리 부호입니다. GBP, EUR, USD 등 세 글자 통화 코드를 위한 ISO 4217 표준이죠. 현재 비트코인의 암호로 XBT가 제안되어 고려되는 중입니다. 그러니까 비트코인이 세 자리 암호로서 외환 거래 세계인 스위프트 세계에 진입하고 있으며 그러면 앞으로 시장을 토대로 엄청난 정당성을 얻을 겁니다.

합법적인
디지털 통화,
캐나다 민트 칩

비트코인이 논란이 된 이유 중 하나는, 대개 추적이 불가능하고 분산식일 뿐만 아니라 중앙은행이나 정부가 발행해 통제하는 통화가 아니기 때문이다. 시장은 적어도 심리적으로는 통화가 정부의 지지를 받는다는 사실에서 어느 정도 안도감을 얻는다. 종잇조각(채권에 해당하는)을 제시한다는 것은 본질적으로 그것을 발행한 정부에게 그 지폐에 쓰인 IOU의 약속을 지키라고 요구하는 것과 같다. 그러므로 오늘날 대부분의 통화는 주로 구매력과 시장이 통화에 부여한 '교환' 가치를 토대로 가치가 환산된다. 정부의 힘과 안정성이 강력한 통화를 뒷받침한다는 것은 의심의 여지가 없다. 이는 미국 정부의 최근 '셧다운' 같은 사건이 일어나면 미국 통화와 미국 시장이 고전을 면치 못한다는 사실에서 분명히 알 수 있다.

따라서 이론적으로 볼 때 정부가 지원하는 디지털 통화는 비트코인처럼 정부의 지원을 받지 못한 직접 통화인 민간 암호화 통화보다 성공할 가능성이 더 크다.

바로 이것이 디지털 통화인 민트 칩을 창조한 캐나다왕립조폐국Canadian Royal Mint 실험에서 채택한 전략이다. 이 실험은 캐나다 정부의 후원을 받고 있으며 조폐국은 민트 칩 하나가 거래될 때마다 1캐나다달러를 유통 과정에서 빼는 원리로 운영된다. 아직 초기 단계이지만 우리는 민트 칩의 프로젝트 담당자 한 명을 초대해 진전 상황과 민트 칩이 QQ코인이나 비트코인과 어떻게 다른지 묻고 싶었다.

그럼 데비 갬블Debbie Gamble을 소개하겠다. 데비는 컨설팅 회사 갬블 컨설팅Gamble Consulting을 운영하며 캐나다왕립조폐국과 함께 디지털 통화 전략 프로젝트를 지휘한다.

브렛　데비, 지금 캐나다왕립조폐국이 실험하고 있는 통화인 민트 칩에 대해 좀 얘기해 주세요.

데비　얼마 전에 영광스럽게도 캐나다왕립조폐국과 협력할 기회가 있었습니다. 조폐국은 R&D 이니셔티브를 실험하면서 미래의 디지털 통화를 모색하고 있죠. 우리는 우리가 '주조한' 민트 칩을 연구했습니다. 제 생각에 민트 칩은 비트코인 커뮤니티와 목표가 그다지 다르지 않습니다. 현금의 특성을 모방하면서도 온라인에서 사용할 수 있으니까 디지털 형태인 거죠.
　　이보다 중요한 사실은 일종의 P2P 형태라는 점일 겁니다. 우리는 그것을 자산 이전이라고 표현하는데 그 때문에 교환 결제 조정을 위한 중앙집중기관이 없어요. 말하자면 빚졌던 5달러를 갚는 것과 비슷한데, 순수한 디지털 포맷을 이용하는 겁니다.

브렛　민트 칩과 실제 통화인 캐나다달러는 어떤 관계입니까?

데비　R&D 이니셔티브이고 그래서 실험 단계에 있습니다. 하지만 모델의 개념은 캐나다왕립조폐국에서 하는 일이니까 생산이나 유통에 들어가면 캐나다왕립조폐국의 지원을 받을 겁니다. 이머징 마켓에서 볼 수 있는 다른 일부 디지털 통화와는 달리 1캐나다달러는 디지털 통화의 1캐나다달러와 맞먹습니다. 그러니까 조폐국으로부터 1대1로 후원을 받는 거죠.

브렛　지금 당장 민트 칩을 살 수 있습니까? 제가 알기에는 조폐국에서 근무하는 직원들은 살 수 있더군요. 일반인도 민트 칩을 살 수 있나요?

데비 아니요, 아직 살 수 없습니다. 하지만 작년에 우리는 시장에 진출하고 일부 발전 커뮤니티로부터 정보를 얻기 위해 조폐국에서 대회를 하나 열었습니다. '민트 칩 챌린지^{Mint Chip Challenge}'라는 대회였죠. 뉴욕의 챌린지 포스트^{Challenge Post}라는 회사의 후원으로 대회를 진행했는데 소셜미디어를 통해 북미의 개발업체들에 공고를 내고 이렇게 발표했습니다. "우리가 이 아이디어를 냈습니다. 캐나다왕립조폐국의 아이디어입니다. 대회에 참가해서 기술을 접해 보고 피드백을 주시겠습니까?"

브렛 일종의 해카톤^{hack-a-thon}(마라톤을 하는 것처럼 정해진 시간 동안 해킹을 하는 프로그램 —옮긴이 주)이나 인큐베이션 같은 건가요?

데비 그렇습니다, 바로 그겁니다. 조폐국에서 이 일에 착수했을 때 우리는 얼마나 순조롭게 출발할 수 있을지에 대한 실질적인 벤치마킹 아이디어가 없었어요. 대회 성격상 하드웨어와 소프트웨어를 개발 커뮤니티에 전달해야 했습니다. '개발 키트 500개를 만들고 어떻게 진행되는지 지켜보자'는 심정으로 시작했죠. 4월에 도전을 시작했는데 시작한지 72시간 만에 감격스러운 결과를 얻었습니다.

> **$**
> 이머징마켓에서 볼 수 있는 다른 일부 디지털 통화하는 달리 1캐나다달러는 디지털 통화의 1캐나다달러와 맞먹는다. 그러니까 조폐국으로부터 1대1로 후원을 받는 것이다.
> ＿데비 갬블(민트 칩 프로젝트의 책임자)

72시간도 지나지 않아서 등록자가 목표치인 500건을 훌쩍 넘어서는 바람에 조폐국은 이렇게 발표했죠. "고맙습니다, 여러분. 이미 할당량을 채운 것 같습니다!"

이 단계에서 이들 개발업체는 각자 임무를 수행하느라 바빠졌고 여름 내내 일했습니다. 8월 말 도전이 끝날 무렵 (조폐국은 온갖 종류의 기술을 이용하는 완성된 애플리케이션 57개를 받았는데) 자선 기부금과 주차료, 통행료, 혹은 완전히 모바일 월렛에 통합된 (함께 낸) 식사비 계산서 등 제출물과 지역사회로부터의 굉장한 피드백을 받았어요.

브렛 조폐국은 왜 기존 통화에 대한 대안을 만드는 데 관심을 가진 겁니까? 조폐국과 경쟁하거나 조폐국의 잠재적인 사업을 해칠 수도 있는데 말입니다.

데비 조폐국 CTO(최고기술경영자)인 마크 브룰^{Mark Brule}이 그 이니셔티브의 최대 후원자니까 그 질문에 저보다 더 적절한 대답을 할 수 있을 겁니다. 그래도 답하자면, 조폐국은 상당히 혁신적인 조직이라서 시장이 어디로 움직이는지 파악했고 그 결과 새롭게 부상하는 커뮤니티에 일원이 되기 위해 해야 할 일을 수용했다고 할 수 있겠죠. 그러니까 당신이 조폐국의 사업을 해칠 수도 있다고 말한 그 일은 말하자면 조폐국, 즉 캐나다 정부를 대신해서 거래와 교역을 지원하는 일입니다. 그 거래와 교역이 디지털 영역으로 움직이고 있다면, 조폐국도 그 움직임의 일부가 되어야 하죠. 실제로도 확실히 그렇게 움직이고 있고요.

브렛 캐나다 정부를 제외하고 디지털 통화를 연구하는 다른 조폐국이나 정부가 있습니까?

데비 아뇨, 캐나다가 처음입니다. 더 살펴보겠지만 우리가 알기로는 정부나 조폐국이 후원하는 건 이게 첫 사례에요.

브렛 그동안 조폐국은 캐나다 규제기관들과 협력하면서 그들이 민트 칩으로 하는 일이 무엇인지 전달했나요? 규제의 관점에서 볼 때 시장에 민트 칩을 출시하기 전에 어떤 법적 구조를 마련해야 합니까?

데비 음, 이건 돈입니다. 그렇죠? 또 결제이고요. 우리가 모두 알다시피 결제에는 안전과 보안이 필요합니다. 그게 관건이죠. 정부, 이 경우에는 왕립 교역기관인 조폐국이 이걸 교역의 전제로 제시할 생각이 있다면, 그전에 모든 규제기관에 알려야 하겠죠. 그렇게 예상할 수 있어요.

디지털 화폐가
달러를
없앨 것인가?

나는 인터뷰이들에게 앞으로 5~10년간 일어날 중단기 발전 상황을 연구할 기회를 주고 싶었다. 디지털 통화가 정부가 발행하거나 지원하는 통화와 나란히 경쟁할 것인가? 정부가 경쟁력과 타당성을 유지하기 위해 통화를 디지털화해야 할까, 아니면 현금이 사라질 때 전자적으로 거래되는 방식 때문에 완전히 디지털화될 것인가?

이것은 양자택일의 상황인가? 디지털 통화는 결국 우리의 손아귀에서 현금을 없애버릴 것인가?

브렛 우리는 돈의 종말, 돈의 추상화에 대해 이야기했습니다. 현금이 없는 세상은 어떤 모습일까요? 데이비드, 우리는 앞으로 10년 후면 물리적인 현금 사용에 중대한 변화가 일어나기 시작할 거라고 얘기했죠. 당신의 경험에 비추어볼 때 우리가 찾아야 할 것은 무엇일까요? 이 변화의 핵심적인 추동요인은 무엇입니까? 10~15년 후 거래 방식과 시스템 안에서 돈은 어떻게 더 추상화될까요?

데이비드 글쎄요, 통화가 이제 귀금속과 무관해지면서 추상화라는 면에서 우리는 이미 곤경에 처해 있습니다. 하지만 지폐든 작은 금속 조각이든 간에, 그 추상화의 물리적인 표현이 표면화되는 문제와 관련해 향후 10년 동안 흥미진진한 변화가 일어날 겁니다. 제 말은 지금 실리콘밸리와 모바일 앱이 점진적으로 발전하고 있다는 뜻이에요. 다양한 앱을 이용해서 전화로 4달러짜리 커피 한 잔 값을 지불할 수 있다면 깔끔하죠. 하지만 그건 파괴나 더 많은 사람들의 복지를 개선한다는 의미에서 세상이 변하는 게 아닙니다. 솔직히 더 흥미로운 일은 모바일 송금, 그리고 이제 특히 개발도상국에서 모바일 뱅킹이 산불처럼 확산되고 있다는 겁니다. 특히 케냐의 M-페사 같은 플랫폼이 그렇죠.

M-페사는 주목할 만한 사례이고 그래야만 합니다. 우리는 그런 종류의 파괴나 진보가 다른 모든 곳에서 복제될 수 있다고 믿어야 하죠. 저는 개발도상국에서 선진국으로 일종의 부메랑 효과가 일어날 거라고 생각합니다. 다시 말해 그런 서비스를 이곳의 소외 계층에게 전달하는 겁니다. 그래서 이미 상당히 부유하거나 상당히 기술에 능통한 사람들이 디지털 통화의 혜택을 누릴 수 있을 뿐 아니라, 더 많은 사람을 경제 활동군에 포함시켜서 재정과 소비 행동을 도울 겁니다. 모두 이런 도구들 덕분에 가능한 일이죠.

우리가 찾아야 할 두 번째 요소는 이미 결제에 사용되고 있는 이런 기술에서 약간 상점 절도 같은 느낌이 난다는 겁니다. 페이위드 스퀘어는 지금 확실히 그렇습니다. 아직 백엔드에 관한 한 신용카드 네트워크와 연결되어 있긴 해도, 평범한 사람이 아이스크림 가게에 들어가서 그저 이름이나 "데이비드 월먼의 청구서에 추가하세요"라는 말만 해도 된다니 놀라운 일이죠. 결제가 끝난 겁니다. 지갑을 꺼내지 않습니다. 신용카드를 꺼낼 필요가 없어요. 서명도 없죠. 그게 혁신적인 변화와 점진적인 변화의 차이입니다.

암호명 '소셜 커머스'로 많은 일이 일어날 겁니다. 현재 페이스북, 트위터, 같은 네트워크에서 소일하는 사람이 많죠. 그 사람들이 그저 재미 삼아서 밴드나 책, 그리고 금융 문제에 대해 이야기하다 무언가 살 것이 생각났다고 합시다. 그 플랫폼을 벗어나 아마존이나 아이튠즈로 가서 예전 방식으로 책이나 제품을 구입하는 것이 점차 불편하게 느껴질 겁니다. 트위터를 통해 '인 스트림 커머스in stream commerce'를 할 수 없을까요?

브렛 수표와 물리적인 통화 같은 현재의 기술이 충분히 탄탄하다면 QQ코인, 비트코인, 민트 칩 같은 것들이 만들어지지는 않았겠죠. 그러니 분명히 이용 사례가 존재합니다.

미국에서는 규제기관들이 어떻게 이런 행동 변화와 새로운 디지털 통화의 창조와 등장에 대처하고 있나요?

마크 최근까지는 자금세탁에 대한 우려 때문에 디지털 통화, 특히 비트코인에 그다지 우호적이지 않았다고 할 수 있겠죠. 얼마 전 정부는 리버티 리저브Liberty Reserve를 기소했습니다. 온갖 추악한 사람들이 이 민영 중앙 집중형 발행업체에서 발행하는 디지털 통화를 사용했다는 의혹이 있죠. 물론 합법적인 용도가 많지만 비트코인 또한 이를테면 실크로드를 통해 불법 물질을 구매하는 데 이용된 적이 있습니다. 이 인터넷 사이트에서는 토르 브라우저라는 특수 익명화 브라우저를 사용해야 하는데 이게 온갖 마약의 판매처로 연결됩니다. 그러니까 FBI가 이를 금지하는 조치를 취한 거죠. 자금세탁 규정을 시행하는 재무부 산하 기관 핀센FinCen은 사업상 실제 세계의 통화 비트코인(혹은 모든 디지털 통화)을 교환하는 기업은 일반적인 해외 교환 거래에서 기존고객확인 규정과 자금세탁방지 규정의 적용을 받는다고 밝혔습니다. 현재 디지털 통화를 포함하는 명백한 규정이 없음에도 이런 회사들은 지금껏 거래하는 은행을 거쳐 간접적으로 다른 형태의 송금업체들이 따르는 규정을 따라야 한다는 압력을 받았죠.

브렛   데비, 가상 통화인 비트코인이나 민트 칩으로 지불을 받는다면 어떻게 됩니까? 고용주가 제게 가상 통화로 급료를 지불한다면 제가 탈세를 하는 건가요?

데비   앞으로 우리가 이런 통화를 어디서나 사용하기 시작하면, 그 문제를 정말 진지하게 생각하게 될 겁니다. 어떤 형태의 정부기관에서든, 세금 면에서는 다른 유형의 결제와 똑같은 규칙을 적용받게 되겠지요. 예를 들어 캐나다에서 민트 칩으로 급료를 받는다면, 제 은행계좌로 급료를 받았을 경우와 똑같이 특정한 세금을 내야 하리라고 예상할 수 있습니다.

거스를 수 없는 변화와 도사리는 문제점

지난 10년 동안 적어도 6가지의 중요한 디지털 통화가 등장해 미화 거래나 이동으로 1억 달러, 총 시장 거래에서는 100억 달러가 넘는 돈을 축적했다. 그전에는 카지노 칩이나 항공사 마일리지 같은 예외는 있었지만 상거래에서 널리 이용된 대체 통화는 없었다. 그것은 분명 새로운 움직임이며 앞으로 몇 년 동안 더 많은 디지털 통화와 거래, 조처가 등장할 것이라는 사실을 의미한다.

그뿐만 아니라 2013년 11월 비트코인 경제는 어느 시점에 80억 달러를 넘어섰다. 이는 시장에서 디지털 통화가 거둔 최대 성과였으며 린든 달러(린든 랩이 운영하는 가상현실 게임인 세컨드라이프 안에서 쓰이는 통화 —옮긴이 주)가 시장에 처음 등장한 이후 점점 영향력을 넓히고 있다. 따라서 거래와 결제 시장이나 플랫폼과 함께 개발 과정이 더욱 발전할 때 이런 통화의 합법성이 더욱 확산된다.

생각해 봐야 할 한 가지 문제가 있다. 만일 어떤 정부가 디지털 통화를 법적으로 금지하려 한다면 이런 통화들은 원리 면에서 전통적인 통화와 무척 비슷해서 매우 구체적인 법률을 필요로 할 것이다. (이를테면 이름 같은) 아주 간단한 것만 바꾸어도 금지 조치를 무력화시킬 수 있기 때문이다. 만일 모든 디지털 통화를 금지한다면 결국 캐나다 정부가 캐나다달러와 1대1로 묶어서 발행하는 민트 칩까지 금지 대상이 될 것이다. 즉, 디지털 통화를 금지하기란 현실적으로 불가능하다.

실크로드 사이트 같은 사례를 통해 이런 디지털 암호화 통화들이 쉽게 지하에서 움직이며 법률이 존재해도 폐쇄하기 어렵다는 사실이 입증되었다. 실크로드 사이트가 폐쇄되니 몇 주 만에 전 세계에 다른 사이트들이 등장했다.

소액 거래를 가로막는 지리적 장벽이 낮아지고 기업들이 더 넓은 지역으로 진출하기 위해 노력하면서 상품과 서비스 대금을 지불하는 새롭고 더 효율적인 방법들이 IP 교역 단계의 최상부에 등장하고 있다. 이동전화가 플라스틱 카드를 대체함에 따라 미국 달러의 디지털 사례와 비트코인의 차이는 대부분 임의적인 데 그칠 것이다.

좋든 싫든 간에 디지털 통화는 세계 디지털 거래의 한 가지 부작용이다. 이를 세계 시장에 효율적으로 통합하는 유일한 방법은 그런 통화의 교환을 규제하는 것이지만 그러면 디지털 통화에 합법성을 제공하게 될 것이다. 내 생각에는 이는 피할 수 없는 일이다.

'비트코인 하나 주시겠습니까, 형제여?

Who's Who in FinTech 인터뷰이 소개

데이비드 월먼

〈와이어드〉지의 주필이다. 〈뉴욕 타임스〉, 〈월스트리트 저널〉, 〈타임〉, 〈네이처〉, 〈아웃사이드〉, 〈뉴스위크〉, 〈디스커버〉, 〈포브스〉, 〈뉴 사이언티스트〉와 살롱(Salon, 파리의 현대 미술 전람회 ―옮긴이 주)에 기고했다. 풀브라이트(Fulbright) 언론 특별회원(일본)이며 오리건 미술위원회(Oregon Arts Commission) 특별회원(2011)으로 〈베스트 아메리칸 사이언스 라이팅〉 시리즈에 그의 작품이 실리기도 했다.

미국 기자와 작가 학회로부터 2012년 우수 기사(Outstanding Article) 상을 받았고 스탠퍼드 대학교 저널리즘 프로그램을 마쳤다. 저서로는 《세상에서 좌회전(A Left-Hand Turn Around the World)》과 《모국어 바로 잡기: 올드 잉글리시에서 이메일까지(Righting the Mother Tongue: From Olde English to Email)》, 《돈의 종말》이 있다.

마크 호흐슈타인

〈아메리칸 뱅커〉의 주필이며 의견 쓰기와 뉴스 수집 서비스를 포함해 잡지의 블로그를 감독한다. 1998년 주택담보대출 담당 기자로 〈아메리칸 뱅커〉에 입사해 해마다 책임 분야를 넓혔다. 이 신문의 장기 주택담보대출, 카드, 소비자 금융, 커뮤니티 뱅킹 등에 대한 기사들을 지휘했다. 다우존스 금융 시장을 취재하는 기자로 경력을 쌓기 시작해서 상업용 부동산과 건축 전문 잡지 〈그리드〉의 선임 편집자로 일한 경험이 있다.

존 마토니스

비트코인 재단의 전무이사 겸 이사회 임원이다. 조지워싱턴 대학교 금융 연구원 겸 암호화 경제학자인 존은 비트코인, 게이밍, 모바일, 선불 분야의 신생 기업들에게 자문을 제공한다. 〈포브스〉 기술 전문 기고 작가이자 〈통화의 미래(The Monetary Future)〉 편집자, 〈비트코인 매거진〉 편집위원이기도 하다. 그전에는 허쉬메일(Hushmail) CEO와 비자의 최고 포렉스 트레이 더(Chief Forex Trader)를 지냈고 수미토모 은행(Sumitomo Bank)과 베리사인(VeriSign)에서 고위 직으로 근무했다.

데비 갬블

갬블 컨설팅의 대표이며 스파크 콜렉티브(Sparq Collective)의 공동 창립자이다. 결제 혁신과 디지털 거래 산업에 전략적 리더십, 제품 비전 수립, 창립 전문 정보를 제공한다. 대기업과 중소기업, 신생 기업을 위한 성공적인 창립 및 마케팅 이니셔티브에서 25년 넘게 역동적인 경력과 경험을 쌓은 데비는 모바일 커머스, 전자 현금, 선불, EMV, 콘택트, 국제적인 규모의 비접촉식 솔루션을 포함해 초창기 디지털 경제에 참여했다.

좀 더 최근에는 캐나다왕립조폐국, 비자, 온타리오 로터리 앤 게이밍(Ontario Lottery & Gaming), 인터랙(Interac), 벨(Bell) 등 수많은 기업을 대상으로 결제와 디지털 커머스 트렌드에 관한 전략적인 통찰력과 혁신 전문 정보를 제공했다. 데비는 사회의 상호작용 방식을 개선하는 대담한 아이디어와 기술을 이용하는 일에 열정적이다. (세계 일류 소액금융 비영리 단체로, 전 세계 저소득층 기업가들에게 금융 서비스를 제공하는) FINCA 인터내셔널 자문 위원회의 임원이며 토론토 마르스(MaRS) 혁신센터의 자원 고문이자, ACT 캐나다 모바일 전략적 리더십 팀의 초대회장을 지냈다.

PART
7

개인 재무관리에서
개인 재무성과로

개인금융 소프트웨어는
미래금융시장을
어떻게 바꿀 것인가

개인 재무관리 시스템의 핵심은 간단히 말해 개개인의 재정적 운명에 대한 통제력을 향상시키고, 직관적인 형식으로 사용하는 돈의 용도를 보여주는 데 있다. 기지오, 머니 데스크톱, 민트 등 금융 소프트웨어 스타트업들은 고객을 일상적으로 돕는 기술을 개발했으며, 고객의 재정 상태를 호전시킬 진심 어린 솔루션을 선보이고 있다. 그들의 조언은 상품을 팔기에 급급했던 은행 지점의 조언과는 완전히 다른 종류이다.

오늘날에도 여전히 은행 직원은 재무 전문가일까?

평범한 고객이 업무를 마치기 위해 지점으로 들어간다. 수표를 현금으로 바꾸든, 해외로 송금하든, 혹은 주택담보대출을 받든 어떤 업무든 간에 그것이 지점을 방문한 목적이고 초점이다. 어떤 업무를 처리하기 위해 지점을 찾은 고객은 대개 은행 직원에게 부탁하지 않았던 '조언'을 받을 생각이 없다. 그들은 그냥 은행에 들어와서 일을 처리하고 나가기를 원하기 때문이다.

본질적으로 지점을 방문한 고객의 상호작용을 연구하며 마지막으로 은행 지점에서 '조언'을 받은 적이 언제였는지 질문하면 열 명 가운데 아홉 명은 기억해내지 못한다.

이것은 고객이 조언을 구하기 위해 지점을 찾는다고 믿는 지점 직원들의 생각과는 상반된다. 하지만 은행 직원들의 기본 원칙은 기본적인 거래 업무를 위해 지점을 찾은 고객에게 추가 판매나 상향 판매를 하려고 노력하는 것이지, 고객을 도울 마음으로 부탁하지도 않은 조언을 전하는 것이 아니다. 그런 점에서 의도를 포장하거나 위장한 조언에 대한 고객의 태도는 상당히 명확하다. 그들은 그것을 조언이 아니라 판촉행위라고 생각한다.

은행 사람들이 조언이라고 표현하는 것(추가 판매나 상향 판매) 대부분은 고객의 입장에서 보면 조언이 아니다. 사실 수익을 올리겠다는 의도 없이 부탁하지도 않는데 직원이 고객을 돕기 위해 조언하는 일은 지점에서는 상당히 보기 드문 일이다. 구조적으로 이런 일이 허용되지 않는다.

지점의 조언이라는 개념은 정보의 희귀성 원칙을 토대로 규정된다. 지점 직원은 고객과는 달리 금융이나 금융 서비스에 대한 정보를 알고 있다. 그는 전문가이다. 오늘날 민간 금융 분야에서 자문 역할을 하려면 다양한 자산 등급, 수천 가지의 잠재적인 상품, 그리고 상당한 순가치나 자산 기반을 보유한 고객들을 절묘하게 다룰 능력이 요구된다. 그런데 오늘날에는 자문이 전하는 정보에 이의를 제기할 만한 고객, 즉 정보에 더 정통한 고객이 많아지고 있다.

현재 새롭게 등장해 단순한 형태의 조언을 제시하려는 도구들을 포괄적으로 개인 재무관리personal financial management, PFM 도구라고 일컫는다. 개인 재무관리 분야가 활발해지고 있다는 사실만 봐도, 일종의 고객 관계 발자국 수집·동원을 위한 시대가 빠른 속도로 다가오고 있음을 알 수 있다.

정보와
콘텐츠는
조언이 아니다

새롭게 등장하는 이슈는 흔히 사용하던 포트폴리오의 원형 도표, 소비 패턴의 원형 도표, 혹은 계정 명세서의 화려한 표현이 점점 사라진다는 점이다. 갈수록 정보를 재빨리 걸러서 맥락을 파악하고, 전달받은 정보의 적절성을 한눈에 이해하는 능력이 필요해진다. 원형 도표는 그 가운데 일부를 보여주는 효과적인 도표가 되겠지만, 우선시될 수 있는 적절한 다른 정보가 많다.

이를테면 다음 정보는 항상 중요하지는 않아도 특정한 시기가 되면 꽤 유용할 것이다.

1   바로 얼마 전 월급을 받았다.

2   장기 주택담보대출 계정에는 다음번 상환액을 지불할 만큼 돈이 충분하지 않다.

3   전화요금 납부 마감일이 내일인데 아직 내지 못했다.

4   저축계좌에 예금한 2만 5천 달러를 수익률이나 이자가 더 높은 다른 곳에 넣어야 한다.

5   아내가 신용카드를 한도액까지 사용했다(아내는 내가 허락했다고 말한다).

6   이번 달에 은행 비자카드를 이용하면 지난 3주 동안 세 번 방문했던 소매 매장에서 15퍼센트를 할인받을 수 있다.

7   얼마 전 같은 동네 집값이 올랐다.

8   결혼기념일이 한 주 남았는데 낭만적인 밤을 위한 특별한 상품을 발견했다.

그런데 이와 관련해 유용한 통계 정보가 있다.

1 좋은/나쁜 소비 습관

2 목표를 향한 전진

3 좀 더 효율적인 자금 이용

4 소비 내역

5 위험 프로필

6 신용카드 한도액

7 대출 리파이낸싱(자금 차입자가 대출규모, 금리, 상환기간 등을 재조정하는 것 —옮긴 이 주)

이것은 한 스크린에 나타나는 많은 정보이며 따라서 은행은 이 정보를 대시보드에 잔뜩 몰아넣거나 아니면 전혀 보여주지 않는다. 오늘날 대부분의 은행은 이 정보를 여과하고 고객에게 직접적이고 적절한 피드백을 제공할 능력이 부족하다.

기지오:
개인 재무관리의
핵심 목표

기지오Geezeo는 미국에 본사를 둔 기술 판매업체로, 미국 최대 지역 플레이어로 손꼽히는 리전스 뱅크Regions Bank부터 소규모 지역 은행과 신용조합에 이르기까지 250여 개 은행을 고객으로 확보하고 있다. 나는 기지오의 공동 창립자 겸 CEO인 션 워드Shawn Ward를 초대해 개인 재무관리 플랫폼과 그들이 서비스를 제공하는 금융기관에 대해 이야기를 나누었다. 기지오는 2007년 창립되었고 현재 북미 전역에 그들의 고객인 은행과 신용조합이 240곳을 넘는다. 그들의 고객은 자산 규모가 약 1,220억 달러인 리전스 뱅크부터 자산 기반이 5천 달러 이하인 소규모 신용조합까지 다양하다.

브렛　선, 기지오의 개인 재무관리에 대해 말씀해 주세요.

션　우리가 추구하는 개인 재무관리의 목표는 세 가지입니다. 첫째는 은행 고객이나 신용조합 회원들이 금융에 더 가까워지도록 돕는 거죠. 고객에게 좋은 점은 금융관리를 향상시킬 수 있는 도구의 부분집합을 제공한다는 겁니다. 솔직히 지출보다 수입이 더 많은지조차 모르는 사람이 많아요.

두 번째는, 사람들의 소비 습관 트렌드에 관한 데이터 분석이 많은데, 그 데이터 인텔리전스를 이용해서 고객의 금융관리를 향상시키고 은행과 신용조합이 고객 서비스를 개선하도록 돕는 겁니다. 고객에 관한 정보가 많을수록 고객에게 적절한 개인적인 지침을 제공할 수 있죠. 이에 못지않게 중요한 세 번째는 저항 없는 은행 거래를 창조할 통합적인 경험으로써 개인 재무관리를 파악한다는 겁니다. 즉, 개인 재무관리는 모든 채널에 공통성과 일관적인 경험을 제공하는 다리가 될 수 있어요.

브렛　당신 회사의 고객인 리전스 같은 은행이 "우리는 이러저러한 능력을 원한다"고 말할 때 이런 요청을 하게 되는 요인은 일반적으로 뭘까요? "고객에 대한 더 많은 정보"라고 말씀하셨지만 그들은 이걸 수익을 증가시키는 방법, 고객에게 추가 판매와 상향 판매를 하는 방법으로 봅니까? 아니면 그냥 그들의 플랫폼 안에서 고객에게 더 풍부한 경험을 제공할 도구로 봅니까?

> 개인 재무관리의 핵심은 순이익 증대와 은행의 사업 확장이다. 대출점유율 같은 것을 높일 방법, 그리고 고객을 진정으로 알고 그래서 고객에게 더 좋은 서비스를 제공하기 위해 데이터를 현명하게 캐내는 것이다.
>
> _션 워드(기지오 CEO)

션　은행마다 다릅니다. 그리고 어떤 사람은 개인 재무관리를 고객 관리를 위한 도구라고 봅니다. 모든 사람이 최근 은행의 평판이 얼마나 떨어졌는지 알고 있죠. 은행이 고객에게 제공할 수 있는 실질적인 지침이 없었습니다. 이상적으로 볼 때 개인 재무관리는 고객이 재정적인 목표에 더 가까워지도록 도울 수 있습니다. 은행 거래에 대한 호감을 높이고 재량 지출을 어느 정도 억제하는 효과가 있죠. 고객을 위한 더욱 탄탄한 옹호자를 만드는 일에 정말로 집중하는 은행가들이 있습니다.

그런가 하면 순이익과 은행의 사업 확장에 개인 재무관리의 핵심이 있다고 보는 또 다른 집단의 은행들이 있죠. 대출점유율 등을 높일 방법을 찾고, 고객을 진정으로 알고 그래서 고객에게 더 좋은 서비스를 제공하고, 필요한 사람들을 목표로 삼아 적절한 제안을 내놓기 위해 데이터를 현명하게 캐내는 겁니다. 개인 재무관리를 그 관계를 지속적으로 강화하는 수단으로 보는 은행이 많습니다.

브렛　이제 제가 고객의 입장에서 생각해 보겠습니다. 제가 리전스 뱅크나 아니면 당신의 개인 재무관리 도구를 이용하는 파트너 금융기관에 로그인했다고 합시다. 다른 은행에서 보는 전형적인 '계정 잔액'과 거래 내역, 송금 기능과 무엇인지 다른지 궁금하군요. 어떤 식으로 차별화된 경험을 전달하나요?

션　오늘날 온라인 뱅킹은 유틸리티로서 크게 성장했죠. 잔액을 확인하고, 거래 내역을 보고, 송금하는 가장 저렴한 방법입니다. 고객의 입장에서 보면, 우리는 좀 더 자문 형식의 역할로 변화했습니다. 우선 고객에게 거래 내역은 물론이고 분류된 내역을 제공함으로써 공과금과 식품, 외식에 쓴 비용을 알려줍니다.

개인 재무관리 도구를 이용하는 사람들을 두 유형으로 나눌 수 있죠. 우선 일상적인 재무 상태에 관심이 많은 사람이 있습니다. 우리는 이들을 예산을 의식하는 사람들이라고 표현합니다. 이들은 청구서를 납부할 만큼 잔액이 있는지 없는지 확인하기 쉬운 도구를 찾고 있어요. 이런 유형의 사람들은 '현금 흐름 달력'을 우선적으로 이용하죠. 냉장고에 붙여놓은 달력에 월급날을 적고 청구서 납부 마감일을 기입하는 달력을 자동으로 복제하는 것이라고 생각하면 됩니다.

그리고 소비 목표에 관심이 있는 사람들이 있습니다. 소비 목표

란, 전통적으로 사람들이 예산이라고 말하는 거죠. 우리는 사람
들이 소비를 품위 있게 확인하는 방법을 제공하려고 노력합니다.
사람들은 재무 상태를 확인하면서 돈을 쓰고 싶어 하지 않으니
까요. 재무 상태를 쉽게 확인할 수 있을뿐더러 외식, 오락, 충동
구매 같은 재량 소비를 억제하는 데도 도움이 됩니다.

브렛 언제쯤이면 개인 재무관리가 일반적이고 기본적인 온라인 뱅킹
경험이 될 거라고 생각합니까?

션 지금 그렇게 되고 있습니다. 최대 문제는 PFM이라는 이름, 그러
니까 인터넷 뱅킹에 따라붙는 비용이란 인식이죠. 앞으로 개인
재무관리는 고객 경험의 우선적인 요소가 될 겁니다.

머니 데스크톱:
시각화가
핵심이다

머니 데스크톱**Money Desktop**은 최근 등장한 개인 재무관리와 계정 종합 서비스 분야의 도구이다. 좀 더 시각적으로 접근하는 방식을 채택한 머니 데스크톱은 샌프란시스코와 뉴욕에서 열린 일련의 피노베이트**Finovate** 금융 기술 콘퍼런스에서 누구나 선망하는 베스트인쇼**Best in Show**를 연속 수상한 것을 포함해 몇몇 흥미로운 성과를 거두었다.

나는 머니 데스크톱의 창립자 겸 CEO 라이언 콜드웰**Ryan Caldwell**을 초대해 개인 재무관리에 대한 그들의 기본철학과 전략과 상품 개발 방식을 설명해 달라고 부탁했다.

브렛　라이언, 머니 데스크톱에 대해 소개해 주십시오.

라이언　머니 데스크톱은 창립된 지 3년이 조금 넘었고 현재 400여 개의 은행과 신용조합과 거래하고 있습니다. 비자와 퍼스트데이터**First Data**도 우리 고객입니다.

우리 고객은 대규모 기관부터 자산 규모가 1천만 달러 정도 되는 신용조합까지 다양합니다. 세계적인 브랜드를 보호하며 거래량이 65조에 이르는 비자 같은 회사들의 활동 영역은 보안부터 기능까지 모든 면에서 1천만 달러 규모의 신용조합과는 상당히 다르죠. 우리는 그 전체 영역을 망라해야 하며 우리 플랫폼으로 그런 다양한 종류의 고객을 지원해야 합니다.

우리는 개인 재무관리의 전체적인 움직임을 현재 은행과 신용 조합에서 일어나고 있는 가장 중요한 현상이라고 생각하고 있습니다.

브렛   그렇게 말씀하셔야 하겠죠, 맞습니까?

라이언   글쎄요, 전 언제나 PFM(개인 재무관리)이라는 약자에 매료되었습니다. 그건 원래 단어보다 의미가 축소된 몇 안 되는 약자 가운데 하나죠. 대개 약자들을 보면 원래의 두세 단어보다 더 많은 의미가 담겨 있죠. 이를테면 ATM을 생각해 보세요.

개인과 금융, 매니지먼트가 합쳐진 PFM은 무척 강력한 단어의 조합이고, 사람들이 하고 싶은 일, 은행과 상호작용하고 싶은 방식이라는 폭넓은 의미를 담고 있습니다.

그런데 현실적으로는 단순히 원형 도표와 예산 같은 기본적인 요소로 PFM이라는 약자의 의미가 축소된 채 사용되고 있습니다.

브렛   그렇다면 개인 재무관리는 어떤 식으로 정의돼야 할까요? 가령 당신이 개인 재무관리 도구를 이용하는 소비자에게 그것의 가치를 알리고 싶다고 합시다. 그런 도구가 어떤 식으로 고객에게 도움이 될까요? 매일, 일상적인 영역에서 말입니다.

라이언   전 은행과 신용조합의 CEO들을 많이 만납니다. 그때마다 그들에게 "고객 서비스의 3대 목표"가 무엇인지 묻곤 하죠. 그

> 최종 사용자는 이렇게 말할 겁니다. "음, 그게 무슨 뜻인가요? 난 1차 금융기관이란 개인 금융을 관리하고, 노후를 계획하고, 우리 아이들 대학 진학 계획을 세우도록 돕는 곳이라고 생각했는데."
> 바로 거기에 큰 격차가 존재하죠. 최종 소비자의 기대는 실제로 은행과 신용조합이 기존 기술을 바탕으로 전개해 온 것보다 훨씬 더 높습니다.
>   __라이언 콜드웰(머니 데스크톱 CEO)

중에는(대개 제1 목표인데) 항상 1차 금융기관이 되고 싶다는 목표가 포함돼 있습니다.

제가 마술지팡이를 휘둘러서 모든 고객과 회원이 그들의 은행을 자신의 제1차 금융기관으로 바꾸게 만들었다고 합시다. 흥미롭게도 이 모든 은행과 신용조합이 제1 목표를 1차 금융기관이 되는 걸로 정해놓고도, 1차 금융기관이 제공해야 할 만한 서비스와 관련해서는 아무런 준비도 하고 있지 않습니다.

만일 소원이 마법처럼 이루어지면 은행이나 신용조합은 이렇게 말할 겁니다. "잠깐만요, 우린 그저 1차 금융기관이 되고 싶었을 뿐인데요."

그리고 최종 사용자는 이렇게 말할 겁니다. "음, 그게 무슨 뜻인가요? 난 1차 금융기관이란 개인 금융을 관리하고, 노후를 계획하고, 우리 아이들 대학 진학 계획을 세우도록 돕는 곳이라고 생각했는데." 바로 거기에 큰 격차가 존재하죠.

최종 소비자의 기대는 실제로 은행과 신용조합이 기존 기술을 바탕으로 전개해 온 것보다 훨씬 더 높습니다.

브렛 왜 굳이 은행에 가서 그런 일을 할까요? 이를테면 민트 같은 다른 도구를 이용하지 않을까요? 왜 제3의 솔루션을 채택해서 이런 금융관리 도구들을 이용하지 않을까요?

라이언 매우 좋은 질문입니다. 실제로 은행이나 신용조합 이외의 외부 기관에서 모종의 중대한 혁신이 일어나고 있습니다. 특정 산업들이 다음과 같이 생각할 문제 해결 도구를 제공하고 있죠. '난 더 부유해졌어. 은행이나 신용조합에 가고 싶을 수도 있지만, 그들은 해결책을 제공하지 않으니까 금융계 외부의 제3자에게 갈

수밖에 없었거든.'

은행과 신용조합이 똑같은 품질을 보장하는 매력적인 해결책을 제공하지 않는 한 고객은 계속해서 밖으로 빠져나갈 겁니다.

인터페이스와 실시간 메시지 전달의 역할

개인 재무관리 시스템의 토대는 여러분의 재무 상태, 재정적 위치의 역학, 소비 방식, 소비와 저축의 균형을 이해하도록 돕는 데 있다. 이 많은 도구의 핵심은 간단히 말해 여러분의 인식을 일깨워서 본인의 재정적 운명에 대한 통제력을 향상시키고, 정제되고 현명하며 직관적인 형식으로 여러분이 사용하는 돈의 용도를 보여주는 것이다. 기지오, 머니 데스크톱, 민트 같은 부류나 심지어 퀴큰Quicken에 이르기까지 사용자 경험 설계 테크닉에서 최근 일어난 발전을 주도한 핵심에는 데이터 시각화Data visualization가 있다. 이것은 진정한 기술로 자리 잡았으며 고객을 일상적으로 돕는 기술로 향하는 탄탄하고 의도적인 변화가 일어나고 있다.

중환자실의 심장 박동 모니터, 조종사가 전투기를 보는 천정형 영상 표시기headsup display, HUD 같은 도구를 떠올려보라. 영상 표시기는 생사를 결정하는 결정적인 피드백을 처리해 조처할 수 있도록 실시간 피드백을 전달하기 위해 설계되었다. 그러나 금융계에서는 실시간 피드백을 제공하지 않는다. ATM으로 은행 잔고와 같은 간단한 피드백을 얻을 수는 있지만 상점에서 직불카드를 이용할 경우 여러분이 얻을 수 있는 유일한 피드백은 '승인' 혹은 '승인 거부'뿐이다. 조언을 원한다면 직접 은행가나 금융 전문가를 찾아가야 하며 정기적으로 조언을 얻을 수 있는 것도 아니다.

바로 여기에 차세대 개인 재무관리 도구가 진출할 것이다. 실시간으로 중대한 금융 정보를 처리해서 돈을 더욱 효과적으로 소비할 방법에 대한 전략적이고 의미 있는 정보를 실시간으로 제공하는 도구 말이다.

지난 2년 동안 이런 디지털 변화와 무관하게 지내지 않았다면, 고객 데이터 시각화의 훌륭한 벤치마크인 이른바 인포그래픽infographics이라는 형태의 데이터와 통계 정보를 표현하는 매우 흥미로운 트렌드를 발견했을 것이다. 그래프로 표현한 데이터는 복잡한 그래프, 통계수치, 그리고 정보를 취해서 일반적인 소비를 위해 여과시키는 훌륭한 방법이다. 은행과 다른 금융기관들은 이 트렌드로부터 여과와 데이터 시각화에 대한 한두 가지 사실을 배울 수 있다.

다른 중요한 접근 방식으로는 쉽게 소비할 수 있는 포맷으로 정보의 흐름을 수집하는 플립보드Flipboard 같은 앱이 있다. 최근에 나타난 또 하나의 훌륭한 사례는 페이퍼Paper라는 페이스북의 앱이다. 핀터레스트와 인스타그램 같은 사진 공유 소셜미디어 플랫폼은 이와 비슷한 방법을 이용해서 시각적으로 피드백과 순간, 관심사를 처리한다. 특정한 소매업체의 제안과 연결될 수 있는 계정과 신용카드 사용 정보를 보여주는 더 흥미로운 방식을 제공할 수 있을까?

마지막 단계의 핵심은 관리일 것이다. 이는 어떤 자극이나 사건 혹은 중요한 정보에 반응해 고객에게 선행적으로 반응을 제시하는 능력으로, 이를 바탕으로 신뢰와 서비스 관계를 형성할 수 있다. 이 능력을 갖춘 은행은 다른 은행들과는 달리 고객과 연결되는 관계의 대시보드를 얻게 될 것이다.

성공의 다른 비결은 이 정보를 여러분의 모바일 디바이스나 태블릿에 실시간으로 전달하는 능력이다. 나는 라이언, 선과 함께 이 측면을 탐구하고 그것이 어떻게 그들의 기술 발전에 영향을 미치고 있는지 알고 싶었다.

브렛　머니 데스크톱에서는 일반적으로 어떤 유형의 도구를 제공하며 고객이 얼마나 자주 이용할 수 있습니까? 매주 이용하나요? 한 달에 한 번만 로그인하나요?

라이언　어떤 사용자의 경우에는 은행이나 신용조합이 원하는 것에 따라 달라집니다. 예산 수립부터 현금 흐름 분석, 소비, 금융 지침에 이르기까지 여러 가지를 해결하는 선구축 도구들을 가지고 있습니다. 한편 시장에는 가장 강력한 API들이 있죠. 은행은 이를 통해 "우리는 그것이 이 특정한 방식을 보면 좋겠어"라고 말할 수 있습니다. 은행과 신용조합이 데이터를 어떤 식으로 표현하고 싶은지에 따라 달라질 겁니다.

사용자는 하루에 여러 번 상호작용할 수 있습니다. 점심을 먹고 카드를 긁을 때, 전화가 울려서 이 범주의 예산을 초과했거나 계정의 전반적인 현금 흐름이 약간 부족하다는 사실을 전달받을 수 있습니다. 모바일 디바이스와 끊임없이 상호작용하면서 당신이 카드를 긁을 때마다 신호가 울리며 "훌륭합니다" "궤도를 지키고 있습니다" "궤도에서 벗어났습니다" 등의 메시지를 보여준다는 개념이 금융에서 더욱 확산될 겁니다. 이것이 앞으로 확산될 지속적인 피드백의 개념이죠.

브렛　디바이스, 태블릿, 모바일, 그리고 더 규칙적으로 정보에 접근해야 할 필요성이 어떤 식으로 변화하고 있습니까? 이것이 개인 재무관리 같은 도구 세트와의 상호작용을 변화시키고 있다고 생각합니까? 정보의 성질을 어떤 식으로 바꾸고 있나요? 고객의 전화에 입력될까요, 아니면 제가 그냥 로그인해서 온라인 뱅킹에서 청구서를 확인하는 건가요?

라이언 아마도 태블릿과 모바일이 사용자가 은행과 상호작용하는 가장 중요한 방식이 될 겁니다. 은행 거래뿐만 아니라 모바일로 소비하는 거의 모든 다양한 서비스에서 이런 상호작용이 점점 증가할 겁니다. 야후와 구글의 사례를 돌아보죠. 야후는 디렉터리로 시작했습니다. 선택할 수 있는 디렉터리가 10개나 있었으니 그걸로 사용자들의 욕구를 충족시킬 수 있을 듯 보였죠. 그런데 구글이 등장해서 이렇게 말한 겁니다. "10개 이상의 디렉터리에서 검색 결과를 얻어 봅시다. 사용자들은 자신이 원하는 경로를 선택할 수 있습니다. 사용자가 클릭하는 것, 더욱 적절한 것에 맞추어 검색이 조정되며 검색하는 도중에 적절한 결과가 찾아집니다." 이 접근 방식은 범주화부터 거래 명세, 실제 거래 확인에 이르기까지 모든 과정에 채택되었고 덕분에 사용자들은 특정한 거래가 입금인지 아닌지는 물론이고 직접 입금인지 아닌지까지 알 수 있게 되었죠. 아니면 특정한 거래가 단순한 청구서 납부인지 다른 공급업체에서 납부된 것인지 확인할 수 있습니다.

사용자가 자신의 돈으로 상호작용하고 싶은 특정한 방식에 맞춰서 시스템이 상호작용하는 겁니다. 이때 사용자는 모바일 경험을 한 차원 높이는 상당히 개인화된 경험을 얻게 되죠.

브렛 션, 중기적으로 볼 때 모바일과 태블릿의 역할이 개인 재무관리의 성격을 어떻게 바꾸리라 생각합니까?

션 두 가지 측면을 꼽을 수 있죠. 한 가지는 좀 더 적절한 정보를 얻을 것이라는 기대입니다. 모바일의 핵심은 정보를 빠른 속도로 전달하는 거니까요. 그것이 판매 시점이 될 겁니다. 당신이 무언가를 사고 있을 때 어떻게 그것이 당신의 예산과 연결될까요? 또 다른 면으로는 소비자 경험에서 태블릿이 차지하는 비율이 커질 겁니다. 태블릿이 더 탐구적이죠. 지금 어떤 방식을 이용하며 지금껏 어떤 방식을 이용해왔나요? 인터넷 뱅킹의 탭 접근 방식은, 뭐랄까, 이제 죽었습니다.

브렛 라이언, 개인 재무관리가 다소 더 전술적이고 행동 중심적으로 변하고 있지 않습니까?

라이언 물론이죠. 개인 재무관리의 다음 발전 단계는 확실해 보입니다. 즉, 소비자가 어디에 있는지를 파악하고 그 즉시 쉽게 조처하는 겁니다. 다른 서비스에서 연결되는 사례가 엄청나게 증가하겠죠. 청구서 납부, P2P 등이 개인 재무관리와 밀접하게 통합될 겁니다. 매우 선행적인 방식으로, 미래에 내야 할 청구서와 다른 기관에 내야 할 기존 청구서를 인식한 다음에 "거기 납부해야 할 청구서가 있지, 처리하자"고 결정할 겁니다. 또는 한 계정에서 언제 거래를 진행할 것이며, 그 과정에서 P2P 결제가 가능하리란 사실을 인식하죠. 제가 말하는 더욱 심층적인 통합이란 이런 의미입니다.

브렛 구글 글래스 같은 기술을 어디서나 이용할 수 있는 5~10년 후의 세계는 어떨까요? 미국의 다양한 통계를 보면 전체 인구의 45~70퍼센트가 월급으로 근근이 생활하고 있습니다. 저축하기 위해 이런 종류의 금융관리 도구들이 필요하다는 명백한 증거죠. 이론적으로 기술이 도와야 합니다. 질문 하나 드리죠. 스마트폰을 사용하든 구글 글래스를 사용하든, 매장에 들어가서 평면 스크린 TV를 고르는데 내게 그걸 살 여유가 있는지 확인하고 싶습니다. 이때 관련된 조언이나 관리 능력을 전달하는 방식이 어떤 식으로 발전할까요?

라이언 이게 가장 흥미진진한 영역에 속합니다. 정말 멋진 혁신이 등장할 겁니다. 혁신은 매장에 들어가는 순간이 아니라 매장에 다가갈 때 혹은 하루를 시작할 때부터 일어납니다. 은행, 소매업체, 개인 재무관리 회사가 지오펜싱**geo-fencing** 솔루션을 실행하여 사용자가 쇼핑몰에 다가갈 때, 예산을 초과할 시점에 가까워질 때 경고를 발행하죠. "쇼핑 예산 35달러가 남았습니다." "식품 예산에 100달러가 남았습니다." 이런 식으로 당신이 그 지오펜스를 무너뜨리기 전에 미리 알려줄 겁니다.

지오펜싱은 개인 재무관리의 중대한 요소가 될 거예요. 은행 지점이 경쟁할 수 없는 분야죠. 주머니에다 은행 직원을 넣고 가는 곳마다 데리고 다니면서 온종일 조언해 달라고 할 수는 없으니까요. 하지만 모바일 디바이스로는 가능합니다. 앞으로 예측도 더 많아질 겁니다. 데이터를 적절히 처리하면 매일 패스트푸드나 외식이나 휘발유에 평균 얼마 정도 지출한다는 사실을 분석할 수 있을 겁니다. 이렇게 계산하기 시작하면 현금 흐름이나 예산을 초과했다는 사실은 물론이고 예산을 초과할 가능성이 있으니 예산 내에서 지출할 방법을 조언할 수 있죠. 따라서 수많은 예측이 이루어질 겁니다.

브렛 션, 그런 맥락에서 당신 회사의 제품이 메시지 전달 플랫폼과 점점 비슷해진다고 생각하진 않나요? 아니면 고객의 관점을 더 많이 고려하고 누군가의 삶에 더 깊이 참여하기 위해 노력하는 건가요?

션 우리는 사용자의 삶에 완벽하게 몰입하고 통합되려고 합니다.

기본적으로 사용자가 자신의 돈과 소통하는 방식이 되는 거죠. 예를 들어, 판매 시점에 이르면 구매 결정에 영향을 미치는 모든 요인이 제시되어야 하는데, 이때 다음과 같이 질문하는 겁니다. '특정한 제품에서 내가 선택할 수 있는 것들은 무엇인가? 이곳이 적절한 매장인가? 다른 매장에서 더 저렴하게 살 수 있지는 않은가? 내 예산에 맞는가? 살 여유가 있는가? 무엇을 살 것인가?' 만약 비싼 제품을 구매할 경우 그것이 내가 모으고 있는 휴가비에 어떤 영향을 미칠지 실시간으로 알아야 합니다.

핵심은 적절한 실시간 상호작용이죠. 그리고 그 정보가 가장 중요해지는 순간은 판매 시점입니다.

> 다음과 같이 질문한다. '특정한 제품에서 내가 선택할 수 있는 것들은 무엇인가? 이곳이 적절한 매장인가? 다른 매장에서는 더 저렴하게 살 수 있는가? 내 예산에 맞는가? 살 여유가 있는가? 무엇을 살 것인가?' 핵심은 적절한 실시간 상호작용이다. 그리고 그 정보가 가장 중요해지는 순간은 판매 시점이다.
>
> _션 워드(기지오 CEO)

최고의
금융 조언은
이제 지점에 없다

조언이라는 개념은 건설적이고 긍정적인 것이다. 그중에서도 재무에 관한 조언은 필요한 시간과 장소에서 적절하게 받을 수 있느냐 여부에 따라 효용성이 결정된다. 대부분 사람들은 인생의 크고 작은 기로, 갑자기 들이닥친 문제, 장애물, 위기 등의 상황에서 그러한 조언을 절실히 필요로 한다. 물론 단순한 결정을 앞두고서 필요로 하는 경우도 있다. 그러나 지점에서 제공하는 조언이 최고라는 사람들은 이러한 현실을 고려하지 않는다.

일상적인 금융 결정의 핵심을 살펴보자. 매일 우리는 소비자로서 어떤 지출을 해야 하고, 어떤 지출을 하지 말아야 하고, 어떤 제품을 구입해야 하고, 얼마를 저축해야 하는지 결정한다. '은행'은 전반적인 재무 상태에 도움이 되는 현명한 결정을 내릴 수 있도록 고객에게 도움이 되는 조언을 해야 한다. 하지만 지난 20년 동안 은행의 조언은 사실상 고객의 재무 상태에 해로울지라도 수익률이 더 높은 신용 상품에 몰려 있었다. 나를 냉소적이라고 말해도 좋다.

은행의 해결책은 고객의 탄탄한 재무 상태에 보탬이 되어야 하며 결코 해를 끼쳐서는 안 된다. 고객이 무수한 수수료, 높아지는 금리, 벌금에 시달려서는 안 된다. 숨겨진 비용이 있어서 결코 무료가 아닌데도 금융 서비스를 '무료'라고 표현해서는 안 된다. 이것은 결코 조언에 토대를 둔 금융이 아니다.

고객을 돕는 쪽으로 방향을 바꾸어야 하며 고객이 필요로 하는 때와 장소에서 돕는 것이 가장 바람직하다. 다시 말해, 고객이 어떤 일을 처리하거나 바로잡기 위해, 또는 창구 직원으로부터 분수에 맞지 않는 신용 상품을 추가로 구매하거나 상향 판매하는 전략에 넘어가기 위해 일 년에 한두 번 지점을 찾아주길 기다려서는 안 된다. 그것은 조언이 아니다.

아이언맨 슈트를 입은 토니 스타크를 상상해 보라. 그에게로 지금 미사일이 날아오고 있다. 그런데 6개월이 지난 어느 날, 누군가 그때 적극적으로 대책을 취했어야 했다고 말한다면 그건 때늦은 조언에 불과하다. 그 무렵이면 이미 피해를 입었을 것이다.

오늘날 당신이 운이 좋은 사람이라 하더라도 은행 거래에서 얻는 조언이란 것이 대개 이런 수준이다. 재무 상태가 걱정스러운 나머지 금융 전문가나 설계사를 찾아가더라도 마찬가지다. 고객이 얻는 것은 대개 조언이 아니며, ‘자산 집단’이나 투자 상품을 구매할 가능성이 훨씬 더 크다. 어쩌다 일회적인 재무 설계 방안을 얻을 수도 있지만, 그런 것들은 대체로 재무 상태를 향상시킬 만한 전술적이거나 적합한 조언이 아니다. 그런 종류의 조언은 오직 고객이 필요한 때와 장소에서 실시간으로 얻을 수 있을 뿐이다. 매일 내가 금융 생활을 잘 꾸려나갈 수 있도록 도와주는 것, 그것이 진정한 조언이다.

Who's Who in FinTech 인터뷰이 소개

라이언 콜드웰

머니 데스크톱의 CEO이다. 머니 데스크톱이 창립될 때부터 라이언은 회사의 전략적 비전을 지휘하고 유능한 팀원들이 계속 고객과 파트너, 주주들의 성과를 높이도록 이끌었다. 그는 돈을 관리하고 지출하는 방식을 획기적으로 바꾸는 방안을 권장했다. 대학을 졸업하기 전에 다양한 인터넷 기업과 기술 기업을 창립해서 발전시키고 수백만 달러에 이르는 최종 수익을 거두도록 이끌었다. 아울러 자신이 지휘했던 몇몇 신생 기업의 인수와 합병 과정을 진행했다. 두각을 나타낸 신생 소기업과 〈포천〉지 선정 100대 기업에서 근무했다. 미국, 싱가포르, 런던에서 비자와 마이크로소프트 같은 마켓 리더들을 비롯한 몇몇 세계 일류 기업의 컨설턴트로 일했다. 또한 〈유타 비즈니스〉 선정 40세 이하 40대 기업인, 〈최고 벤처 기업가(Top Venture Entrepreneurs)〉 선정 100대 벤처 기업가, 그리고 〈유타 밸리 비즈니스〉의 가장 멋진 10대 기업가를 포함해 산업계에서 많은 표창을 받았다.

션 워드

기지오의 공동 창립자 겸 CEO이다. 션은 조직의 제3자 파트너십과 투자자 관계의 책임자이다. 공동 창립자인 피트 글라이먼(Pete Glyman)과 함께 월터스 클루어 금융 서비스 소프트웨어(Wolters Kluwer Financial Services Software, WKFS)의 한 부서인 게인스키퍼(Gainskeeper)의 총 책임자를 지냈다. 또한 WKFS의 기업 발전 전략가로서 인수 후보자, 기업 분할, 유기농 제품 확장 방안을 평가했다. 보스턴 대학교와 노스이스턴에서 수학한 후 8년 동안 피델리티 인베스트먼트(Fidelity Investments)에서 다양한 제품 관리 및 분석을 맡았다. 그 무렵 기술이 사람들의 재무 상태를 개선하기 위해 훨씬 더 많은 공헌을 할 수 있음을 깨달았다.

PART
8

금융은 어떤 경험을
제공해야 하는가

앞으로 5년,
디지털 금융 환경을
변화시킬 요소들

스마트폰이 이와 같은 서비스 경험의 통로로 자리 잡으면서 인간 경험의 차별성은 점점 줄어들고 있다. 지점의 창구에 직원을 배치해야 할 이유를 찾기 위해 노력하는 은행을 상상해 보라. 또 다른 핵심은 생체 인식에 관한 것이다. 생체 인식을 통해 확인된 믿을 만한 신분과 현재 보유한 은행계좌와 연결된 잠재적인 경험적 지식이 담긴 이 저장소는 은행이 보유한 최고의 ROI 데이터가 될 수 있다.

손 안에 슈퍼컴퓨터 한 대씩을 쥐고 있는 시대

우리가 매일 이용하는 IVR Interactive Voice Response(대화형 음성 응답), 콜센터, 웹페이지, 심지어 모바일 앱조차 과거에는 상당히 거추장스러웠다. IVR 콜센터에 전화를 걸고 메뉴의 선택 7에 도착했을 무렵 첫 번째 선택을 잊어버리는 바람에 기다렸다가 선택을 반복했던 적이 얼마나 많았는가? 하지만 오늘날 기술 설계는 무척 품위 있고 사용하기가 쉬워졌다. 18개월짜리 어린아이조차 아이패드를 들고 직관적으로 사용법을 이해할 수 있다. 그러나 사용법이 쉽다고 해서 오해해서는 안 된다.

오늘날 아이패드 에어는 1993년 슈퍼컴퓨터의 처리 능력에 거의 육박해서 약 80기가플롭을 처리한다. 아이폰 5S와 아이패드 에어에 작동시키는 64비트 애플 A7칩은 1.4기가헤르츠 듀얼 코어 CPU이며 이는 아폴로 11호 가이던스 컴퓨터의 CPU였던 1킬로헤르츠보다 약 140만 배 더 강력하다. 그렇다. 여러분의 아이폰은 닐 암스트롱, 버즈 올드린, 마이클 콜린스을 달로 데려갔던 컴퓨터보다 100만 배 더 강력하다. 내가 이런 팩토이드를 말하면 10살 된 내 아들은 비꼬듯이 묻는다. "아빠, 그럼 왜 달에 갈 수 있는 앱은 없나요?"

이것이 전부가 아니다. 컴퓨터 처리 능력의 폭발적인 증가와 함께 대역폭이 크게 증가했고, 인터넷과 관련 콘텐츠가 확대되었다. 인류의 여명기와 2003년 사이에 약 5엑사바이트의 콘텐츠가 창조되었다는 에릭 슈미트의 말이 흔히 인용되는데 현재 같은 양의 콘텐츠가 이틀마다 한 번씩 창조된다. 슈미트가 그런 추정치를 제시한 이후 IP 레이어의 데이터와 콘텐츠는 기하급수적으로 발전했다.

일부 과학자들은 2013년 인류의 콘텐츠는 4제타바이트에 이를 것이라고 추정한다(1제타바이트는 100만 엑사바이트이다). 좀 더 이해하기 쉽게 설명하자면 그것은 아이폰 2,500억 대의 저장 능력에 해당한다. 아마 NSA 비밀 데이터 센터에 보관된 정보보다 더 많을 것이다. 이 데이터, 콘텐츠, 정보를 설명할 더 좋은 방법이 있다. 매년 4제타바이트의 콘텐츠가 창조된다는 것은, 매일 매초 역사상 지금 이 시점까지 발행된 모든 책, 잡지, 신문에 담긴 콘텐츠의 10만 배에 해당하는 양이 창조되고 있다는 뜻이다. 그 콘텐츠는 대부분 우리의 스마트폰에 압축된 비디오, 오디오, 디지털 사진이다. 실로 어마어마하다.

이때 디자인이 매우 중요해진다. 스마트폰의 우아함이든 태블릿 폼팩

터이든 혹은 콜 오브 듀티Call of Duty 같은 콘솔 게임의 소프트웨어 인터페이스를 설계하기 위해 투자한 수십만 시간이든 상관없이 피트니스 모니터나 그에 수반되는 앱, 혹은 모바일 뱅킹 기능 같은 웨어러블 컴퓨팅의 센서와 애플리케이션의 인텔리전스, 즉 디자인이 이 방대한 컴퓨팅 능력, 압도적인 콘텐츠를 걸러내어 인간성과 상황, 미를 전달하는 방식이 되고 있다.

디자인과 컴퓨팅 능력은 어떻게 기술의 역할을 바꾸었는가?

ATM 기술은 상당히 단순하고 기능적인 것으로 시작됐다. 오늘날에는 터치스크린 발전, 음성 인식, 생체 인식 등을 통해 전화와 ATM을 사용하기가 더욱 쉬워지고 있다.

애플의 산업 디자인 담당 부사장 조나단 아이브는 동세대 디자이너 가운데 가장 영향력 있고 인정받는 사람으로 인정받는다. 1992년 애플에 입사한 그는 아이맥, 파워북 G4, 아이북스, 아이팟, 아이폰과 아이패드 같은 획기적인 제품의 개발 과정을 지휘했다. 조나단 아이브가 누구나 아는 이름이 되었다는 사실에서 디자인이 기술에 미치는 영향력의 규모를 짐작할 수 있다. 기술의 영역은 이제 더 이상 기능에 국한되지 않는다. 기술은 아름답고 매력적이어야 한다. 감촉이 좋아야 하고 직관적이어야 하며 액정 화면, 멀티 터치 내비게이션, 심지어 내장된 보안 및 생체 인식을 갖추어야 한다. 과거 기술의 핵심은 처리 능력이었다. PC 제조업체는 업그레이드된 CPU를 강조함으로써 "낡은 PC보다 속도가 두 배 빠른 펜티엄급 처리 능력의 PC를 사세요" 다음 모델을 판매했다.

오늘날 삼성, 애플, HTC, 마이크로소프트 같은 회사들은 기술의 인간적인 측면(영향 캡처, 한 손에 쥘 수 있을 만큼 가볍거나 연필보다 더 얇은 태블릿, 조직과 색상이 풍부해 계단현상이 보이지 않는 화면 등)을 보여준다. 이제 기술은 바야흐로 최소한의 노력을 투자해 우리 삶을 향상시키는 주역으로 변화하고 있다. DOS나 커맨드 라인 신택스command line syntax를 배우지 않아도 된다. 프로그램 플로피 디스크, CD롬, DVD에 매달리지 않아도 된다. 필요하면 무엇이든 온라인으로 다운로드를 받는다. 몇 달 동안 힘겹게 소프트웨어를 디자인하면 아주 매끄럽고 순조롭고 사용하기 쉬운 방법이 탄생한다.

앞으로 10년 후 사용자 인터페이스는 어떻게 변할까? 윈도우스 3.11에서 iOS 7에 이르는 진보를 생각해 보라. 최초의 컴팩Compaq 포터블에서 우리가 매일 사용하는 태블릿에 이르는 폼팩터의 향상을 생각해 보라. 현재 우리가 사용하는 수많은 앱과 이것이 불과 6년 사이 등장했다는 사실을 생각해 보라. 오늘날 우리가 자동차에게 말을 하고 스마트폰으로 집 밖에서 집의 열량계를 조절하며 아이폰 액세서리를 통해 문을 열고 심장박동수를 측정할 수 있다는 사실을 생각해 보라.

과연 이런 기술들이 향상되어 인간의 상호작용과 비슷해질 때가 올 것인가? 언젠가 이 일상적인 질문과 상호작용이 서비스 직원을 대체할 수 있을까? 이것이 금융 서비스 분야에서 기술 향상 전문가로 활약하는 네 사람에게 던진 질문이었다.

나는 서덜랜드 글로벌 서비스Sutherland Global Services의 글로벌 클라이언트 인게이지먼트 담당 상카 크리슈난Sankar Krishnan, 코니 솔루션Kony Solutions의 상품관리 담당 부사장, 비외른 히달Bjorn Hildahl, 뉘앙스 커뮤니케이션스Nuance Communications의 앤디 모로Andy Mauro, 그리고 로버트 와이드먼Robert Weideman을 인터뷰하면서 기능과 품위, 직관 면에서 더욱 향상된 기술이 서비스를 놓고 인간과 경쟁하는지에 대해 논의했다.

브렛　　상카, 이른바 은행 IVR 시스템과 관련된 일반적인 서비스 경험 면에서 서비스 경험을 개선하기 위해 어떤 전술적인 일들을 하고 있습니까? 예를 들어 자동 IVR 시스템을 이용하도록 동기를 제공하는 건 무엇인가요? "내 문제를 해결할 수 있는 사람과 이야기하고 싶다"고 말하는 사람들을 흔히 볼 수 있죠. 어떻게 그들과 기술 간의 격차를 좁히고 있나요?

상카 지금도 '어떻게 이걸 단순화할 수 있을까?' '어떻게 목소리를 비밀번호로 쓸 수 있을까?' 같은 문제를 해결하기 위해 많은 사람이 노력하고 있습니다. 어떻게 하면 문자 메시지와 메시지 전달 도구들을 이용해서 문제를 해결해줄 사람과 직접 대화하도록 만들 수 있을까요? 이건 금융에 관한 참신한 접근 방식입니다. 많은 은행이 소액금융이나 항공사로부터 배운 방식이죠.

현재 세계 여러 은행에 전화를 걸 때 목소리를 비밀번호로 사용할 수 있으니 당신은 시스템에 말을 할 수 있습니다. 두 번째 전화를 걸 때는 문제의 원천으로 직행할 수 있을 겁니다. 우리가 말하는 동안에 이미 여러 가지 분석이 진행되고 있으니까요.

예를 들어, 내가 전화를 걸면 은행은 상카의 전화라는 사실을 인식하고 시스템으로부터 내게 카드 두 장, 은행 대출 두 건, 계좌 한 개가 있다는 사실을 즉시 전달받습니다. 전화 내역을 토대로 내가 가지고 있을 가능성이 가장 큰 문제를 파악하고 직접 관련 부서로 연결함으로써 가장 짧은 시간에 문제를 해결할 수 있죠. 감독관이나 전문가에게 전달하는 IVR 메뉴 구조는 이제 모두 사라지고 있습니다.

브렛 셔덜랜드 글로벌의 투자에 대해 이야기해 보겠습니다. 기술과 플랫폼 면에서 셔덜랜드 글로벌은 고객을 위한 플랫폼을 구축하는 은행으로 거듭나고자 어떤 분야에 투자하고 있습니까?

상카 우선 모든 개별적인 프로세스를 살피고 재설계하고 있습니다. 자산 할당 프로세스를 예로 들어보죠. 모든 상황 중에서도 고객의 움직임과 운용자산 성장으로 판단했을 때 셔덜랜드가 어떻게 이 프로세스를 개편하면 은행 지점이 기술로부터 최대의 효과를 거둘 수 있을까를 세분화 관점에서 생각합니다. 일단 백엔드가 끝나서 지금은 기본적으로 최고의 메시지 전달과 상호작용을 보장하는 기술을 수용하는 상태죠.

과거의 모델은 "인도의 100명이 미국의 100명보다 더 우수하고 저렴하며 빠르다"는 것이었죠. 그러나 지금은 이렇게 말합니다. "어이, 이 기술을 이용하면 100명이 필요하지 않아." 어쩌면 50명이나 20명, 아니면 훨씬 더 적은 사람으로 일을 처리할 수 있죠. 지금 우리는 자동 콜 라우팅, 뉘앙스 같은 다양한 자연어 음성 기술을 채택하고 그것을 업무의 핵심으로 삼고 있습니다. IP 메시지 전달, 모바일 통지 레이어와 SMS 기술에 많이 투자합니다. 그러면 전화만 이용하고 싶은 고객이 택시나 지하철을 타고 이동하는 한가한 시간에 은행과 통화하면서 문제를 해결할 수 있죠.

브렛　코니 모바일 솔루션의 비외른 히달에게 모바일 디벨럽먼트 애플리케이션 플랫폼, 이른바 MDAP를 통한 더 신속한 모바일 솔루션을 개발하는 문제에 대한 의견을 들어보겠습니다. 비외른, 코니는 최종 사용자가 더 쉽게 이용할 수 있고 더 빨리 발전할 수 있는 모바일 뱅킹 기술 가운데 어떤 기술을 연구하고 있습니까?

비외른　코니에서는 다채널 플랫폼을 개발했습니다. 〈포천〉지 선정 세계 500대 기업 같은 조직은 하나의 코드 베이스로 스마트폰, 태블릿, 데스크톱 경험을 전달하는 한편 고객이 원하는 방식으로 고객을 참여시키는 독특한 맞춤형 채널을 제공합니다. 그들의 전화 앱은 전화 앱처럼, 태블릿 앱은 태블릿 앱처럼, 데스크톱 웹이나 데스크톱 고유의 앱은 그 목적을 위해 구축한 것처럼 느껴지죠. 우리가 뱅킹에서 중점을 두고 있는 건 이른바 오늘날 별도의 온라인 채널, 모바일 그룹이 있는 곳에서 존재하는 탁월함의 난로 연통을 해체하는 일입니다. 즉, 분리된 코드 베이스 혹은 핵심 시스템으로 다시 연결되는 분리된 기술 스택입니다. 우리는 새로운 방식의 캠페인 관리, 등록, 온보딩, 경고, 고객 관계 등의 임무를 더욱 효율적으로 처리할 레이어를 창조하기 위해 노력하는 중입니다.

그러면 고객이 온라인 뱅킹에서 창구 직원, 혹은 모바일 뱅킹 앱에서 콜센터로 움직일 때 레이더에서 사라지는 법이 없죠. 지점을 찾는 사람들이 적어지고 있으니 더욱 다채로운 방법으로 은행과 관계를 맺고, 모바일에서 다른 채널로 움직이고, 그런 채널을 개선하기 위해 노력해야 합니다. 이를테면 은행 직원이나 자문가와의 경험 같은 기존 기능을 온라인과 모바일 뱅킹으로 옮기기 위해 노력해야 합니다.

브렛 모바일 중심이 된 고객의 한 사람으로서(전 어디든지 전화를 들고 다니면서 항공편을 예매하고, 이메일을 확인하고, 음식을 주문하고, 영화 티켓을 예매합니다) 묻고 싶습니다. 누군가에게 전화를 걸거나 물리적인 지점을 찾아갈 필요 없이 스마트폰으로 이런 문제들을 해결할 수 있으리라는 금융 서비스에 대한 기대가 높아졌나요?

비외론 물론입니다. 지금 사람들은 항상 휴대하는 스마트폰과 태블릿 때문에 정보 과부하로 고생하고 있어요. 앵그리 버드 같은 게임이든 아마존이든 이베이든 간에 주의를 산만하게 하는 것들이 많습니다. 모바일 디바이스를 이용해서 은행 거래 활동을 하려면 빠르고 쉬워야 하죠. 누군가 들어와서 실행하고 자신이 원하는 일을 수행할 기회를 주는 탁월한 경험을 제공하는 능력, 그게 필요합니다.

여기 좋은 사례가 있습니다. 최근 아내와 저의 계좌 몇 개를 통합하려고 했는데 온라인으로는 안 되더군요. 은행에서 약속을 잡아야 했으나 그러려면 모바일이 아니라 온라인 예약 시스템을 이용하는 수밖에 없었습니다. 누락된 서비스가 너무나 많아서 이런 생각이 들었죠. '이 은행과 계속 거래를 해야 할까?'

브렛　모바일 업무를 잘 처리하는 조직이 브랜드 서비스에 대해 더 좋은 평판을 얻을 것이란 뜻인가요?

비외른　물론입니다. 생각해 보세요, 이제 모든 세대가 정말로 모바일 우선주의를 택합니다. 컴퓨터를 켜서 인터넷에 접속하지 않을 겁니다. 그들의 주요 참여 포인트는 스마트폰이죠. 지금껏 모바일 애플리케이션의 핵심은 온라인 뱅킹에서 모바일 디바이스로 경험으로 옮기거나 이동시키는 것이었습니다. 하지만 전 지금 우리가 성취한 뉘앙스나 시리Siri 같은 기술은 빙산의 일각이라고 생각합니다. 마이텍Mitec 같은 몇몇 기술과 카메라를 사용하는 포토 캡처를 이용하는 다른 기술, 그리고 특정 지역과 관련된 기술들이 있어요.

은행에 갔다고 칩시다. 내 모바일 뱅킹 앱은 방금 내가 지점에 들어왔다는 사실을 왜 인식하지 못할까요? 만일 인식한다면 내게 창구 직원이나 고객 서비스 직원에게 보여줄 QR코드나 메시지를 발송해서 내가 누구인지 확인시킬 수 있을 텐데 말입니다. 그러면 카드를 긁을 필요 없이 맞춤형 업무를 제공해서 문제를 해결하기가 쉬워지겠죠.

브렛 모바일 알림은 데이터 환경과 실시간 전달 기능만큼이나 효과적입니다. 은행은 그 프로세스를 어떻게 개선하나요? 어떤 조직에서 당신이 말하는 방식으로 모바일 기술을 이용하기 하려면 백엔드에서 뭘 해야 할까요?

비외른 코니에는 매우 다양한 데이터 원천과 연결해서 통합할 수 있는 훌륭한 서비스 사이드 통합 엔진이 있습니다. 모바일 앱에서 보면 그건 그냥 서비스 전화처럼 느껴지지만 전화를 통해 제3자 서비스, 지역 관련 정보, 핵심 시스템으로부터 데이터를 얻을 수 있죠. 이 모든 것이 매끄럽게 기본적으로 네트워크로 연결된 발신자와 앱 경험으로 통합됩니다. 당신이 원하는 기능은 그걸 토대로 삼아서 애플리케이션의 목표와 데이터의 원천을 확인하는 겁니다.

현재까지 한 가지 큰 한계가 있다면, 그건 대부분의 사람이 초점을 맞추었던 문제, 그러니까 내가 어떻게 내 핵심core에서 인터넷 데이터를 얻을까라는 문제죠. 그게 유일한 문제입니다. 신용카드로 거래하기 위해 핵심센터core center로 전화를 걸 때 순서가 잘못되거나 정확하지 않은 것이 많이 있죠. 우리가 구축한 훌륭한 레이어를 통해 당신은 제3자 금융 거래든, 최종 사용자에게 더욱 바람직한 경험을 제공하는 다른 데이터 서비스든 통합할 수 있습니다.

브렛 금융 분야에서 이런 문제들에 대한 조직의 인식을 어떻게 평가

합니까?

비외론 지난 8년 동안 지켜본 바로는 모바일은 처음에 그저 체크박스나 '너도나도 따라 하는' 투자에 지나지 않았습니다. 하지만 수많은 조직을 위한 모바일 우선-중심 접근 방식으로 변화하고 그야말로 이동하면서 이제 규모나 활동 면에서 온라인 뱅킹 기능과 겨루고 있습니다. 혹은 두 가지를 결합하기 위해 노력하죠.

고객 중 일부는 처음 3개월 동안 우리의 모바일 애플리케이션을 이용한 후 새로운 수입 흐름이 창조되었다고 합니다. 또한 모바일을 사용하는 고객 기반이 두 배로 증가했습니다. 이건 은행에 정말 중요한 겁니다. 대단한 고객 경험을 창조하는 것은 물론이고 계좌를 개설하는 일이든 고객의 삶을 더 편하게 만드는 신제품을 제공하는 일이든 간에 금융과 금융 관계의 투자 수익률을 크게 높이고 있으니까요. 그런 다음 세계 전역에 혹은 다른 지역으로 진출하는 겁니다.

브렛 이 책의 앞부분에서 당신도 분명 잘 알고 있을 USAA의 네프 허드슨과 인터뷰를 했는데, 그들은 이미 모바일 우선주의라고 말하더군요. 다른 채널보다 모바일을 이용하는 고객이 더 많은 거죠. 하지만 그들에게 결정적인 순간은 앱을 통해 원격 당좌예금 캡처를 도입했을 때였습니다. 매우 짧은 기간 내에 그들은 엄청나게 성장했죠. 특히 그 기능을 이용할 목적으로 은행에 합류하는 고객이 엄청나게 증가했습니다. 당신의 조직에서 모바일에 필요한 최소한의 특성들은 무엇인가요?

비외론 물론 계좌와 청구서 납부, 송금 등의 서비스를 이용할 수 있어야하죠. 현금을 인출할 장소나 ATM을 찾는 데 도움을 주는 것은 정말 기본적인 데 지나지 않습니다. 모바일 중심 전략과 관련해 생각할 만한 요소가 몇 가지 있습니다. 첫째는 계좌 개설과 모바일 디바이스로 계정을 더 효과적으로 관리할 수 있는 기능입니다. '읽기 전용'이 아니라 당신이 결정하고 변화시킬 수 있어야 하죠. 모바일 전략에서 생각해야 할 또 다른 핵심 요소는 권한entitlement입니다. 가족의 관점에서 생각해 보죠. 앞으로 딸에게 용돈을 줄 때도 모바일 디바이스를 이용할 수 있습니다. 딸의 모바일 계정에 서명하고, 딸을 위해 개설한 그 특별한 선불 계좌의 잔액을 확인합니다. 딸이 "아빠, 저 영화 구경 가는데 20달러가 필요해요"라고 말할 때 즉시 송금을 하거나 그 돈을 딸의 계정으로 보냅니다. 이렇게 모바일 디바이스로 모든 것을 관리하면 생활이 더 편해지죠. 간단하고 쉬운 방법으로 모바일을 통해 상호작용하다 보면 그 은행과의 관계는 더욱 돈독해지고 적극적으로 참여하게 될 겁니다.

> **$**
>
> 고객 중 일부는 처음 3개월 동안 우리의 모바일 애플리케이션을 이용한 후 새로운 수입 흐름이 창조되었다고 한다. 또한 모바일을 사용하는 고객 기반이 두 배로 증가했다.
>
> __ 비외른 히달(코니 상품관리 부사장)

음성 인식으로
신원확인 문제를
해결할 수 있을까?

나는 전체 음성 인식 기술과 최근 아이폰과 안드로이드 Google Voice 에서 등장한 시리 같은 경험들을 살펴봐야 마땅하다고 생각했다. 그래서 뉘앙스의 로버트 와이드먼과 앤디 모로를 초대했다. 앤디는 뉘앙스 커뮤니케이션스의 니나 Nina 솔루션을 지휘한다. 일명 '금융의 시리'라고 일컬어졌던 니나는 자연어로 은행에 질문할 수 있는 특정 목적을 위해 마련된 전문 음성 인식 플랫폼이다. BBVA와 시티 같은 은행들은 이미 이 해결책을 실시해 콜센터로 걸려오는 전화의 70~80퍼센트를 간단히 처리하고 있다. 그뿐만이 아니라 이런 도구들은 모바일 앱과 온라인으로 통합되고 있다.

브렛　앤디, 최근 음성 인식과 이런 유형의 기술에서 일어난 진보에 대해 말씀해 주시죠. 시리는 애플과 함께 얼마 전에 혜성같이 등장해서 많이 이용되었습니다. 음성 인식 관점과 더욱 중요한 자연어 상호작용이란 면에서 지난 5~10년간 이 기술은 얼마나 발전했나요?

앤디　뉘앙스에서 13년 넘게 근무했는데 IVR 시스템에만 매달렸다는 사실이 재미있군요. 우리는 그 변화, 그리고 시리와 '니나'라고 부르는 온라인 조수를 이용해 최정상에 오른 발전의 산 증인이라 할 수 있습니다.

브렛　니나는 약자인가요?

앤디 이따금 약자로 쓰입니다. 때때로 뉘앙스 인터렉티브 내추럴 어시스턴트Nuance Interactive Natural Assistant라고 하지만 우리는 그냥 그녀를 '니나'라고 부르는 걸 좋아합니다.

브렛 '그녀'라고요?

앤디 그렇습니다. 그동안 우리는 놀라운 진보를 거듭했습니다. 니나는 음성을 인식해서 오디오를 문자로 바꾸고 그 과정의 효율성을 높이는 기능으로 시작했죠. 하지만 진정한 진보를 이룩한 건 상당히 폭넓게 정의되는 자연어 분야였습니다. 오디오로 만들어진 문자를 의미로 바꾸는 것이 다음 단계이고 우리는 그 일을 매우 훌륭하게 해내고 있죠. 길고 복잡한 문구나 매우 다양한 어법을 택해서 프로그램이 처리하고 흥미로운 일을 할 수 있는 체계적인 의미로 바꾸는 기능입니다.

지금 우리는 문답식 대화 분야와 이들 온라인 조수들과 함께 나누는 매우 자연스럽고 부드러운 대화 기능에서 실질적인 진보를 이뤄내고 있습니다. 이를 토대로 현재 조수의 역할을 수행하고 있는 고객 서비스 분야로 진입하기 시작했죠. 우린 그걸 고객이 참여하고 관계를 맺는 시스템으로 보고 있어요. 사용하기 쉽도록 한 기술적인 진보가 있었기 때문에 가능한 일입니다.

브렛 로버트, 뉘앙스에서 니나 같은 기술을 인간 상호작용의 대체물로 판매하고 있다는 뜻인가요? 혹은 니나는 기술과 인간을 잇는 다리에 더 가까울까요?

로버트 우리의 해결책은 고객 판매 서

> $
>
> 지금 우리는 문답식 대화 분야와 이들 온라인 조수들과 함께 나누는 부드러운 대화 기능에서 실질적인 진보를 이뤄내고 있다. 이를 토대로 현재 조수의 역할을 수행하고 있는 고객 서비스 분야로 진입하기 시작했다.
>
> __앤디 모로
> (뉘앙스사 니나 솔루션 프로덕트 책임자)

비스(사람들이 인간과 이야기를 할 필요 없이 업무를 처리하도록 만드는 일)에 중점을 두는 것이었습니다. 슈퍼마켓의 계산대라고 생각하면 좋을 겁니다. 당신은 슈퍼마켓에 들어가서 혼자 식료품을 계산할 수 있습니다. 이따금 주류나 그와 비슷한 제품을 사기 위해 운전면허증을 보여줘야 할 때가 있겠지만 대부분 혼자서 처리할 수 있죠. 우리는 '어떻게 이것을 인간을 대면하는 것과 비슷한 경험으로 만들고, 더 빠르고 효과적이며 대개 더 정확하게 일을 처리하도록 도울 것인가?'에 초점을 맞춥니다. 그러나 필요한 경우 대리인들을 투입해 그 업무를 보강할 수 있습니다.

우리는 업무를 확대하기 위해 20년 동안 계속해서 IVR 전화 기반 솔루션을 제공하는 한편, 콘택트 센터 3천 곳에 배치했고 거기에서 많은 경험을 얻었습니다. 당신은 '다른 곳에 가서 터치톤을 두드리는' 대신에 IVR 시스템을 통해 일을 신속하게 처리할 수 있죠. 당신이 말만 하면 우리가 그곳으로 당신을 데려가는 겁니다. 그래도 몇 가지 거쳐야 할 단계가 있죠. 여기에 자연어 이해natural language understanding, NLU와 우리가 니나 기술로 해온 일을 추가하면 원하는 업무로 바로 연결될 수 있습니다. 예를 들어서 "다음 주 화요일 내 저축계좌에서 비자카드 대금 전액 납부"라고 말하면 시스템이 이를 이해한 다음 확인시켜주죠. 그건 수년 동안 존재했던 음성 기반 시스템을 훌쩍 뛰어넘는 극적인 발전입니다.

브렛 앤디, 시간이 얼마나 지나면 음성이나 대체 생체 인식을 인증 기준으로 사용할 수 있을 거라고 생각합니까? 현재 신원확인이 문제로 대두되고 있죠. 전통적인 신원확인 매트릭스(사회보장번호와 본인의 서명 같은 것들)는 디지털 환경에서 효과를 거둘 만큼 탄탄하지 않습니다. 이 분야의 과학자, 기술자인 당신이 보기에 얼마나 지나면 생체 인식이 기준이 될까요?

앤디 여기서 많은 사람이 말하는 한 가지, 그러니까 멀티채널과 당신이 어디를 가든 이 서비스가 편재한다는 개념에 대해 간단히 짚고 넘어가겠습니다. 그건 '언제 생체 인식이 주류가 될 것인가?'라는 문제에 포함됩니다. 그동안 생체 인식의 한 가지 문제는 이른바 '등록' 기능과 관련이 있죠.

지문 같은 당신의 생체 인식 성문(聲紋, 주파수 분석 장치를 이용하여 사람의 음성을 분석한 것 —옮긴이 주)을 인식하도록 시스템을 훈련시키는 단계가 있습니다. 시스템이 모바일, 웹, IVR, 자동차의 다양한 기기들, 어쩌면 TV에 이르기까지 어디서나 쓰일 때 생체 인식 데이터의 다양한 원천을 얻기 시작합니다. 당신이 우리에게 무언가 이야기할 때, 그 이면에서는 '등록'이 이뤄지고 있습니다. 당신은 시스템이 그런 성문을 공식화할 수 있다는 사실을 인식조차 못하지만요.

이런 시스템의 편재성, 특히 온라인 지원이 등록 단계에 존재해 일종의 블로커로 작용했던 사소한 기술적 장벽을 무너트릴 겁니다. 또한 사람들이 이를 인식하기 시작하면 (이건 약간 불확실한데) 전통적인 수단(네 자리 수 비밀번호, 불안한 PIN)을 이용하는 것이 위험하다고 생각할 겁니다. 안전한 음성 생체 인식과 생체 인식 전반에 대한 정보가 주류로 흘러들어 갈 때, 사람들은 그에 익숙해지며 편안함을 느낄 테고, 현재 사용하고 있는 대부분의 메커니즘보다 더 안전하다는 사실을 이해하겠죠. 우리가 이런 다채널 기능을 출시함으로써 온라인 조수들이 어디에나 존재하게 되면, 몇 년 지나지 않아 생체 인식을 주류로 선택하는 비율이 늘어날 겁니다.

브렛 이것이 효과를 거두려면 생체 인식 중앙저장소, 그러니까 이 모든 정보를 포착하는 중앙 본인 인증기관이 필요할까요? 아니면 앱 교차수정에 가까울까요?

로버트 고객들은 자신의 생체 인식 음성 세트를 저장하고 싶어 하는 것 같아요. 우리 시스템에 등록한 사용자가 2,300만 명이 넘는데 현재 시장에서는 사실 상당히 많은 수죠. 하지만 수십억에 이르는 세계 인구에 대비했을 때 2,300만 명은 이 시장에 존재하는 잠재력의 일부에 불과합니다. 전 특정한 은행이 다양한 채널에 자사 고객의 음성 프로필을 소유하기를 원하는 시점부터 진정한 변화가 시작될 거라고 생각합니다.

시간이 지나면 중앙 집중 저장소가 등장할 기회가 생길 겁니다. 그러려면 사람들이 먼저 기술을 편안하게 느껴야만 해요. 실제로 그런 일이 일어나기 시작했고요. 시간이 지나면 은행, 항공사, 호텔, 혹은 여러 은행이 '로버트 와이드먼'의 음성 프로필을 공유하는 저장소로부터 혜택을 얻을 수 있을 테죠. 그건 훨씬 더 나중의 일이 되겠지만요. 가장 중요한 사실은, 앤디가 말했듯 사람들이 음성 생체 인식과 그것이 얼마나 시간을 절약할 수 있는지의 가치를 이해하기 시작했다는 겁니다.

우리보다 똑똑한
조수를 맞이할
준비가 필요하다

나는 훌륭한 공상과학 소설이 기술 발전의 확실한 예측자라고 믿는 트렌드 주시자 가운데 한 명이다. 〈스타 트렉〉의 트랜스포터, 이언 뱅크스의 《더 컬처》에 나오는 다운로드할 수 있는 의식과 대량 증식 등 공상과학 프로그램에서 묘사되는 일부 기술은 아직 요원하지만, 3D 프린팅·복제 혹은 인스턴트 글로벌 커뮤니케이션instant global communications(〈스타 트렉〉의 커뮤니케이터와 비교해 보라) 같은 기술은 이미 존재하고 있다. 공상과학 소설의 여러 수작에 꾸준히 등장하는 주제는 인공 지능이라는 개념 혹은 적어도 컴퓨터에게 이야기를 걸면 컴퓨터가 대화하듯이 반응하는 기능이다. 시리와 니나 같은 기술은 아직 그 수준까지 도달하지는 못했다. 그러나 이 가상의 조수들이 자연어를 이해하는 능력이 급속도로 발전하고 있으니 앞으로 5년 내에 그런 문답형 대화가 간단하고 일상적인 현상으로 자리를 잡을 것이다.

사실 시리, 구글 나우Google Now, 그리고 니나가 현재 수행할 수 있는 임무들은 5년 전에 비하면 획기적이다. 10년 전 우리는 지금 이 세상에 존재하는 기술이 가능할지 여부를 두고 논쟁을 벌였다. 오늘날 우리는 음성 인식 기술이 개인 조수와 비슷할 것이라고 이야기하고 있다. 구글 나우의 음성 기능에 대한 〈포브스〉의 최근 기사에 최근 2년 동안 우리가 이룩한 진보를 잘 설명하는 훌륭한 문구가 있다.

구글의 음성 인식 연구의 중대한 향상…… 급부상하는 AI의 한 분야인 딥 러닝을 모호한 상황과 소란스러운 환경에서 말을 인식하는 과정에 적용하는 것…… 이 기술은 인간 신피질의 뉴런 층이 패턴을 인식하고 결국 우리가 사고라고 부르는 과정을 이끌어내는 방식을 모방하기 위해 노력한다.

—'구글이 애플의 시리를 물리치도록 도왔던 장본인을 만나다', 〈포브스〉 2013년 5월

이런 모든 발전에 내포된 의미는 이렇다. —모바일과 태블릿 앱, IVR, ATM, 그리고 다음과 같은 일반적인 서비스 요구의 상위 70~80퍼센트에 대응하려면 기업은 이제 '똑똑한 조수'를 맞이할 준비를 해야 한다. 다른 채널에 내장되어 있으나 인간의 상호작용을 모방할 수 있는 온라인 조수 말이다.

- 내 계좌 잔액은 얼마인가?

- 카드를 잊어버렸다.

- 내 카드로 추가 신용이나 현금을 받을 수 있는가?

- 가장 마지막 거래는 무엇인가?

- 내 카드 · 계좌에 문제가 있는가?

스마트폰이 이와 같은 서비스 경험의 통로로 자리 잡으면서 인간 경험의 차별성은 점점 줄어들고 있다. 지점의 창구에 직원을 배치해야 할 이유를 찾기 위해 노력하는 은행을 상상해 보라.

또 다른 핵심은 생체 인식에 관한 것이다. 음성, 지문, 안면 인식, 그 밖의 것 등 무엇이든 은행은 이런 데이터를 수집해 중앙 고객 기록에 연결시켜야 한다. 만일 은행이 고객들을 한 번도 본 적이 없다면 생체 인식을 연결하기란 거의 불가능할 것이다. 생체 인식을 통해 확인된 믿을 만한

신분과 현재 보유한 은행계좌와 연결된 잠재적인 경험적 지식이 담긴 이 저장소는 은행이 보유한 최고의 ROI 데이터가 될 수 있다. 직원을 고용하려는 사람들, 데이트 서비스 사이트에 오른 사람들, 혹은 고객이 장기 주택담보대출의 승인을 받았는지 확인하려는 부동산 중개업자들이 이를 사용할 수 있다면 대단한 성공을 거둘 것이다.

신원확인은 은행의 장기 가운데 하나이다. 요즘은 디지털 조회 신원확인으로 옮겨 가는 추세이니 은행은 이 게임의 주요 플레이어가 될 수 있다. (최소한의 비용으로) 인간과 맞먹거나 인간보다 뛰어난 고객 서비스 기능을 가진 음성 인식이든, 아니면 단순 확인 수준에 그치지 않고 상호작용과 조회로까지 확대시킨 신원확인 플랫폼이든 간에 이런 기술들이 다음 3~5년 동안 디지털 금융 환경에 중대한 요소로 떠오를 것이다.

Who's Who in FinTech 인터뷰이 소개

상카 크리슈만

글로벌 클라이언트 인게이지먼트, 뱅킹 앤드 파이낸셜 서비스 프랙티스(Global Client Engagement, Banking & Financial Services Practice)의 엔드-투-엔드 실행 책임자이다. 셔덜랜드에 입사하기 전에는 12년 넘게 시티그룹에서 금융가로 경력을 쌓았다. 시티에서 그는 기업 뱅킹, 온라인 소비자, (현금과 재무관리를 포함해) 세계 거래 서비스, 결제 서비스, 무역 금융, 유가 증권과 채권 서비스 등 고위 경영자로서 다양한 역할을 맡았다. 시티에 입사하기 전에는 스탠다드차타드 은행의 기업 금융가로서 신용 관리, 재무 계획과 통제 분야에서도 근무했다. 뿐만 아니라 프라이스 워터하우스(Price Waterhouse) 금융 거래와 자문 서비스 그룹(Banking and Advisory Services Group)의 리더로 성공적인 경력을 쌓으며 은행 대상 대출을 위한 신용 조사와 비즈니스 프로세싱을 수행했다. 이 역할을 수행하는 동안 토론토, 뉴욕, 런던, 중동지역, 남부 아시아, 아프리카 등 다양한 지역에서 근무했다. 상카는 공인 회계사이며 BBC와 〈블룸버그〉를 비롯해 많은 금융 언론에 자주 글을 기고한다. 지금껏 전 세계 여러 금융 회의에 회사를 대표해서 참석한 바 있다.

비외른 히달

20년 동안 코니의 제품 관리 부사장으로 일하면서 소프트웨어를 설계하고 개발했다. 소프트웨어 제품을 효과적으로 창조하고 전달하기 위해 팀을 구성하고 관리하면서 금융 서비스 산업에서 전자상거래, 모바일 결제, 거래, 그리고 다층 구조 유통 애플리케이션을 포함한 특정한 전문 분야를 발전시켰다. 지난 8년 동안 뱅킹과 결제 솔루션을 위한 소프트웨어를 설계하고 개발하는 과정을 강조하면서 모바일에 초점을 맞추었다. 코니에 입사하기 전에는 모바일 금융 서비스 공급업체인 엠파운드리를 창립하는 과정에 일조했다. 엠파운드리에서는 6년 이상 기술 및 고객 서비스 담당 국장으로서 회사와 전 세계 금융 서비스 기관의 관계를 강화하도록 도왔다. 그전에는 블랙스톤 테코놀로지 그룹(Blackstone Technology Group)에서 소프트웨어 설계자로 근무했는데 이는 1998년 자신이 공동으로 창립한 유비키토스 인포메이션(Blackstone Technology Group) CEO로 근무한 이후 수락한 직책이었다. 히달은 샌터바버라의 캘리포니아 대학교에서 경제학 학사 학위를 받았다.

로버트 와이드먼

이미징 디비전(Imaging Division)의 엔터프라이스 디비전(Enterprise Division) 담당 전무이사 겸 본부장으로 근무한다. 와이드먼은 2002년부터 뉘앙스 커뮤니케이션스 사(스캔소프트 사의 후신)의 최고 마케팅 책임자 겸 전무이사를 지냈고 2001년 이후 마케팅 담당 부사장으로 근무했다. 1999년 2월부터 2001년 11월까지 카디프 소프트웨어 사(Cardiff Software Inc.)의 마케팅 담당 부사장이었다. 1994년 8월부터 1999년 1월까지 TGS NV(TGS Inc., 유럽)의 마케팅 담당 부사장을 지냈다.

앤디 모로

현재 뉘앙스 커뮤니케이션스에서 니나 솔루션 제품 관리를 지휘한다. 과거 많은 음성 인식 애플리케이션의 토대를 형성하는 도구, 프레임워크, 수평 애플리케이션 구성요소를 담당하는 팀을 지휘했다. 뉘앙스가 구축한 기술은 세계적으로 상을 받은 수백 개 음성 인식 애플리케이션에 이용되고 있다. 앤디는 자연어, 대화 관리, 멀티모달 분야의 첨단 연구를 확인하고 이런 아이디어를 제품화해서 사용자 경험과 자동화를 향상시킬 방법을 찾는 데 특별히 중점을 두었다. 뿐만 아니라 서비스 팀과 협력함으로써 판매와 채택을 유도하는 세일즈 및 마케팅과 제품 비전과 요구 사항을 정의한다.

네오 뱅크의
시대가 왔다

핀테크 계의 마피아들이
전통 금융을 흔든다

네오 뱅크는 엄청난 가치를 창출하고 있다. 몇 가지 비슷한 점도 있지만 이들 네오 뱅크는 제각기 가치 경험에 독특한 방식으로 접근한다. 그들은 은행이 해결하지 못하는 문제를 해결하기 위해 노력하고, 그 과정에서 디지털 고객 경험에 한층 전념하며 운영비를 낮추고 있다. 네오 뱅크는 참여와 이용을 추구한다. 그들의 디지털 경험은 평범한 은행을 철저하게 파괴한다.

네오 뱅크란
무엇인가

선불 직불카드는 오늘날 미국과 중국 같은 나라에서 급성장하는 예금 상품이다. 지난 4년 동안 25퍼센트라는 탄탄한 연간 성장세를 보인 결과 예금 규모가 2천억 달러에 이르렀다. 이와 대조적으로 미국의 당좌예금은 최근 4퍼센트 가까이 축소되었다. 그러나 오늘날 새로운 은행계좌의 선두 주자들이 꼭 금융 산업의 거물인 것은 아니다.

색다른 규칙들이 새로운 은행계좌를 규정하고 있다. 낮은 저항, 참여 고객 기반, 차별화된 유통(무지점), 그리고 탄탄한 디지털(모바일과 웹) 지원 등이 특징이지만 그 핵심에는 기본적인 은행계좌에 대한 새로운 접근 방식이 있다.

네오 뱅크란 일상적인 뱅킹에 대한 혁신적인 새로운 접근 방식, 특히 디지털이나 소셜 네트워크 접근 방식에 중점을 두는 순수 인터넷 은행에 적용되는 용어이다. 이들 네오 뱅크는 일반적으로 특허 은행이 아니다. 사실 미국에 본사를 둔 네 개의 네오 뱅크, 즉 모벤, 심플, 고뱅크GoBank와 블루버드Bluebird 가운데 특허를 받은 곳은 고뱅크뿐이다. 다른 네오 뱅크들은 모벤과 심플의 경우처럼 도매 금융 파트너의 지원, 또는 블루버드처럼 아메리칸 익스프레스의 지원을 받는다.

유럽에는 또한 냅Knab, 피도르Fidor, 엠뱅크mBank, 헬로Hello 같은 은행이 있다. 네오 뱅크는 전통적인 소액거래 은행과 마찬가지로 직불카드, 일부 기본 예금 기능 등을 제공하지만, 핵심적인 차별 요소는 모두 디지털로 진행되며 참여의 저항률이 매우 낮다는 사실이다. 이들은 디지털 우선주의를 택함으로써 전통적인 플레이어들보다 더 단순한 모델, 탄탄한 모바일과 소셜 네트워크 통합, 그리고 확실히 무지점에 초점을 맞춘다. 그들이 ING다이렉트와 에그 같은 순수 닷컴 회사와 다른 점은 멀티채널에 훨씬 중점을 두고 있으며 대개 전통적인 은행과 비슷해지려고 노력조차 하지 않는다는 사실이다. 또한 혁신의 정도가 높고 제품과 사용자 경험이 틀에 얽매이지 않는다.

네오 뱅크라는 용어는 핀테크 커뮤니티에서 다양한 순수 온라인 모델에 대해 논의하고 토론하는 과정에 처음 등장했다. 론 세블린이 앞서 이와 같은 플레이어들을 신 당좌예금 공급업체라고 일컬었고 데이브 버치는 이들을 네오 뱅크라고 분류했다. 따라서 네오 뱅크가 좀 더 폭넓게 적용되는 용어인 것처럼 보인다. 이들 플레이어들은 꾸준히 세계에서 가장 혁신적인 금융 패러다임으로 일컬어진다.

혁신자들이
전통적인 은행을
파괴하고 있는가?

이따금 핀테크 마피아FinTech Mafia라고도 불리는 핀테크 커뮤니티들의 토론에서 되풀이해서 등장하는 한 가지 주제는 네오 뱅크가 실제로 새로운 금융 패러다임을 창조하고 있는가, 예컨대 아마존이 소매 분야와 서적에 미친 것과 똑같은 파괴적인 영향을 미칠 것인가라는 문제이다. 이들 새로운 플레이어를 금융 산업의 혁신 과정을 책임질 주역으로 옹호하는 사람이 있는가 하면 금융의 현실을 제대로 이해하지 못하고 머지않아 실패할 변절한 벼락부자라고 보는 사람도 있다.

최근 온라인 생방송 토론에서 〈@FinancialBrand〉의 제프리 필처Jeffry Pilcher는 적어도 미국 시장에서는 외부 파괴자들이 은행 폐쇄와 시장 축소의 원인이 아니었다는 견해를 밝혔다. 그는 연방예금보험공사가 보증한 금융기관과 특히 은행의 수가 감소한 것은 파괴자나 파괴적인 형태의 혁신보다는 인수 합병의 정상적인 주기 때문이라고 주장했다.

고객이 소규모 지역 사업자들에게서 멀어지게 만든 결정적인 파괴적인 요소가 없는 것은 사실이다. 하지만 소비자 행동의 중대한 변화가 존재하며 네오 뱅크는 한 집단으로서 주류 은행으로부터 고객들을 빼앗아오는 능력을 입증하고 있다는 것이 내 지론이다. 아직 전통적인 금융 시스템에서 수십만 명의 사람들을 빼앗고 있는 금융계의 아마존이나 페이스북은 없다. 그러나 파괴적인 각도, 새로운 범주의 은행 창조를 알리는 움직임이 존재한다.

통계수치를 보자. 미국 연방예금보험공사Federal Deposit Insurance Corporation, FDIC의 집계에 따르면 금융기관의 수는 1990년 1만 2천 개가 넘으면서 최고치에 이르렀다. 2007년 4사분기 미국의 은행 수는 여전히 8,543개였지만 이후(2013년 11월)에는 6,878개로 급격하게 줄어들어 5년 만에 20퍼센트 감소를 기록했다. 유럽연합은 지난해 말까지 전체적으로 총 9,076개 은행이 건재했으나 이것 역시 전(前)해에 비해 5.3퍼센트 감소한 수치이다. 금융 위기 동안 탄탄한 경제 성과로 이런 트렌드를 완강히 거부한 오스트레일리아와 캐나다에서도 현재 똑같은 트렌드가 등장하고 있다.

미국이 선진국 가운데 1인당 지점 수가 가장 많으며 세계에서 은행 특허 수가 가장 많다는 점을 감안할 때, 지점 편향이 그토록 강한 미국에서 전통 금융업의 파괴가 일어나고 있다면 다른 많은 선진국에서도 파괴가 일어나는 것이 현실이라고 판단했다.

유럽 금융가들에게 묻는다면, 미국의 대다수 은행이 언제나 불안정했으며 미국에 유럽연합 전체보다 은행이 더 많다는 점을 고려할 때 이런 주장이 어느 정도 타당성이 있다고 답할 것이다. 역사적으로 볼 때 미국 금융 시장이 남다르게 발전한 원인은 일명 글라스 스티걸 법Glass-Steagall으로 알려진 1933년 금융법Banking Act이다. 이 법으로 말미암아 소규모, 중간 규모, 대규모 기업이 더 고르게 분포된 세계적인 기준과는 달리 미국에서는 소규모 지역 은행에 대한 편향이 생겼다.

수익성과 인수 합병을 향한 전반적인 움직임이 1990년대 후반 이후 이런 트렌드가 등장한 원인임이 틀림없다. 유럽연합만 해도 1999년 이후 42퍼센트가 감소한 것은 대개 인수와 운영 효율성을 통해 수익성을 높이는 방향으로 움직인 시장의 탓이라고 돌린다. 그러나 미국에서는 이 추세가 더욱 빠르게 진행되었고 다른 데이터에서도 세계 금융 위기를 넘기면서 다른 몇 가지 요인으로 말미암아 지역 금융에서 멀어지는 경향이 뚜렷이 나타난다. 연방예금보험공사 데이터에 따르면 1997년 인수 합병은 598건으로 최고치를 기록했으며 이후 2012년에 103건으로 줄어들었다. 현재 추세로 판단하건대 2020년 무렵이면 인수 합병 활동이 거의 절반 수준으로 떨어질 것이다. 그러나 만일 폐쇄가 가속화되기 시작한다면 연방예금보험공사는 가만히 앉아서 폐쇄가 증가했다는 보고를 받기보다는 합병하기 위해 헌신적으로 노력할 것으로 예상된다. 최근 특허 은행이 감소하는 동안 규제기관들이 이 같은 노력을 기울였다면 그것은 그런 노력이 데이터로 나타나지 않았거나 성공하지 못했다는 뜻일 것이다.

와무WaMu, 즉 워싱턴 뮤추얼Washington Mutual의 ING다이렉트 인수와 같은 소수의 주목할 만한 예외가 있지만 폐쇄되거나 인수된 기관 가운데 85퍼센트의 자산 규모는 10억 달러에도 미치지 못했다. 사실 미국 은행 가

표 9.1. 2000년 이후 미국 은행 지점과 예금액 총계

출처: 연방예금보험공사예금 데이터 요약

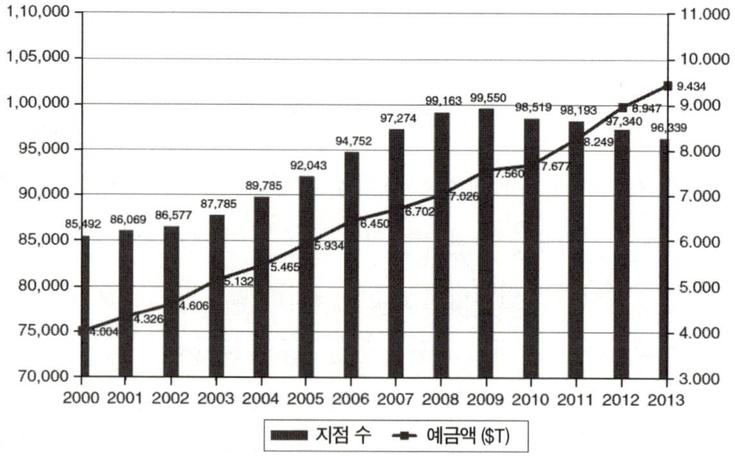

운데 91퍼센트의 자산 규모는 10억 달러 미만이며 100억 달러 이상인 은행은 총수의 단 1.5퍼센트에 지나지 않는다. 그러나 미국에서 시장 요인들로 말미암아 가까운 시기에 소규모 은행이 폐쇄될 가능성은 기관들 사이의 전략적인 합병 가능성에 비해 크게 높다.

지점 역시 활동에 타격을 입었다. 미국의 지점 수는 2009년 9만 9,500개에서 현재 9만 6,341개(표 9.1 참조)로 약 3.5퍼센트 감소했다. 이 점(사무실과 지점 대 지점)에 대한 연방예금보험공사의 통계 수치를 어떻게 보느냐에 따라 실제 지점 수가 8만 3천 개에 이를 수도 있다. 그럼에도 이 수치들은 여전히 오해의 소지가 약간 있다. 보파 같은 대형 은행 역시 핵심 지점의 평균 규모를 전략적으로 줄였기 때문이다. 지점 수가 확연히 감소하는 동안 남은 지점의 영향력이 미치는 평균 범위는 한층 감소했다. 이는 거래 활동이 줄었을 뿐만 아니라 1992년 이후 평균 창구 직원 비용이 84.2퍼센트 증가했기 때문이다. 활동이 축소되고 비용이 증가할 때 지점이 효과적으로 움직이게 하려면 비용을 줄이거나 지점을 아예 폐쇄하는 수밖에 없다.

데이터에 따르면 미국에서 (전반적인 지점 규모에 통합한 사례를 포함해) 지난 12개월간 폐쇄된 지점 중 15대 은행의 지점이 46퍼센트를 차지했다. 이들 은행은 소규모 지역 은행들이 모르는 어떤 사실을 알고 있을까? 합리적으로 생각할 때, 영향력이 제한적인 소규모 지역 은행보다 대형 은행이 지점 경제학의 전반적인 변화를 더 빨리 발견했으리라 생각할 수 있다.

지점 활동의 감소는 거래 면에서도 정확히 측정될 수 있는데 매달 지점 내 거래의 평균 횟수는 2000년 1만 1,400건에서 2013년 약 6,400건으로 감소했다. 다시 말해 평균 거래 활동이 44퍼센트 감소한 것이다(표 9.2 참조). 2003년 지점 거래는 모든 소액거래 가운데 약 1/3을 차지했다. 온라인과 모바일의 거래량이 현재 지점보다 3배 이상 많으니 지난 10년 동안 절반 이상 감소한 셈이다.

　미국에는 여전히 지점 수가 지나칠 정도로 많은가? 1인당 기준으로 볼 때 데이터에 따르면 지난 30년 동안 지점은 인구가 성장하면서 발생하는 수요보다 훨씬 더 빠른 속도로 급성장했다.

인구와 지점 비율은 1970년 9,340에서 2008년 3,683으로 감소했다. 이 놀라운 수치는 인구 성장이 절반 수준에 그칠 때 지점 수가 거의 300퍼센트 증가한 결과이다.

—2013 FMSI 텔러 라인 스터디

표 9.2. 채널별 미국 금융 거래

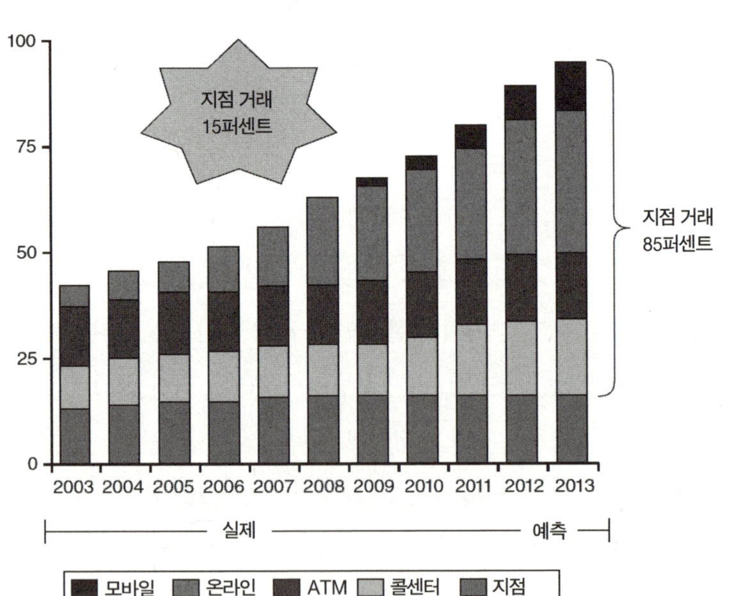

오늘날 미국에는 역사상 어느 때보다 은행 지점의 밀도가 높다. 미국인이 메인스트리트의 모퉁이에 있는 은행 지점을 발견할 가능성이 40년 전에 비해 세 배 높아졌다. 혹자는 이를 진보라고 표현하겠지만 지점 활용이 급속도로 감소하는 지금 이 수치는 은행을 이용하는 인구당 지점 수가 지나치게 많거나 가치사슬 경제학이 대단히 형편없다는 의미로 해석된다.

1970년 이후 미국에서 성장률이 평균 3퍼센트 CAGR에 이르면서 연방예금보험공사가 보증한 은행 지점 수는 281퍼센트 증가했다. 지난 40년 동안 지점 성장률은 미국 인구 성장률을 크게 능가했다. 1970년 100만 명당 지점 수는 약 107개였다. 2011년 이 수치는 100만 명당 270개로 증가했다.

―'무너진 지점의 호황: 미국의 지점 밀도의 급격한 감소 예상하기', 〈셀렌트〉, 2013년 4월 30일

문제는 지점당 연간 고객 평균 방문 수가 매년 몇 배씩 감소하므로 현재 인구당 지점 밀도가 경제적으로 더 이상 지속 가능성이 없다는 점이다. 지점 밀도가 (지점 내 활동에 대한 현재 수요를 충분히 충족시키고 남을 만한) 1990년 수준으로 돌아간다고 가정해 보자. 그래도 그것은 2020년 무렵 미국의 지점 수가 최소한 30퍼센트 감소한다는 의미이다.

연방예금보험공사는 2009~2011년 사이에 은행을 이용한 인구가 전체적으로 14퍼센트 감소했다고 보고했는데 이는 미국의 12가구당 1가구, 약 1,700만 명이 당좌예금계좌나 저축계좌를 가지고 있지 않다는 뜻이다. 이와 동시에 2009~2110년 미국 당좌예금계좌는 4퍼센트 감소해 약 1,200만 건의 당좌예금계좌가 폐지되었다. 핵심 금융 상품인 전통적인 당좌예금계좌가 감소한 것은 널리 수용되는 통념에 어긋난다. 경제가 성장하면 금융 시스템을 이용하는 사람이 더 많아져야 한다. 그런데 어째서 당좌예금계좌를 이용하던 사람들이 금융 시스템을 버리고 있는가?

전자상거래와 모바일 상거래가 급속도로 성장하고 있다는 사실을 감안해 보라. 은행과 거래하지 않는 사람들도 스마트폰 앱이나 아이튠즈에서 음악을, 네트플릭스에서 영화를, 아마존에서 물건을 구입하거나 영화 티켓을 예약한다. 오늘날 경제에 참여하기 위해 필요한 것은 (당좌예금계좌가 아닌) 플라스틱 직불카드이다. 론 셰블린이 최근 (아이트그룹의 연구 결과에 따라) 지적했듯, 은행과 거래하지 않는 미국 가구 가운데 7.7퍼센트는 어쨌거나 은행계좌를 가지고 있으며 이들 가운데 약 절반(3.5퍼센트)은 전통적인 당좌예금계좌에서 대체 금융 서비스AFS 공급업체가 제공하는 선불 직불카드로 전환했다.

마스터카드는 2010년부터 2017년 사이에 미국과 세계 나머지 지역의 범용목적 재충전general purpose reloadable, GPR 직불카드의 연평균성장률compound annual growth rate, CAGR을 각각 16퍼센트와 32퍼센트로 추정한다. 사실 선불 직불카드는 현재 미국에서 가장 빠른 속도로 성장하는 예금 혹은 저축계좌이며 많은 네오 뱅크가 이런 유형의 상품을 기본 구조로 이용하는 상황에서 성장세는 계속될 것이 확실하다. 2017년 무렵이면 미국 정부의 급부금(給付金, 정부나 공공단체에서 출연하는 돈 —옮긴이 주) 가운데 1,200억 달러가 선불 직불카드로만 발행될 것이다.

인도, 중국, 한국, 아랍에미리트, 러시아에서는 선불 직불카드가 크게 성장하고 있으며 이는 미국 선불카드의 증가와 비교했을 때 상당히 높은 비율을 차지한다. 이런 성장을 지점의 성장이나 전통적인 금융 모델의 성공 때문이라고 주장할 방법은 없다. 따라서 구태의연한 패러다임에서 벗어나지 못하는 전통적인 은행들의 계좌 활동은 그만큼 줄어들 것이 분명하다.

현재 미국에는 모바일 우선 브랜드 네 곳과 금융 '파괴자'나 '순수 인터넷' 브랜드 두 곳이 활동하고 있다. 모벤, 심플, 고뱅크, (아멕스의) 블루버드, 캐피털원Capital One 360, 앨리 뱅크Ally Bank가 그들이다. USAA와 뱅크 오브 더 인터넷Bank of the Internet처럼 디지털 방식으로 대부분의 사업을 진행하는 은행까지 더한다면 이들의 고객은 벌써 2천만 명이 훌쩍 넘는다. 네트스펜드NetSpend와 그린도트의 선불카드 프로그램을 포함시키면 고객은 또 700만 명가량 증가한다. 따라서 비지점 전자 방식을 일상적인 은행계좌로 이용하며 앞으로 사용하던 당좌예금계좌의 전부 혹은 일부를 대체할 계좌 보유자가 2,700만 명이 넘는 것이다. 이런 변화가 금융의 기본 모델을 파괴하는 확실한 증거가 아니라면 현실을 부정하는 것이나 다름없다.

이것은 너무 가혹한 말일까? 2013년 11월 발행된 〈액센추어Accenture〉의 보고에 따르면 2020년 무렵이면 정규 은행은 순수 인터넷 은행에 시장점유율의 약 35퍼센트를 잃고 미국 은행 가운데 최대 25퍼센트가 완전히 사라질 수 있다. 더욱 흥미로운 통계는 네오 뱅크(심플, 모벤, 고뱅크, 블루버드)가 이미 전통적인 사업자들의 시장점유율을 9퍼센트가량 빼앗았다는 사실이다.

이것은 미국 은행과 지점 수에 어떤 영향을 미칠까?(또는 무엇을 제공하는가?) 지점 밀도가 1990년대 수준(100만 명당 250개 지점)으로 돌아가거나 기관당 평균 지점 수가 9.3개(2004년 수준)에 머문다면, 그래서 우리가 이미 목격하고 있는 감소세에 따라 금융기관의 수가 계속 줄어든다면 그 수치에서 많은 것을 깨달을 수 있다.

이 감소 추세로 판단하건대 2020년 무렵 미국 금융기관 수는 (현재 유럽과 거의 맞먹는) 약 4,880개로 떨어질 것이다. 1990~2000년 수준의 인구당 지점 밀도와 기관당 평균 지점 수를 감안한다면 통합의 결과로 남은 지점 수는 4만 5천~7만 개에 이르러 감소 범위는 표 9.3과 같아질 것이다.

지점 이용과 거래량 데이터를 보면 앞으로 5~10년이 지나면 지점 활동이 감소할 것이 확실하다. 유일하게 남은 문제는 얼마나 빨리 혹은 급격하게 감소하느냐 하는 것이다. 내 추정치가 약간 과격하다고 생각할 수도 있겠지만 이것은 세 가지 단순한 원칙을 토대로 얻은 데이터이다.

1   특허 은행 수는 현재 비율로 계속 감소한다(모바일의 영향이 가세하면 약간 더 빨라질 것이다).

2   지점은 대략 1990년이나 2000년의 밀도로 통합된다.

3   이는 거래 활동과 총수입이 줄어드는 현상의 이유이다.

현재 지점의 일상적인 거래량 대 부동산, 정규직 기준full time equivalent, FTE 비용과 자산, 예금을 토대로 판단하건대 지점의 약 30퍼센트가 수익을 거두지 못할 것이다. 따라서 이들은 틀림없이 대부분의 통합에서 첫

표 9.3. 2012년 이후 미국 지점 수의 감소 추정치

출처: 작가의 추정치

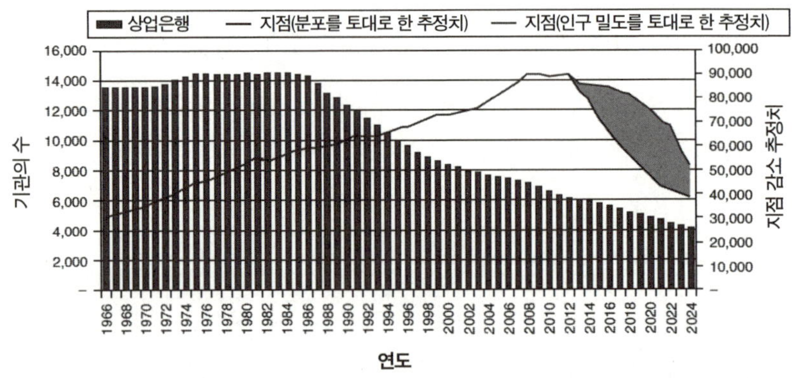

희생자가 될 것이다.

이런 식으로 생각해 보라. 우리가 1990년대 후반과 2000년대 초반에 지점을 확대하던 속도만큼 빨리 지점을 개설하지 않는다면, 지점의 증가세를 역전시키는 전반적인 기관과 은행 수의 감소 현상으로 보아 예측된 수치들이 현실이 될 것이다.

지점 수를 증가시킨다는 과제는 1990년대에는 거부하기 어려웠다. 지점을 폐쇄해야 한다는 과제는 한층 더 거부하기 어려울 것이다. 수익이 감소하고, 참여가 줄어들고, 고객을 지점으로 끌어들이려는 마케팅 채널이 실패하고, 스마트폰을 중심으로 고객 행동이 급속도로 변화하고, 경제가 급속도로 쇠퇴할 것이다. 미국의 지점 수는 2008년 최고치를 기록했다. 여기서부터 내리막길이 계속된다. 영국 버클레이 은행의 말을 귀담아듣는다면 이 모든 폐쇄와 그 이후 지점 직원의 감축이 이어진 것은 스마트폰 때문이었다.

지점 네트워크를 유지하지 않는 은행은 특정한 고객 집단을 고려할 때 지점 네트워크를 유지하는 은행에 비해 고객 확보 비용과 서비스 속도 면에서 상당히 유리하다. 분명 지점 위치보다 효율성과 단순성을 선호하는 고객 집단이 성장하고 있다.

그렇지 않다면 인터넷과 모바일의 성장이 지점 경제학에 실질적으로 영향을 미치지 않으며 현재 감소하는 활동이 갑자기 불가사의하게 멈출 것이라고 생각해야 한다. 현재 인수 합병은 시장을 축소시킬 만큼 영향력을 키우지 못했으니 기본적인 당좌예금 활동이 감소한 것은 이런 감소 추세에 일조하고 있음이 분명하다. 〈액센추어〉가 예측한 대로 틀림없이 순수 인터넷 파괴자들의 영향력이 더욱 커지고 있다.

금융을
심플하게
만들기

네오 뱅크 집단에서 처음 인터뷰한 대상은 독특한 방식으로 언론과 금융 산업의 관심을 사로잡은 팀이었다. 심플은 소셜미디어에 웹 2.0 붐이 일어난 후 가장 먼저 새로운 금융 기업으로 등장한 회사로, 모바일을 사명 선언문의 핵심 요소로 포함하고 있다.

　무엇보다 심플은 특허를 받지 않고 완벽한 일상적인 은행계좌로 출범한 최초의 디지털 뱅킹 공급업체였다. 심플보다 앞서 에그, ING다이렉트, 유뱅크 등과 같은 은행이 디지털 브랜드를 시도했으나 그들에게는 지원을 받을 만한 특허가 이미 있었다. 심플은 은행 면허를 아웃소싱에 의존하지만 정말로 단순하고 매력적인 소비자 경험과 그 위에 훌륭한 서비스를 제공함으로써 더 좋은 은행이 될 수 있다고 믿었다. 안타깝게도 2014년 미화 1억 1,700만 달러로 BBVA(스페인의 상업은행—옮긴이 주)에 인수되었으나 미국에서는 독립된 별개의 영업소이자 브랜드로 남을 것이다.

　심플의 공동 창립자이자 최고경영자인 샤미르 카르칼Shamir Karkal과 인터뷰를 했다.

브렛　샤미르, 본인과 심플에 대한 소개를 부탁드립니다.

샤미르　감사합니다. 저는 조시 라이시Josh Reich와 함께 심플닷컴을 창립했습니다. 조시와 나는 4년 전쯤에 고객에게 스마트하게 소비하고 저축할 수 있는 방법을 제공하겠다는 목표로 심플닷컴을 시작했죠. 그러니까 고객에게 무척 적대적으로 보이던 기존 은행 시스템에 대한 좌절에서 심플이 탄생한 겁니다. 수수료는 어마어마하고 기술은 지극히 낙후되었으며 고객 서비스 모델은 정말 도움이 되지 않았죠. 우리의 비전은 단순하고 이용하기 쉬운 한편 고객의 효과적인 재무관리를 돕고 과태료로 고객을 고생시키지 않는 온라인 뱅킹 서비스였습니다. 우리는 그런 서비스를 구축하고 출범시킬 수 있다고 믿었죠.

준비에만 거의 2년 반이 걸렸고 출범한 지 이제 약 1년 되었습니다. 현재 10만 명이 넘는 고객을 확보하고 상당히 빠른 속도로 성장하고 있습니다.

브렛 우리는 2010년 1월에 만났죠. 당시 이 분야는 막 걸음마 단계였습니다. 당신과 조시가 어떻게 이런 은행을 창립하겠다는 아이디어를 얻었는지 말씀해 주십시오. 특허가 없는 은행의 길을 실제로 가본 경험이 없는 상태에서 어떻게 이런 접근 방식을 택하고 기존 시스템을 토대로 삼겠다고 결정했나요?

샤미르 조시와 나는 2004년 경영 대학원에서 처음 만났습니다. 저는 소프트웨어 엔지니어였는데 조시도 마찬가지였죠. 그는 창업의 세계로 향했고 저는 경영 컨설팅을 하는 컨설턴트가 되었습니다. 2009년 중반에 브뤼셀에서 지내고 있던 제게 조시가 연락을 해왔죠. 이메일을 보내서 "소액거래 은행을 시작해 보자"고 하더군요. 약간 놀랐습니다. 그 무렵에 전 금융 컨설턴트로 일하면서, 문을 여는 은행보다는 닫는 은행에 익숙했으니까요. 조시와 이야기를 나누기 시작하자마자 특히 미국에서 금융 산업이 지난 30년 동안 약간 변했다는 사실을 깨달았습니다. 과거 60년대와 70년대에 금융이란 지점을 방문해서 이미 알고 있는 창구 직원과 지점장에게 받는 개인적인 서비스였죠. 사람들은 그런 식으로 재무를 관리했습니다.

그 이후 규제 완화의 물결이 계속되었고 금융 산업을 완전히 압도한 거물들이 나타났죠. 이 시점에 이르러서는 과점 상태가 되었습니다. 특히 대형 은행들은 이제 고객들을 혼란스럽게 만들면서 거액을 법니다. 수익의 많은 부분을 주문 수수료, 과태료, 그 밖에 온갖 종류의 깜짝 수수료에서 발생하는 수입에 의존하죠. 고객이 재무를 관리하도록 도와야 할 동기가 전혀 없어요. 그런데 인터넷과 함께 성장한 인터넷 '네이티브' 세대의 고객이 등장했습니다. 그들은 가능하면 지점에 가고 싶어 하지 않아요. 그런 식으로 서비스 공급업체와 상호작용하는 세대가 아닙니다.

이 소비자 집단은 '수표책 결산'이 무슨 의미인지조차 이해하지 못합니다. 지금 그들이 사회생활을 시작해서 점점 경제의 중요한 부분으로 자리 잡고 있어요. 그런데 실제로 그들이 이해하고 관계 맺는 방식으로 재무관리를 돕는 서비스는 없습니다. 우리는 이걸 보고 '여기 엄청난 기회가 있다'고 판단했죠. 심플 같은 서비스가 필요한 수백만 명이 존재하는데 아무도 그걸 공급하지 않는 겁니다. 분명 그건 대형 은행이 제공할 만한 서비스는 아닐 겁니다. 그렇게 해서 2009년 말경 아이디어가 등장했고 우리는 몇몇 투자가와 수많은 파트너에게 아이디어를 전했습니다.

사실 브렛, 당신에게도 이야기했죠. 우린 《뱅크 2.0》을 읽고 이 가설의 타당성을 확인했어요. 그리고 2010년 직장을 그만두고 심플을 구축하고 출범시키는 데 온 시간을 투자했죠. 잠시 특허를 얻기 위해 애를 쓰다가 시간이 훨씬 더 많이 걸릴 거라는 사실을 곧바로 깨달았습니다. 우리가 가진 것보다 훨씬 더 많은 시간과 돈이 필요하리라 판단했죠.

현재 연방예금보험공사에서 특허를 얻으려면 족히 3, 4년은 걸립니다. 신생기업이 첫 고객을 얻기 위해 3, 4년을 기다리는 건 불가능하죠. 우리는 이런 식으로 생각했습니다. '좋아, 특허를 얻는 길을 제외하면 어떤 식으로 이 일을 할 수 있을까?' 그러다가 우연히 선불카드 산업을 만났죠. 지금껏 선불카드는 이른바 '은행 서비스를 충분히 받지 못하거나' '은행 거래를 하지 않는' 인구집단을 대상으로 마케팅을 했습니다. 정규 당좌예금의 모든 특성이 필요하지는 않은 집단이었죠.

우리 생각은 이랬습니다. '정규 당좌예금은 우리가 제공하고 싶은 제품이 아니야.' 그런 한편 이 선불 세계의 기술(고작 10년 전에 시작한 전체 선불카드 시장)은 훨씬 더 새로웠고 그래서 API, 모던 코어, 클라우드 기반 시스템 등을 갖춘 새로운 프로세스가 등장했습니다. 우리가 심플을 설립할 때 쓰고 싶은 방식이었죠. 그런 기능은 전통적인 금융 세계에는 존재하지 않았습니다. 기존 상품은 우리가 원하던 것과 달랐으니 우리는 선불 시장의 기술을 채택해서 그 시장의 운영 방식과 제품을 바꾸고 심플을 구축했죠. 심플을 출범하기까지 약 18~24개월이 걸렸습니다.

브렛　샤미르, 선불 상품과 당좌예금계좌의 주된 차이에 대해 이야기해 봅시다. 일반적으로 구성에 따라 예금이나 그 비슷한 종류에 어떤 제한이 있겠지만 주된 차이는 수표책을 받지 못한다는 겁니다. 수표를 쓰지 않죠. 당신의 표적으로 삼는 부류의 고객들은 일상적인 은행계좌를 찾고 있나요?

샤미르 그들이 찾는 건 더 효과적인 금융관리 방식입니다. 수치로 나타내기는 다소 어렵지만 당신에게 통제권이 있다는 의미죠. '나는 내가 얼마를 버는지 알고 있어. 얼마를 쓰고 있는지 알고 있어. 어디에 돈을 쓰는지 알고 있고 내게 중요한 일에 쓰고 있어. 그래서 통제권이 내게 있는 거야.' 그건 권한이 있다는 느낌입니다. 그게 바로 우리 고객이 찾는 것이고 우리는 그걸 성취할 수 있는 구체적인 목표를 제공하죠.

우리는 일반 은행계좌의 메커니즘을 모두 제공합니다. 당신에게 직불카드를 주고, 당신이 온라인으로 청구서를 납입하도록 돕죠. 모바일 앱에서 바로 수표를 입금할 수 있습니다. 외부 계좌와 링크해서 쉽게 돈을 보내고 받을 수 있죠. 다른 온라인 뱅킹과 비교해서 심플이 독특한 점은 '목표'라는 특성에서 찾을 수 있습니다. 예컨대 이듬해 휴가나 일반적인 저축 목표 등 성취하고 싶은 일의 목표를 세울 수 있죠. 그러면 우리가 매일 정해진 액수를 인출해서 그 목표 계좌로 옮깁니다. 다시 말해, 고객은 기본적으로 저축 계획을 세우고 심플을 이용해서 자동으로 예산 계획을 세우는 겁니다. 몇 번만 클릭하면 끝납니다.

브렛 만약 인터넷 뱅킹이나 모바일 앱, 또는 전화로 수표를 입금하는 등 전통적인 은행계좌를 통해 원하는 만큼 송금할 수 있는 사람이 있다고 합시다. 이 경우 예금계좌로 심플 계좌를 택함으로써 위에서 말한 방식들이 가진 장점과 맞바꿔야 할 것은 없나요?

샤미르 그 한 가지는 '지점'이죠. 우리는 지점 네트워크가 없으며 앞으로도 가질 계획이 없습니다. 지점으로 들어가는 데 익숙한 사람들에게는 그게 문제가 될 수 있겠죠. 하지만 우리 고객 대부분은 지점에 들어가기를 원치 않으며 그래서 지점을 없다는 사실을 무척 좋아했습니다.

우리는 대신 고객 서비스에 크게 투자했어요. 현재 심플의 고객 서비스팀은 엔지니어링팀보다 규모가 더 큽니다. 직접 고객 서비스 도구를 만들어서 모바일과 웹 경험에 통합하죠. 트위터와 페이스북에 들어가면 우리 고객들이 심플의 고객 서비스 수준에 대해 열심히 얘기하는 걸 볼 수 있습니다. 지점 네트워크와 고객 서비스 투자의 비용을 보면 고민할 필요가 없어요. 중앙 고객 서비스팀을 구성해서 고객에게 탁월한 경험을 제공하는 편이 훨씬 더 좋습니다.

브렛 샤미르, 팀 구성에 대해 말씀해 주십시오. 고객 서비스팀은 언급했으니 나머지 팀과 팀 구성이 전통적인 은행과 어떻게 다른지 설명해 주시죠.

샤미르 우리는 전통적인 은행보다는 팀, 스타트업과 비슷합니다. 현재 우리 회사 직원 70명 가운데 40명이 엔지니어이고 40명이 고객관계CR 직원, 그리고 5, 6명이 관리자와 행정 직원, 기본적으로 '오버헤드'죠. 관리 계층으로는 매우 얇은 겁니다. 우리는 상향식으로 모든 일을 처리하고 고객관계 직원과 엔지니어링 직원들은 고객을 돕는 데 필요한 일이라면 무엇이든 처리할 권한을 가지고 있습니다. 전통적인 은행에서는 복종형 직원, 업무형 직원, 결제 처리, 재무관리 같은 일을 하는 직원이 훨씬 더 많을 겁니다. 우리는 이런 일을 전혀 하지 않습니다.

이제는
@getMoven 할
시간!

먼저 밝히지만, 나는 2011년 초반 알렉스 사이언과 함께 모벤을 창립했다. 나는 알렉스에게 이 장에서 심플과 아멕스의 대표들과 합류해서 네오 뱅크 이론을 지지해달라고 부탁했다. 이 세 회사에는 비슷한 점이 있지만 각 회사는 은행계좌를 재설계하고 더 훌륭한 은행을 건설하는 문제에 대한 독특한 접근 방식을 제공한다. 나는 이 문제에서 인터뷰 진행자로서 중립을 지키고 사실과 세부사항을 얻어내는 한편, 알렉스와 내가 금융 산업을 파괴하겠다는 구체적인 목표를 세우고 구체화하고 있는 금융 개념에 대한 개인적인 소견을 제시하기 위해 노력했다.

브렛   알렉스, 모든 분에게 본인과 배경에 대해 소개해 주시고 모벤이 어떤 일을 하는지 말씀해 주시죠.

알렉스   전 금융 서비스 분야에서 성장한 사람입니다. 제 관심의 초점은 항상 기업 전략과 기술이 새로운 혁신과 새 모델을 창조하는 분야의 교차점에 있었죠. 시티그룹에서 근무하며 마이파이**MyFi**라는 브랜드를 출범하기 위해 노력했습니다. 부유한 소비자들에게 일상적인 금융 안정을 제공하는 브랜드였죠. 사피언트**Sapient**에서 디지털 마케팅 업무를 담당하던 중에 브렛 킹을 만났고 모바일, 모바일 결제, 소셜 네트워크의 교차점에 대해 우연히 알게 되었습니다. 우리를 연결시킨 건 지점 기반 금융 세계의 관행을 파괴하는 일이었죠. 초기에 나눈 대화, 그리고 브렛이 그의 책에서 처음 제시한 영감을 토대로 우리는 금융 경험을 재창조하고 고객 통제의 이동성이라는 아이디어의 핵심을 이루는 모벤의 아이디어를 얻었어요.

모벤은 새롭거나 더 좋은 은행이라기보다는 자금관리 서비스에 더 가깝습니다. 그게 아마도 우리를 묘사하는 가장 적절한 방법일 겁니다. 우리는 고객이 일상적인 자금을 계속 통제하도록 돕는 자금관리 서비스이고 우리의 목표는 '더 많이 저축하도록' 돕는 일입니다. 결제 경험에 통합된 모바일 같은 요소의 새로운 기능을 이용하고 소비하는 과정에 행동 변화를 유도하는 일과 통제를 핵심으로 삼는 생태계와 경험을 설계했죠.

브렛 모벤이라는 이름에 대해 말씀해 주십시오. 샤미르와 심플에 대해 이야기했는데 심플은 굳이 설명이 필요하지 않죠. 일상적인 금융에 대한 더 단순한 접근 방식이라는 뜻이니까요. '모벤'이라는 이름은 어디서 온 겁니까?

알렉스 이동성mobility이라는 개념이 핵심입니다. 금융이란 당신이 향하는 어떤 장소가 아니라 당신이 수행하는 어떤 일이라는 것이 전체적인 개념이죠. 돈을 당신의 전반적인 라이프스타일에 통합하는 겁니다. 움직이는 것moving, 활동적인 것on the move, 운동하는 것motion, 진행 중인 것progress이 우리 브랜드와 브랜드 이름의 핵심이에요. 우리는 모벤뱅크, 또는 무브 앤 뱅크Move-and-Bank로 세상에 첫 선을 보였지만 곧바로 여기서 '뱅크'를 뺐습니다. 고객 입장에서 은행이란 단어는 좀 부담스럽거든요. 솔직히 우리가 원하는 브랜드와 우리가 원하는 서비스를 더 적절하게 묘사하는 이름은 그냥 '모벤'입니다. 뱅킹이라는 사업보다는 당신의 라이프스타일과 관련이 더 많으니까요.

브렛 오늘 우리가 이야기하는 세 회사(심플, 아멕스 블루버드, 모벤)는 모두 전통적인 시스템 위에 새로운 층을 설립하지만 전통적인 은행 특허의 길을 따르지 않는 접근 방식을 택했습니다. 알렉스, 금융기관과 고객에게 그 접근 방식은 어떤 장단점이 있습니까?

> 우리가 (네오 뱅크로서) 노력하는 일은 근본적으로 무너진 시스템을 재설계하는 것이다.
> __알렉스 사이언(모벤의 공동 창립자)

알렉스 근본적으로 우리는 (네오 뱅크로서) 무너진 시스템을 재설계하기 위해 노력합니다. 시스템은 두 가지 측면에서 무너졌습니다.

첫째, 은행은 높은 유통 비용, 인수 비용, 지점 중심적이고 적법 규정으로 가득한 모델을 더 이상 유지하기가 어려워졌습니다. 이런 모델에서 탄생한 시스템은 고객에게 그다지 효과적이지 않죠.

둘째, 고객은 은행이 기본적인 소액 예금과 결제 분야에서 돈을 벌 수 없다는 사실에 충격을 받습니다. 고객을 돕지 못하는 은행들 사이에 적대적인 관계가 형성되어 은행은 기본적으로 수수료를 숨기고, 고객에게 원치 않는 수수료를 부과하고, 고객을 희생시키면서 비용이 저렴한 서비스를 제공하려고 노력하죠.

보편적으로 우린 그걸 무너뜨리려고 노력하고 있습니다. 하지만 그 산업과 공존할 수 있는 모델을 따라야 하고 그래서 마스터카드와 비자 같은 기업과 협력하고 연방정부에서 보장하는 계정을 보유해야 합니다. 하지만 그런 한편 고객에게 초점을 맞추고 이 두 가지 측면, 그러니까 지점 중심이 아닌 모바일, 디지털, 그리고 소셜 네트워크 중심적인 개선된 유통 모델과 전반적인 가치 전제에 초점을 맞추는 모델을 설계했습니다.

여러분이 붙인 이름대로 우리 '네오 뱅크들'은 소액 예금과 결제를 최종 소비자에게 더욱 가치 있는 것으로 만들겠다고 굳게 결심했습니다. 은행과 카드 회사는 소비를 더 부추기고 이율을 높이고 수수료를 부과하는 일이 아닌 이상 이런 데 관심이 없죠.

브렛   이런 기업들이 존재하게 된 환경에 대해 설명했는데 그래도 일상적인 고객 경험을 본다면 뱅크 오브 아메리카나 웰스 파고에 당좌예금계좌를 보유한 고객은 이미 직불카드, 인터넷 뱅킹, 그리고 어쩌면 모바일 앱까지 사용할 수 있습니다. 모벤의 일상적인 경험이 그런 주요 당좌예금계좌 공급업체들이 제공하는 경험과 어떻게 다를까요?

알렉스   '돈을 안전하게 보관하고, 이리저리 옮기고, 그걸로 결제할 수 있다'는 순전히 '금융 거래' 공간에만 초점을 맞춘다면 모벤과 전통적인 대형 은행은 거의 다를 바 없습니다. 모벤의 경우 은행계좌를 스마트폰으로 완벽하게 다운로드 받을 수 있다는 점만 다를 뿐이죠.

우리 가치 전제의 핵심은 결제 경험을 색다르게 만들어서 고객이 자기 돈을 더 통제하고 현명하게 이용한다는 느낌을 준다는 데 있습니다. 모벤은 당신이 결제하는 모든 순간에 초점을 맞춥니다. 단순한 '승인' 혹은 '거절' 이외에 당신이 결제 경험 자체에서 은행과 카드 회사로부터 얻는 가치는 없다고 생각합니다.

브렛   판매자와 매장에서 등록기에 카드를 제시할 때를 말씀하시는 건가요?

알렉스   정확히 그렇습니다. 매장에서 결제하는 순간 무슨 일이 일어나는지에 관한 정보는 거의 없죠. 그렇지 않나요? 고객들은 거래를 빨리 진행하고 그들의 일상으로 돌아갑니다. 그러나 뱅킹과 카드 세계에서 매우 조용하게 일어나는 그런 상호작용의 순간이 사실 고객에게는 정말 중요한 진실의 순간입니다. 모벤은 처음부터 그 사실에 초점을 맞추었어요. 거기가 바로 그들의 돈이 움직이는 곳이죠. 고객이 참여해 중대한 소비 결정을 내리는 곳이고 그들이 자신의 돈을 통제할 권한이 있으며 자신이 수행하는 일에서 무언가를 배울 수 있다고 느끼는 통찰력을 전달하기에 가장 적절한 시간입니다.

우리는 결제 경험뿐만 아니라 이동전화의 이동성과 이동전화가 결제 경험이 일어나는 순간 제공하는 기회에 몰두하게 되었죠. 우리는 이걸 조용하고 정보가 없는 익명의 순간이라고 생각지 않습니다. 오히려 금융에 대한 조언이 가장 효과적으로 전달될 수 있는 순간, 고객이 재무관리를 더 잘하고 저축을 더 많이 하도록 돕겠다는 목적을 가지고 고객의 일상적인 소비 결정에 영향을 미칠 수 있는 순간이라고 봅니다.

브렛 알렉스, 모벤은 최근 가동할 준비를 마쳤습니다. 모벤의 2013년 하반기와 그 이후의 계획에 대해 말씀해 주십시오.

알렉스 아이튠즈와 구글 플레이스토어에 앱이 있고, 계속해서 경험을 안정화시키고 향상시키며 초기 고객들을 유지하고 있죠. 현재 우리의 목표는 2014년 후반까지 모바일 가입 제도를 도입해서 완벽하게 다운로드 받을 수 있는 계정을 마련하는 겁니다. 그러면 플라스틱 카드나 스티커를 기다릴 필요가 없죠. 그냥 앱을 다운로드해서 매장에서 결제할 수 있습니다.

포괄적인 의미에서 금융에 대한 고객의 인식을 어떻게 바꿀 수 있을까요? 미래의 금융은 새로운 은행계좌보다는 모바일 머니 앱이나 다운로드 받을 수 있는 은행계좌와 관련이 있을 겁니다. 더 스마트하게 소비하고 통제권을 계속 유지할 수 있죠. 계좌나 금융 문제가 아니라 라이프스타일을 위해 제공하는 유용성이 핵심인 겁니다. 이 접근 방식에 대한 우리의 가설은 크게 차별화되는 마케팅과 유통으로 이어진 무수히 다양한 경로를 열어주죠.

브렛 모벤을 이용하려면 은행계좌를 전환해야 합니까?

알렉스 아닙니다. 모벤은 적어도 처음에는 기존 은행과 고객의 관계와 관련 있는 제품입니다. 모벤이 앱이 된다는 개념은 당신이 더 스마트하게 소비하는 데 도움이 됩니다. 전환해야 할 필요성이 낮아지죠. 모벤이 기존의 은행 소액거래 상품과 공존할 수 있다고 믿습니다.

저는 그냥 모벤이 더 가치 있는 서비스라고 생각합니다. 소비자가 한 번만 결제해 보면 이해할 수 있어요. 전형적인 직불카드나 계정은 그저 신속하게 물건을 살 수 있도록 돕는 어떤 것에 지나지 않죠. 반면 우리가 바라는 건 고객이 모벤에서 항상 자기 돈을 통제한다는 생각을 가지고, 상황에 맞는 조언을 얻으며, 우리 브랜드가 고객의 편이고 고객의 최고 이익을 진심으로 염두에 둔다는 사실을 체험하는 겁니다. 제 생각에는 이런 걸 카드 회사나 은행에서 얻을 수는 없어요. 카드 회사나 은행은 그들의 데이터를 토대로 고객에게 마케팅하는 데 중점을 두는 반면 우리는 그들의 데이터로 고객에게 권한을 부여하는 데 중점을 둡니다.

브렛 고객들은 모벤 계정과 앱을 어떤 식으로 이용합니까?

알렉스 우선 가장 먼저 앱을 다운로드해서 계정에 첫 자금을 입금해야 합니다. 다른 계정들도 앱에 추가해서 모든 카드와 은행 상품의 소비를 관찰할 수 있죠. 우리는 고객에게 소셜 네트워크에 연결하라고 권합니다. 모벤 고객 가운데 80퍼센트가 그렇게 하고 있어요. 그러면 우리가 제공하는 자금이나 소비 관련 행사뿐만 아니라 친목 행사와 연결하고 페이스북 친구들 사이에 쉽게 결제가 가능한 기능 등 근사한 기능을 이용하기가 쉽죠. 마지막으로, 하지만 못지않게 중요한 단계로서 두 가지 형태로 출시되는 결제 상품을 이용합니다. 한 가지는 전화 뒷면에 부착하는 비접촉식 스티커이고 다른 하나는 전형적인 직불카드죠. 우리가 카드가 없는 세상이 올 거라고 믿는 이유는 어떤 면에서 카드는 둔한 도구이기 때문입니다.

생활 속에서 카드를 긁는 순간, 사람들은 무심코 돈을 소비합니다. 전화를 사용해서 '모바일'로 지불하든 마스터카드 페이패스 MasterCard PayPass 기술을 이용하든 카드를 긁든 상관없이 우리는 전화가 거래의 중심이 되기를 원합니다. 거래와 모벤에게 가장 큰 의미가 있는 소비 행동에 관한 즉각적인 조언을 받는 기능에 전화가 필요하니까요.

브렛 거래하기 전후에 전형적인 직불카드 사용과 전화가 어떻게 다른가요?

알렉스 요즘에는 매장에 들어가면 앱을 열고 곧바로 두 가지를 확인합니다. 첫째, 잔액은 얼마인가? 돈을 얼마나 가지고 있는가? 그러면 화면 중앙에 이번 달에 쓴 돈, 좋은 데 썼는지 나쁜 데 썼는지 혹은 궤도에서 벗어난 것은 아닌지 등 내 소비 패턴에 대한 약간의 정보가 뜹니다. 그때부터 지금 이 물건을 살 것인지에 대해 생각하기 시작하죠.

가령 당신이 어떤 제품을 골라서 결제하려고 계산대로 간다고 합시다. 만일 모바일로 결제하면 거래를 끝내고 1, 2초 만에 거래가 무엇을 의미하는지에 대한 경고를 받습니다. 내가 쓴 돈을 확인시키는 것은 물론이고 스타벅스에서 커피 한 잔을 샀다면 "이번 달에 스타벅스에서 이미 50달러와 외식비로 200달러를 쓴 것을 아십니까?" 같은 말이 전달되는 거죠. 이 앱은 해당 상황에 맞는 조언의 지원을 받아 전반적인 소비를 줄이는 궤도를 지키고 있는지 아니면 궤도에서 벗어났는지를 알려줍니다. 당신이 어디로 향하고 있는지를 알리는 거죠. 주제넘지 않은 방식으로 당신의 소비 행동을 감시하고 예산이나 목표의 필요성을 근본적으로 없앤다는 이 충실한 아이디어가 돈을 통제하는 겁니다.

우리는 '녹색' '노란색' '빨간색'이라는 단순한 은유를 이용합니다. 녹색은 궤도를 지키고 있다, 노란색은 이 점을 고려해야 한다, 빨간색은 정말로 이 점을 고려해야 한다는 뜻이죠. 돈 관리는 그렇게 간단해야 합니다. 우리는 고객 대신 이 임무를 수행하다가 고객이 돈에 관한 결정을 내려야 하는 시점, 그러니까 돈을 쓸 시점에 이르러 고객에게 돈 관리를 맡깁니다.

블루버드가
날아오르고
있다

월마트와 아메리칸 익스프레스가 직불계좌와 당좌예금계좌의 대안으로 블루버드Bluebird를 출시했다. 블루버드는 인상적인 온라인과 모바일 플랫폼 그리고 카드와 결제, 거래 기능을 처리할 수 있는 아메리칸 익스프레스의 서비스와 더불어 미국 전역의 4천 개 월마트 매장에서 통합적으로 이용할 수 있다.

> 블루버드는 스마트폰을 이용한 예금, 모바일 청구서 납부, 수수료의 투명성, 최소 잔액, 월 수수료, 연 수수료, 초과 인출 수수료 폐지 등과 같은 첨단 기능을 찾는 미국인 수천만 명을 위해 개발되었다.
>
> — 아메리칸 익스프레스/월마트 보도자료, 2012년 10월

월마트는 은행 특허를 매입해서 자사의 전국 네트워크에 은행 기능을 구축하기 위해 노력했다. 그러나 지나친 시기심에 사로잡힌 규제기관과 상당한 로비 압력 때문에 매번 좌절했다. 월마트 매장에 있는 4천 개 지점 네트워크를 갖추고 시장의 진입 단계에서 고객에 접근할 때 중대한 우위를 확보할 새로운 은행 브랜드는 분명 대단히 매력적이었다. 훨씬 더 값비싼 유통 채널과 높은 고객 확보 비용으로 고전하는 전통주의자들이 겁을 먹기에 충분했다. 마침내 아메리칸 익스프레스(아멕스)가 구조에 나섰고 블루버드가 투입되었다.

블루버드는 2011년에 출범된 시범 프로그램을 보강한 반복 디자인 접

근 방식으로, 전통적인 당좌예금계좌와 직불 서비스, 점점 높아지는 수수료에서 기대한 가치를 얻지 못했다는 소비자들의 피드백을 토대로 수립되었다. 소비자들은 현재 기본적인 당좌예금계좌(심지어 이른바 무료 당좌예금계좌)에 매년 평균 259달러를 지불하고 있다. 이 서비스에 대한 추가 수수료가 계속 증가하고 최소 잔액 수준이 점점 높아짐에 따라 비용이 증가하고 있다. 이 문제를 해결하기 위한 블루버드의 접근 방식은 특성이 풍부하고 단순하지만 직접적인 기본 수수료 구조, 혹은 그들이 자세히 설명하듯이 '수수료가 아니라 특성으로 채운Loaded with Features, Not Fees' 구조이다. 이 구조를 월마트의 고객 접근성과 결합시킴으로써 네오 뱅크 분야의 가공할 만한 존재가 탄생했다.

나는 아메리칸 익스프레스의 제품담당 부사장이자 직불 및 당좌예금계좌 대안의 책임자인 존 로스너Jon Rosner에게 블루버드와 월마트의 파트너십이 어떤 결실을 맺고 있는지 좀 더 자세히 설명해 달라고 부탁했다.

브렛 존, 본인 소개를 해주시고 맡은 일에 대해서도 말씀해 주시죠.

존 먼저 초대해 주셔서 감사합니다. 같은 일을 하는 분들과 이렇게 근사한 자리에 동석하게 되어 기쁩니다.

전 아메리칸 익스프레스에서 10년 조금 넘게 근무하면서 미국 내에서 직불계좌와 당좌예금계좌의 대안을 수립하는 일에 관련된 모든 상품 활동을 감독하고 있습니다. 몇 년 전에 이 직책을 맡으면서 가장 먼저 한 일은 부모들이 아이들에게 주는 전통적인 선불 상품인 패스Pass였죠. 그런 다음에 아메리칸 익스프레스 선불카드로 이동했습니다. 소매 매장에서 판매하는 전통적인 재충전 선불카드였죠. 그다음 지난 1년 반 동안 월마트와 긴밀히 협력해 블루버드를 출시했습니다. 전통적인 선불 재충전 상품에서 직불계좌와 당좌계좌에 대한 대안이라고 일컬어지는 쪽으로 더 가까워진 겁니다.

브렛　상당히 흥미롭군요. 물론 월마트는 그 자체로 미국의 대표적인 기업이니까요. 어떻게 이 파트너십이 탄생하게 되었습니까?

존　훌륭한 질문입니다. 환상적인 방식으로 탄생했습니다. 앞서 언급했던 아메리칸 익스프레스는 전통적인 선불 상품에서 더욱 확장해서 더욱더 많은 미국인에게 브랜드를 알릴 방법을 모색하고 있었죠. 아메리칸 익스프레스 브랜드는 150년 동안 존속했고 안전, 신뢰, 보안을 상징합니다. 우린 그것이 아메리칸 익스프레스의 타겟 고객(미국의 부유층에 속하는 고객)이었던 사람들은 물론이고 모든 미국인에게 의미가 있다고 믿습니다. 아메리칸 익스프레스는 우리 브랜드와 고객 기반을 확장할 기회를 찾고 있었고 월마트는 머니카드 상품의 서비스를 충분히 받지 못하는 사람들에게 초점을 맞춘 핵심 선불 시장에서 성공적인 성과를 거두었죠. 월마트는 일반적인 미국인들이 월마트 머니카드를 이용하는 상황에서, 선불 시장에서 거둔 성공을 복제하고 확장할 방법을 모색하는 중이었습니다. 일반적인 미국인이란 서비스를 충분히 받지 못하지만 적은 월급으로 근근이 생활하며 그들의 금융기관으로부터 압력을 받고 있는 사람들을 가리킵니다.

브렛　최근 데이터에 따르면 적은 월급으로 근근이 생활하거나 직장을 잃거나 위기가 닥쳤을 때 한두 달 치 기본적인 비상금조차 없는 미국인이 70퍼센트에 이른다고 합니다. 우리가 언급하는 사람들은 대다수 미국인인 것처럼 들리네요. 현재 블루버드를 사용하는 고객 부류에 대해 말씀해 주십시오.

존 출범한 이후에 우리는 블루버드를 선택한 사람들의 최신 통계 수치를 계속 공개했는데 수치는 대단히 성공적이었죠. 우리는 아메리칸 익스프레스라는 브랜드의 안전과 보안을 확대할 수 있겠다고 판단했습니다. 블루버드 가입자(2013년 1월 당시) 가운데 85퍼센트가 신규 회원이었죠. 그들은 우리의 전통적인 신용카드와 고객카드로 관계를 맺은 적이 없었습니다. 그들 가운데 35세 이하가 45퍼센트를 차지하고 있죠. 점점 젊은 인구집단이 이 상품을 채택하고 있습니다.

> **$**
> 블루버드 가입자(2013년 1월) 가운데 85퍼센트가 신규 회원이었다. 그들은 그때껏 우리의 전통적인 신용카드와 고객카드로 관계를 맺은 적이 없었다. 그들 가운데 35세 이하가 45퍼센트를 차지하고 있다
>
> _존 로스너
> (아메리칸 익스프레스 상품 담당 부사장)

브렛 이유가 뭐라고 생각합니까? 왜 블루버드가 나이가 지긋한 전통적인 소액거래 고객보다 젊은 사람들에게 더 매력적인가요?

존 은행과 경쟁하려는 다른 여러 회사와 마찬가지로 우리가 주목하는 한 가지는 우리가 기술 중심적이라는 사실입니다. 우리는 지점에 의존하지 않습니다. 젊은이들에게는 이동전화, 모바일 앱 혹은 집에 있는 컴퓨터로 계좌를 개설하는 쪽이 훨씬 더 자연스럽죠. 그들은 "내 이메일을 왜 확인합니까?" "그럼 명세서를 보내주지 않겠다는 뜻인가요?"라는 질문을 하지 않습니다. 우리 상품은 그런 식으로 구성되어 있습니다. 우리는 비용을 절약하기 위해 이 문제를 놓고 월마트와 긴밀히 협력했죠. 월마트의 핵심은 저비용 저가격입니다. 따라서 예컨대 월별 명세서를 없애면 그런 업무에 높은 수수료를 부과할 필요가 없죠. 그런데 그게 젊은

이들에게는 멋진 일인 겁니다. 나이가 많거나 우편으로 명세서를 받는 것에 익숙한 사람들은 그런 방법을 택하기가 더 어렵겠죠.

브렛 맞습니다. 지금 당신의 플랫폼을 이용하는 고객에 대해 말씀해주시죠. 그들이 계정을 얼마나 자주 이용합니까? 일반적으로 무슨 일을 위해 이용합니까? 앞서 이 개념이 당좌예금계좌나 은행계좌의 대체물이라고 말했죠. 이 플랫폼을 이용하는 고객들이 은행계좌의 대체물로 이용하고 있습니까?

존 그런 경우가 엄청나게 많습니다. 전화나 메일로 당좌예금 수표를 보내거나 계좌 입금, 현금 충전, 은행계좌 연결, 직불카드 충전 등 블루버드 계정에 추가 입금할 방법이 무척 다양하죠. 지금까지 지켜본 바로는(이것 역시 1월 현재 수치인데) 블루버드 계정에 충전된 전체 액수 가운데 30퍼센트가 계좌 입금입니다.

브렛 대개 직장인들이겠군요. 맞습니까?

존 그렇습니다. 계좌 입금은 대개 급여 지급입니다. 정부 국세환급금 같은 일시적인 지급액을 받거나 사회보장에서 들어오는 정부 지원금을 받는 사람들이 있을 수 있죠. 하지만 일반적인 계좌 입금은 급여와 상관이 있다는 것이 옳을 겁니다. "내 급여의 일부나 전액을 블루버드 계정에 넣기로 했다"고 말하는 사람들이 입금하는 액수가 상당히 많습니다. 그런 사람들은 확실히 그걸 일상적인 당좌예금처럼 이용하고 있어요. 청구서를 납부하고 소액 결제를 위해 현금을 인출합니다. 온라인은 물론이고 소매 매장에서 구매하기 위해 플라스틱 카드를 이용하죠.

브렛 블루버드 계좌는 수수료 구조와 특성 구성에서 전형적인 당좌예금계좌와 어떻게 다른가요?

존　특성 구성 면에서는 원격 당좌예금 캡처 같은 추가 특성은 아니더라도 비슷한 특성들이 있어요. 미국의 8천 개 은행을 두루 살펴보면 일부 대형 은행들은 가지고 있어도 그런 특성을 찾기가 쉽지 않을 겁니다. 특성 구성 면에서 우리는 전통적인 은행과 같은 급이거나 더 우수하다고 생각합니다.

수수료 면에서는 사실 무척 단순합니다. 월 수수료가 없어요. 초과 인출도 없습니다. 블루버드로는 초과 인출이 가능하지 않아요. 우리가 발견한 바로는 그게 고객들이 은행에 대해 가지고 있는 확실한 불만 사항이었습니다. 그건 그들의 돈이고 직접 돈을 통제하고 싶은데 초과 인출이 있으면 그러기가 쉽지 않죠. 블루버드의 수수료는 매우 소액이고 피할 방법도 있습니다. 계좌 입금을 할 때와 우리의 ATM 네트워크에 속하지 않는 ATM을 이용하면 수수료가 부과됩니다. 블루버드 네트워크는 미국 전역에 있는 2만 대 이상의 ATM으로 구성되어 있죠.

만일 당신이 우리에게 급여를 입금하고 2만 2천 대의 우리 ATM 가운데 한 군데를 이용한다면 ATM은 완전히 무료입니다. 그 밖의 ATM을 이용하면 2달러의 수수료를 내게 됩니다. 나머지 한 가지 수수료는 물리적인 수표를 쓰기 위해 수표책을 발급받고 싶은 고객에게 부과합니다. 물리적인 수표책을 주문하면 수수료가 부과되는데 이건 말할 필요도 없이 수표책을 인쇄하고 발송하는 데 비용이 들기 때문이죠. 하지만 제가 덧붙이고 싶은 말은 재설계하고 개선한 수표책이라는 사실입니다. 사람들은 "이 디지털 세계에 왜 물리적인 수표책을 제공하기 위해 노력했는가?"라고 묻곤 합니다.

브렛 저도 그 질문을 하려던 참이었습니다.

존 그건 분명 선택인 겁니다. 추가 수수료를 내면 이용할 수 있을 뿐이지 수표책이 가치 있다는 전제를 가진 건 아니었어요. 수표책이 필요하지 않은 사람들이 있으니까요. 하지만 부모와 2.2명의 자녀가 개나 고양이 한 마리와 사는 평범한 미국인의 일상을 생각한다면 적어도 1년에 한두 번쯤은 수표가 필요할 겁니다. 그렇겠죠?

우린 그냥 물리적인 수표가 필요한 사람들을 위한 기능을 갖추고 수표를 제공하고 싶었습니다. 그래도 우리 수표는 좀 다릅니다. 많은 사람이 가지고 있는 은행계좌에 대한 중대한 불만 사항과 문제는 초과 인출이죠. 두 번째는 계좌에 잔액이 얼마나 남았는지 모른다는 사실입니다. 수표를 쓰는 시점에 잔액을 확실히 알 수 있을까? 언제 결제가 될까? 부도가 날까?

블루버드 수표는 다릅니다. 이 수표는 선승인이 필요하니까 절대 부도가 날 수가 없어요. 블루버드 수표를 쓸 때는 해당 액수를 먼저 승인받아야 합니다. 승인받은 액수만큼 당신 계좌에서 즉시 인출되어 해당 수표에 할당되죠. 승인번호가 함께 발행되기 때문에 당신이 수표 앞면에 번호를 쓰면 받는 사람이 전화를 걸어서 안심할 수 있는 돈인지 확인할 수 있습니다. 수표를 받는 측에서 '부도 수표'와 본인 계좌로 들어온 부도 수표를 입금할 때 발생하는 수수료를 처리할 필요가 없죠.

브렛 환상적이군요. 온라인이나 디지털에서는 고객들을 위해 어떤 일을 하시는지 말씀해 주세요. 모바일과 온라인으로 고객을 가입시킨다는 건 알고 있습니다. 모바일, 온라인, 태블릿 플랫폼은 어떤 형태인가요?

존 서브^{Serve}라고 불리는 사유 기술 플랫폼입니다. 완벽하게 디바이스 애그노스틱(단말기에 상관없이 소프트웨어 프로그램이나 시스템을 사용 가능한 특성 —옮긴이 주)이죠. 모바일, 모바일 앱, 웹을 아우르는 기능성을 확보했습니다. 고객이 무엇이든 할 수 있습니다. 계정에 입금할 방법을 알고 싶다면 계좌 입금 정보에 접근할 수 있고, 당좌예금이나 저축계좌에 링크해서 돈을 충전할 수 있고, 다른 블루버드 고객과 무료로 즉시 돈을 주고받는 P2P 거래를 할 수 있고, 전화를 이용해 수표를 입금할 수 있죠. 거래 내역, 프로파일 설정, 경고 등 모든 것을 온라인과 모바일을 통해 이용할 수 있습니다. 우리는 온라인과 모바일에서 청구서를 납입할 수 있는 완벽한 기능과 앞서 언급했던 수표들을 선승인하는 기능을 갖추었죠. 이 기능을 매우 중요시하는 사람들이 있습니다. 모바일이나 온라인으로 이 기능들을 이용할 수 있습니다.

네오 뱅크는
금융계의 아마존이
될 수 있을 것인가?

지금부터 5~10년 후에 네오 뱅크들이 아마존과 같은 존재가 될까? 미국에서 지점 네트워크의 지배가 막을 내리게 될 것인가? 나는 샤미르, 존, 알렉스에게 이 문제에 대해 이야기해 달라고 부탁했다.

브렛 앞으로 5~10년 후에 어떤 일이 일어날지 생각해 보죠. 우리가 일상적으로 은행과 상호작용할까요? 존, 우리가 어떤 식으로 은행과 상호작용할 거라고 생각합니까?

존 정확히 어떤 식일 것이라고 말하기는 어렵지만, 몇 가지 확실한 특성과 트렌드가 나타날 겁니다.

일례로 고객과의 모든 상호작용이 통합될 겁니다. 그래서 고객의 관점에서 모든 것이 디바이스 애그노스틱으로 변할 거예요. 가정용 컴퓨터로, 태블릿의 모바일 앱을 이용해서, 그리고 전화의 앱을 통해 계정과 연결된다는 사실에 대해 지금 우리가 가지고 있는 이런 개념이, 그리고 모든 것이 약간 다르고 완전히 똑같지는 않다는 개념이 사라질 겁니다. 시계든 안경이든 아니면 그 밖의 다른 방식이든 간에 은행이 고객과 상호작용할 새로운 폼 팩터가 등장할 겁니다. 완전히 디바이스 애그노스틱이 되어 고객이 상호작용하는 채널과는 상관없이 고객에게 유리해져야 할 겁니다. 발전할수록 흥미로워질 수 있는 다른 한 가지는 고객의 선택 방안이 더 풍부해질 거라는 사실이죠.

블루버드의 출발점은 지금까지는 볼 수 없었던 저렴한 기본 기능과 무료로 이용할 수 있는 옵션입니다. 그건 지난 10년 동안 인터넷이 파괴한 여러 다양한 기업에서 입증된 모델이죠. 금융 분야의 직불계좌와 당좌예금계좌의 대체 분야가 발전했다는 증거인 겁니다. 특성이 풍부하고 수수료가 적은 고품질의 단순한 가치 부가 고객 경험의 출발점이죠. 하지만 수입이 조금씩 증가함에 따라 고객이 공급업체로부터 가치를 얻을 만한 옵션이 더 많아질 겁니다.

브렛　알렉스, 금융 고객들의 일상적인 경험은 어떻습니까? 고객 경험이 어떻게 변할 것이라고 생각합니까?

알렉스　모벤의 비전은 상황에 관한 겁니다. 금융의 미래를 내다볼 때 우리는 기본적인 금융과 결제, 상거래, 의사 결정의 상호작용에 초점을 맞추죠. 10년 후를 내다보면 그런 요소들을 구분하는 선은 분명하지 않습니다. 결제와 거래 자체는 완전히 배경 요소가 되고 상거래와 최종 소비자의 일상적인 의사 결정 과정을 촉진시키는 것에 중점을 둡니다. 모벤은 금융의 미래를 금융 자체가 아니라 라이프스타일 관리와 의사 결정 지원으로 보죠. 매장에서 상품을 구매하든 주택을 구입하든 상관없이 일상적인 상거래와 의사 결정의 흐름과 연결됩니다. 결정을 내리고 그 결정에 좌우되는 환경을 토대로 그 결정을 이해하는 것이 핵심이죠.

브렛　이 개별적인 금융 상품을 소유하는 일보다는 당신의 재정적인 삶을 촉진시키는 일이 우선인 거죠.

샤미르, 여기서 다루지 않았던 한 가지 요소가 있습니다. 우리는 지금껏 오늘 주제에 관해 정말 우호적이었지만 혹자는 심플, 모벤, 블루버드를 경쟁자로 생각할 수 있죠. 이런 네오 뱅크 모델을 금융계의 아마존이나 아이튠즈라고 생각하는 사람도 있을 겁니다. 고객들을 다른 방식으로 연결하고 미래의 금융계에 이 새로운 모델을 창조하는 유통 분야의 신생 기업이 많아지면 전통적인 은행 수가 줄어들 거라고 생각합니까?

샤미르 당연하죠! 금융은 거대한 산업으로 다음 15~20년에 걸쳐 파괴가 무르익을 겁니다. 그리고 소액금융, 결제, 장기 주택담보대출, 대출, 중소기업, 국제 결제 등 어떤 분야든 간에 금융의 모든 측면에서 이런 여러 분야의 기관을 모조리 공격하는 신생 기업이 이미 존재할뿐더러 앞으로 더욱 많아질 겁니다. 고객의 근본적인 욕구가 반드시 크게 변하지는 않더라도 앞으로 10년 후에는 저축, 안전, 대출, 결제 촉진에 대한 욕구가 지금과는 확연히 다른 방식으로 충족될 겁니다. 그리고 앞으로 등장하거나 최근에 등장한 신생 기업을 통해 그런 욕구를 충족시킬 사람들이 많을 겁니다.

브렛 중기적으로 볼 때 블루버드, 심플, 모벤 같은 네오 뱅크들이 미국의 전통적인 소액금융 환경에 어떤 영향을 미치리라고 생각합니까?

존 전통적인 혁신자의 딜레마가 존재합니다. 하지만 전통적인 은행에도 혁신의 기회가 있죠. 체이스의 리퀴드Liquid가 좋은 예입니다. 다른 상품을 출시하든 지점을 개편하든 간에 그런 사례가 더 증가할 겁니다.

은행들이 기술과 모바일 채택이 창조한 이런 큰 영향을 더 이상

무시할 수 없다는 사실을 깨닫고 있죠.

브렛　알렉스, 모벤과 같은 신생 기업들이 출현한 소액금융 환경의 구성을 어떻게 보십니까? 그것이 금융 서비스 분야에 영향을 미칠까요?

알렉스　그것 때문에 우리는 모든 것에 의문을 제기할 겁니다. 우선 전통적인 소액거래 은행의 유통 모델이 비용 효과와 전달 방식 면에서 면밀한 조사를 받겠죠. 은행과 은행이 제공해야 할 것에 대한 고객의 사고방식이 다음 순서가 될 겁니다. 현재 우리가 목격하고 있는 통제와 즉시성에 대한 기대가 서서히 증가하고 더욱 가속화되겠죠. 기존 은행에 우리 세 은행이 집단적으로 추구하는 몇 가지 일을 추진하고 혁신을 주도하라는 압력이 커질 겁니다.

지금
전통적인 은행이
위험하다

일상적인 당좌예금계좌에 대한 만연한 불만과 환멸의 영향이 현실적으로 나타나고 있다. 지난 5년 동안 실질적으로 성장한 예금 상품은 선불 직불 카드뿐이라는 사실은 핵심적인 당좌예금계좌가 사람들의 기대에 미치지 못한다는 증거이다. 문제의 핵심은 이런 계좌를 발행하는 은행이나 지점이 아니다. 문제는 핵심 가치의 변화가 일어나고 있다는 사실이다. 2013년에 '무료' 당좌예금계좌든 수수료가 부가되는 계좌든 간에 연방예금보험공사가 가치를 보장하는 매장에다 '내 돈을 저장하는 것'은 탄탄한 가치의 전제라 할 수 없다.

이는 최초의 당좌예금계좌가 출시된 이후 은행의 역할 혹은 은행에 대한 시각에 대한 최대의 변화가 될 것이다. 데이터와 통제, 상황이 핵심인 세계에서 월별 명세서와 둔감한 플라스틱 카드는 일상적인 금융 서비스 관계의 토대로서 기대에 미치지 못할 것이다. 전통적인 당좌예금계좌보다는 선불카드 같은 상품이 계좌 구조의 기본으로 자리를 잡을 때 일부 주류 은행은 심플, 모벤, 블루버드를 격이 낮은 상품이라고 생각할지 모른다. 그런가 하면 은행 특허가 없다는 것이 사업 모델의 약점이며 한계라고 보는 사람도 있을 것이다. 그러나 새로운 당좌예금계좌를 제공하는 이런 네오 뱅크는 어떤 특성을 제공할 때마다 대부분의 경우 기존 기관보다 더 훌륭한 핵심 가치를 입증하고 있다.

그러면 단기적으로는 체이스나 웰스 파고 같은 대형 은행은 위험하지 않더라도, 자산 규모가 10억 달러에 미치지 못하는 거의 6천 개에 이르는 은행은 그렇지 않을 것이다. 왜 그럴까? 이런 소규모 은행은 지점의 이용 가능성, 신용카드와 대출, 주택 담보대출 같은 상품, 혹은 메인스트리트의 은행가와 상담할 기회가 그들의 차별화 요소라고 줄곧 믿었기 때문이다.

네오 뱅크는 엄청난 가치를 창출하고 있다. 몇 가지 비슷한 점도 있지만 이들 네오 뱅크는 제각기 이런 가치 경험에 독특한 방식으로 접근한다. 그들은 은행이 해결하지 못하는 문제를 해결하기 위해 노력하고 그 과정에 디지털 고객 경험에 한층 전념하며 운영비를 낮추고 있다. 네오 뱅크는 참여와 이용을 추구한다. 그들은 주류 당좌예금계좌 같은 기본적인 기능을 제공하나 그들의 디지털 경험은 평범한 은행을 철저하게 파괴한다. 여기에 문제가 있다.

네오 뱅크와 거래하는 고객들은 점점 디지털에 의존한다. 3년 전 그런 고객은 얼리어답터라고 분류되었겠지만, 지금은 더 유리한 거래를 모색하는 평범한 사람일 뿐이다. 네오 뱅크와 기본적인 당좌예금계좌를 제공하는 평범한 은행을 구분하는 핵심적인 특성은 다음과 같다.

- 완벽한 온라인 계좌 개설과 온보딩, 서명 카드 불필요
- 일상적인 경험의 핵심에 앱을 통한 매우 탄탄한 모바일 플레이
- 원격 예금 기능과 전자 청구서 납부 옵션
- 저축 도구, 금융 인식과 탄탄함에 대한 확고한 초점
- 고객 서비스에 대한 확고한 헌신
- 결제 관련 혁신

이처럼 특성이 풍부한 접근 방식을 택한 결과 수많은 핵심 원칙이 등

장하며 기존 금융기관들은 이를 중대한 경종으로 생각해야 한다. 더 자세히 살펴보자.

1. 온보딩

만일 어떤 은행에서 계정을 개설하기 위해 서면 지원서나 서명 카드가 필요하다면 큰 문제가 될 것이다. 현재 미국 은행 열 군데 가운데 아홉 군데에서는 아직도 직접 지점을 방문해야 계좌를 개설할 수 있다. 지점에서 신원을 확인하고 서류에 서명하며 계좌에 입금하라고 요구하기 때문이다. 특히 Y세대에게 은행이 이런 접근 방식을 택한다면 곧바로 뒷전으로 밀려날 것이다. 다음 5년 동안 계좌 개설이 50~70퍼센트 감소하기를 바라는 은행이라면 이 정책을 고수하면 된다. 규제가 원인이 아니라는 사실을 기억하라. 규제기관은 서명 카드나 지점 방문 계좌 개설을 요구하지 않는다. 만일 그랬다면 블루버드, 모벤, 심플은 오래전에 문을 닫았을 것이다.

물론 블루버드도 그들의 초점 대상인 집단의 중대한 유통 문제를 해결하기 위해 월마트 매장에서 카드를 수령할 수 있는 옵션을 제공한다.

이 원칙의 나머지 한 요소는 네오 뱅크 또한 매우 중대한 기준(더 낮은 고객 확보 비용과 유통 비용)을 목표로 삼는다는 점이다. 만일 그들이 미국의 중간층 은행과 같은 속도로 성장하면서 전통적인 비용을 1/10로 줄일 수 있다면 시장과 분석가들이 그렇게 하지 못하는 은행을 어떻게 생각할까? 은행 이사회는 언제쯤 이 문제를 인식하고 바로잡으라고 요구할까? 네오 뱅크가 지점 네트워크에 의존하는 은행보다 훨씬 더 효율적으로 고객을 확보하고 있음을 입증할 시점에 이르면, 지점은 장점이라기보다는 약점이 될 것이다. 그 시점이 머지않았다.

2. 디지털 퍼스트

만일 은행의 계좌 개설 과정이 고객에게 앱을 다운로드 받도록 요구하지 않고 매일 앱을 이용할 인센티브가 없다면 네오 뱅크의 비밀 병기에 한 가지 근본적인 전제를 놓치고 있다 할 것이다. 나는 매년 디지털 채널을 이용해서 은행 지점보다 300배 많은 금융 거래를 이용한다.

3. 카드, 수표, 명세서는 중요하지 않다

오늘날 계정의 핵심 가치는 현금을 보관하거나 결제하는 것이 아니다. 선불 상품이나 모든 특성을 갖춘 당좌예금계좌 같은 기본적인 직불 계정으로도 이런 작업이 가능하다. 다양한 방식으로 내 돈과 연결시키는 데 가치가 있다. 통제와 인식은 디지털 플랫폼의 최고 관행 기능과 마찬가지로 네오 뱅크의 공통된 주제이다.

오늘날 고객은 상품의 특성보다는 모바일 앱과 웹사이트 기능을 기준으로 당좌예금계좌를 평가할 것이다. 참여 면에서 금융 경험을 더 쉽고 적절하며 효율적으로 만드는 그런 일상적인 경험의 부가 가치가 다른 네트워크와 상품의 여러 특성에 큰 타격을 입히고 있다.

4. 수수료

선불 프로그램의 인기가 폭발적으로 증가하는 한 가지 이유는 수수료의 예측 가능성이다. 통념과는 달리 은행이 이 싸움에서 승리하기 위해 필요한 것은 무료 당좌예금계좌가 아니다. 앞으로 기본 계좌에 수수료를 부과하기가 갈수록 어려워질 것이다. 왜일까? 기본 계좌 자체를 판매하기가 어렵기 때문이다.

지금 수익의 원천은 어디인가? 이 분야의 여러 사업자가 현재 수익의 원천, 기본 계좌에 대한 부가가치를 실험하고 있다. 신속한 지급, 개인 신용평가, 기프트카드 발행, 보험료 산정, 전화 보험, 심지어 통합 소액금융 바코드 스캐닝 같은 새로운 특성과 더불어 청구서 납부, 모바일 입금, 실시간 초과 인출, 긴급 현금, 개인재무관리PFM, 보안 서비스 등의 기본 은행 계정을 출시함으로써 앞으로 이용할 수 있는 수익의 범주는 대략 열네 가지이다.

자이언스 뱅코퍼레이션Zions Bancorporation의 이비즈니스전략담당 수석부사장 매트 윌콕스Matt Wilcox는 매년 이런 수수료가 고객 한 명당 100달러에 육박할 것이라고 평가했다. 몇 가지 예를 들면 다음과 같다.

- 청구서 납부: **20**달러

- 온라인 계좌 개설: **15**달러

- 판매자-자금 제공자 보상/제안: **15**달러

- 개선된 **P2P**: **6**달러

- 개인 신용평가: **8**달러

- 기프트카드 발행: **12**달러

- 보험료 산정/ 추천 수입: **15**달러

이런 수익의 원천에는 기본적인 계좌나 당좌예금계좌와 비교해 모바일 계좌의 수익성을 높일 잠재력이 담겨 있다. 수수료의 투명성에 관한 요구가 급증하는 가운데 고객들은 30~35달러에 이르는 초과 인출 수수료나 처음부터 수수료가 부과되는 줄 몰랐던 서비스와 거래에 숨겨진 수수료를 용인하지 않을 것이다. 반면 부가가치에는 기꺼이 돈을 지불할 것이다.

Who's Who in FinTech 인터뷰이 소개

샤미르 카르칼

심플의 공동 창립자 겸 CFO. 금융과 은행 거래 전문가로 변신한 소프트웨어 엔지니어이다. 심플을 창립하기 전에 샤미르는 맥킨지 앤드 컴퍼니에서 유럽, 중동, 미국의 금융기관을 위한 전략 컨설팅 전문가로 활약했다. 맥킨지에서 입사하기 전에는 소프트웨어 엔지니어로 일했다. 카네기 멜론 대학교에서 컴퓨터 공학 학사 학위, 정보 기술 석사 학위와 경영학 석사 학위를 취득했다.

알렉스 사이언

모벤뱅크의 대표이며 비즈니스 및 상품 전략 담당 최고 경영자이다. 뉴욕 시를 본거지로 금융 서비스 기업의 비즈니스, 기술, 마케팅 전략 분야에서 18년 넘도록 경험을 쌓았다. 모벤뱅크에 합류하기 전에는 세계의 주도적인 금융 서비스 연구 기관(Financial Services Center of Excellence)을 지휘했다. 그는 소액금융과 소액 자산 관리 분야에서 자사의 성장 속도를 크게 향상시키고 기업 전략과 시장 관점을 수립하는 책임자였다. HSBC, TD, 시티, 몬트리올 은행, 스코틀랜드 왕립은행, 바클레이 은행 같은 세계 정상급 기관의 디지털 전략과 파괴 전문 자문으로 일했다. 예일 대학교를 졸업했다.

존 로스너

아메리칸 익스프레스의 상품개발 담당 부사장이다. 부사장으로서 월마트와 파트너십을 맺고 출범시킨 블루버드를 비롯해 미국 결제 분야의 상품과 기능 개발의 책임자이다. 이 직책을 맡기 전에는 아메리칸 익스프레스의 마케팅, 전략, 금융 분야와 머천트 서비스(Merchant Services)와 인터내셔널 컨슈머 카드(International Consumer Card), 트래블러스 체크(Travelers Checks)의 사업 개발 분야에서 다양한 역할을 수행했다. 대학 재학 시절 아메리칸 익스프레스 전략적 계획 그룹(Strategic Planning Group)에 입사했다. 와튼스쿨에서 이학사, 뉴욕 대학교에서 경영학 석사 학위를 취득했다.

PART
10

미래 금융은 어디로
나아갈 것인가

근본적인 이동은
이미 시작되었다

제품과 서비스를 광고하고 홍보하는 방식은 앞으로 5~10년 동안 근본적으로 바뀔 것이다. 우리가 알고 있는 캠페인은 살아남지 못한다. 통계 수치는 그들에게 압도적으로 불리하다. 명확한 인구집단에 메시지를 주입하고 충분한 아이볼이나 임프레션을 얻는 걸로는, 중기적으로 방송과 캠페인 광고가 효과를 거둘 전환을 생성할 수 없다. 그렇기 때문에 메시지 전달이 모바일과 상황 중심으로 변해야 하는 것이다.

검증된 구시대 방식들의 거듭되는 실패

수익과 판매실적을 높이기 위해 쓰이던 방법들이 효과를 잃기 시작했다. 지점은 이제 은행이나 금융기관의 도움을 구하는 고객들이 선택하는 논리적이거나 가장 쉬운 참여 방식이 아니다. 또한 수익을 증가시키기 위해 노력할 때 초점을 맞추는 유일한 채널도 아니다. 미래의 수익 원천을 이해하려면 전통적인 금융기관의 마케팅 부서와는 다른 사고방식과 기술 구성이 필요하다. 근사한 메시지를 만들어내는 일에 그치지 않고 근사한 경험을 창조하는 기술이 필요한 것이다.

최근 소비자 참여의 미묘한 변화가 뚜렷이 나타났다. 이는 미래의 마케팅과 고객 확보 활동에 대한 관점을 근본적으로 바꿀 수 있는 변화이다.

전형적인 마케팅과 소비자 구매 행동, 그리고 심리학은 사업의 파이프라인, 즉 타겟 인구집단 혹은 세부 고객 집단을 구축하거나 브랜드 인식을 높여 상품이나 서비스에 대한 관심을 창출하는 표준화된 접근 방식을 요구했다. 금융 분야에서 가장 일반적인 접근 방식은 고객을 지점으로 불러들이거나 지점에 전화를 걸어 은행 직원과 거래하도록 유도하는 마케팅 및 광고 활동이었다. 넓은 의미에서 브랜드 마케팅 활동의 목표는 일반적으로 고객이 원하는 은행은 최고 이율이나 고객과 가장 가까운 '최고 은행'이라는 사실을 전달하는 것이었다. 뿐만 아니라 은행은 흔히 고객이 관심을 가질 만한 특정한 상품을 홍보하는 목표 마케팅 캠페인을 중심으로 방송하거나 메시지를 전달한다. 먼저 인지도를 높이고 특정한 메시지를 전달함으로써 고객을 겨냥하지만 대개 그들이 은행과 접촉하기까지 기다리는 이 검증된 방식이 수십 년간 효과를 거둔 판매 방식이었다.

인터넷이 등장한 1990년대 후반부터 느리지만 확실하게 전통적인 마케팅 매체는 쇠퇴하기 시작했다. 한 가지 요인은 단순히 2012년 들어 광고 수입이 1950년대 이후 최저 수준으로 떨어졌던 신문이나 2005년에 전성기를 지난 다이렉트 메일 광고 같은 방송 메커니즘 자체의 효과가 감소했기 때문이다. TV 광고의 경우 DVR(디지털 비디오 레코딩) 기술과 네트플릭스, 스트리밍 미디어 서비스가 풍부해짐에 따라 큰 변화가 일어났다. DVR을 보유한 영국과 미국 가정의 75퍼센트가 광고를 건너뛸 수 있다는 이유로 DVR을 이용한다고 밝혔다(모토로라 모빌리티 조사, 표 10.1 참조). 그러나 이보다도 드러나지 않은 무언가가 서서히 세력을 넓히며 마케팅의 기본 원칙을 위태롭게 만들었다.

1940년대와 1950년대 다양한 리서치 및 마케팅 이론이 등장해서 지난 60~70년 동안 고객 참여를 지배했다. 이런 개념의 핵심은 두 가지 기본 원칙이었다. 첫 번째 원칙은 구매 행동과 욕구와 관련된 인간의 동기에 대한 이해를 높이는 일로, 이를 특징적으로 설명한 것은 아마 A. H. 머슬로와 그의 '욕구단계론'일 것이다. 두 번째는 소비자 구매 행동과 소비자가 잠재적인 자극 회상(메시지 전달과 광고를 통해 장기적으로 브랜드와 브랜드의 핵심 가치를 강화하는 과정)을 토대로 상품이나 브랜드를 선택한다는 개념에 어떤 기능이 영향을 미치는지에 관한 포괄적인 연구였다.

마케터와 광고주는 이를 토대로 미래의 어떤 시점에 브랜드 회상이나 단기적 반응을 자극하는 매우 구체적인 메시지를 고객의 욕구나 인식된 필요와 일치시킨다는 목표를 수립하고 시장 세분 집단, 소비자 행동, 심리에 대한 이해도를 높이고자 지칠 줄 모르고 노력했다. 이따금 이런 활

표 10.1. 지난 15년 동안 30퍼센트 감소한 TV 광고 지출액(인플레이션 감안)(단위 100만 달러)

출처: BIA/켈시와 퓨 리서치 센터

2010년 수치가 수정되었다.
주의: 인플레이션 감안 수치는 2011년 달러를 토대로 삼았다.
영어 뉴스 프로그램을 방송하는 현존하는 상업 방송국만 포함시켰다.

단위 100만 달러

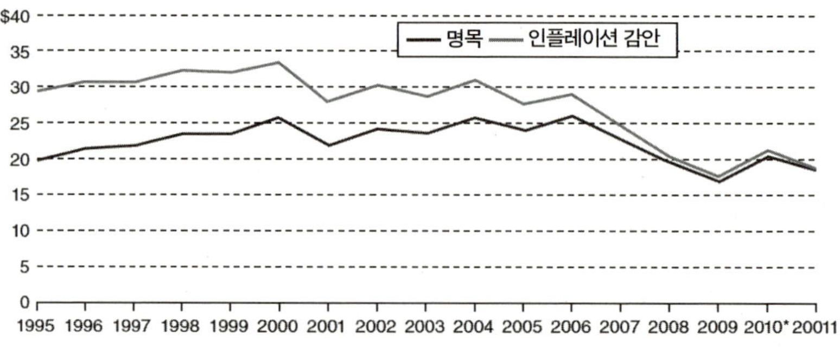

동의 효과를 타겟 소비자나 집단에 적용할 수 있는 단순한 공식으로 요약하려고 노력한 사람들이 있었다. 이들은 시장 조사와 타겟 초점집단의 반응, 인상과 전환 기준을 적용했다. 그런가 하면 이런 기술의 진정한 대가는 창의력과 직관을 타고난 장인들로, 부단히 다음번 캠페인과 광고 혹은 의도한 고객으로부터 완벽한 공감을 얻어내는 메시지를 찾음으로써 광고주에게는 횡재를 선사하고 타고난 재주를 인정받아 무수한 상을 받았다. 진실은 흔히 중간 어디쯤 존재한다.

그러나 오늘날 메시지 전달 플랫폼이 쇄도해 잠재적인 자극 회상이 등장할 물을 흐려놓음에 따라 전통적인 방송 매체는 오랫동안 유지했던 효과를 점점 잃고 있다(표 10.2와 10.3 참조). 이런 소음과 효과의 감소가 겹치면서 전통적인 방송 캠페인의 경제성이 점점 떨어지고 그 결과 실패하는 매체를 대체할 새로운 매체를 찾고자 최근 광고 예산이 모바일, 소셜 네트워크, 온라인으로 이동하고 있다.

인터넷 광고는 2012년부터 2015년 사이 매년 15퍼센트 성장해 세계 광고 지출 증가의 66퍼센트를 차지할 것으로 예상된다.

— 〈제니스 옵티미디어 리포트(Zenith Optimedia Report)〉, 2013년 6월

그러나 문제는 방송 메커니즘이 실패하고(혹은 효과를 잃고) 있을 뿐만 아니라 메시지의 바다에서 브랜드 회상을 얻기가 갈수록 어려워진다는 사실이다.

고객 참여, 브랜드 인지도, 브랜드 형성을 위한 은행의 전략은 고객을 형성하는 일과 무관할 수 없다. 파이프라인이나 인구통계집단이 핵심이 아니다. 핵심은 지지와 풍부한 고객 경험이다. 스냅챗, 왓츠앱, 위챗, 심

표 10-2. 1950년대 수준으로 낮아진 신문 광고 총수입

출처: 카르페디엠 블로그, 미국신문협회

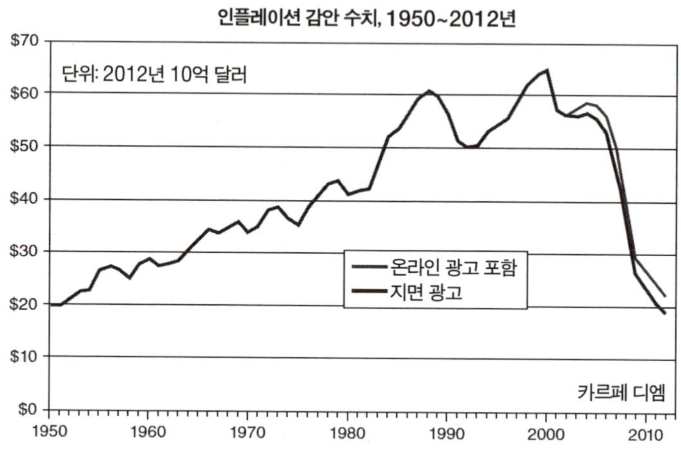

표 10-3. 지난 몇 년간 모바일 광고의 폭발적인 증가

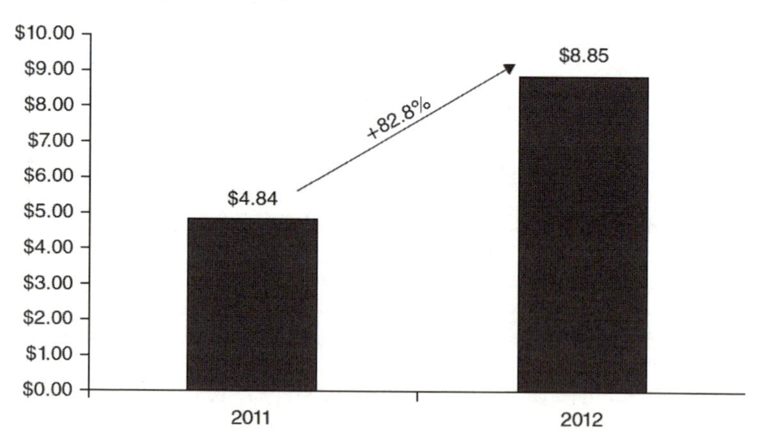

지어 인스타그램 같은 브랜드들이 오로지 대중의 지지와 입소문을 토대로 형성되었다. 킥스타터는 오로지 대중의 힘을 통해 수많은 스타트업과 상품 아이디어를 크게 성공시켰다.

이 장에 실린 인터뷰들은 소매 금융 분야의 소비자 변화(고객 여정, 기술은 어떻게 우리가 상호작용하는 방식을 바꾸었는가, 소비자 기대, 소비자 기대가 어떻게 극적으로 변화하고 있는가)를 다룬다. 이런 변화의 규모가 상당히 크다는 이유로 판매 경로와 가치사슬에서 금융기관의 독특한 가치를 완전히 재고해야 한다고 믿는 전문 마케터들이 많다. 미래의 금융 서비스를 지배할 브랜드는 막대한 마케팅 예산으로 구축된 브랜드가 아니라(물론 도움이 될 수는 있겠지만) 최종 소비자에게 진정한 가치를 전달하도록 조직된 브랜드일 것이다.

IDEO의 재정 서비스 설계 포트폴리오 담당 국장인 제임스 모에드James Moed는 재정 서비스 분야에서 고객을 확보하는 방식을 다시 정의하고자 열심히 노력하는 사람 가운데 한 명이다.

브렛　제임스, '고객 경험'(사용자 경험) 분야에 얼마나 오래 몸담았습니까? 상품 설계 분야에서도 일한다고 들었습니다.

제임스　지난 몇 년 동안 IDEO에서 근무했는데, 이 분야에서 일한 지 총 25년이 다 돼가는군요. IDEO는 20여 년 전 더는 상품을 '팔' 수 없다는 사실이 명확해지자 상품 설계 회사에서 상품과 경험 설계 회사로 변화했습니다. 전반적인 경험을 이해해야 합니다. 중국에서 저렴한 가격에 점점 더 많은 물건이 생산되고 있어서 회사는 물론이고 IDEO의 고객들이 한 가지 '것'만 가져서는 경쟁할 수 없다는 사실을 깨달았기 때문이죠. 우리는 그렇게 해서 금융 서비스 분야, 의료보험 등에 진출했습니다.

브렛 HCI^{human–computer interaction}의 시초는 수십 년 전으로 거슬러 올라
갑니다. 그런데 금융 분야에서 경험 설계까지 포함시켜야 한다
는 사실을 언제 깨달았습니까? 언제 그것이 핵심 능력으로 떠올
랐다고 생각합니까?

제임스 이 분야에서요? 확실히 몇 년 전에 그런 일이 일어나기 시작했
죠. 제가 설계 분야에서 일하기 시작할 무렵입니다. 10년 전쯤
이네요. 이미 중요한 요소로 자리 잡는 중이었죠. 시장이 변하고
고객이 더욱 까다로워지면서 여러 산업에서 고객 경험의 중요성
을 깨닫기 시작했습니다. 소매업체가 그걸 가장 먼저 깨닫기 시
작했죠. 그리고 확실히 인터넷 기업이 인기를 얻자 곧이어 사람
들에게 종이에 쓰인 여러 줄의 데이터만 던져줄 수 없다는 걸 깨
달았습니다. 사람들과 상호작용할 도구를 만들어야 했죠. IDEO
같은 직장에서 일하다 보면 흥미롭게도 온라인에 다른 산업들이
등장하는 모습을 지켜보며 고객이 우리와 상호작용하는 방식(어
떤 장소, 스크린, 다른 채널 등)에 따라 그들이 우리를 어떻게 생각하는
지, 우리 브랜드에서 그들이 시간과 돈을 쓰고 싶어 하는지가 달
라진다는 사실을 깨닫게 됩니다. 금융 서비스는 6, 7년 전에 등장
하기 시작했고 이제 딱딱하고 융통성이 없어 보이는 운송과 정부
서비스 분야에서도 경험이 중요하다는 걸 깨닫기 시작했죠.

브렛 특히 아이패드, 멀티터치, 앱 월드 같은 기술이 등장함에 따라 고
객의 기대가 어떻게 변했습니까? 이것이 어떻게 적어도 디지털
측면에서 전반적인 경험에 대한 고객의 기대를 높였나요?

제임스 흥미로운 건 어떤 경험에서 얻을 수 있는 것에 대한 고객의 기대
가 다른 사람으로부터 얻는 것에 전적으로 영향을 받는다는 겁니

다. 제가 금융 서비스 조직에서 근무할 때 고객이 우리 회사를 다른 은행이나 다른 결제 회사와 비교하는 것은 물론이고 대형 소매업체, 호텔 서비스 등과 비교한다는 사실이 이따금 경종을 울리곤 했죠. 사람들은 기본적으로 더 단순한 것, 이를테면 생생하고 좀 더 시각적인 것들을 기대하고 있습니다. 그들은 정돈된 것을 찾고 특히 단계가 더 적어지기를 기대하죠. 다른 훌륭한 사용자 경험, 다른 산업, 상호작용 설계자, 여러분을 최종 목표로 데려가는 단계를 단축하는 다른 사람이 무수히 많습니다. 금융 서비스 기업들은 거기서 조금씩 배우고 있죠. 하지만 가장 중요한 것은 새로운 은유가 나타난다는 겁니다.

IDEO에서는 몇 년 전 PNC라는 은행을 위해 '가상 지갑'이라는 것을 연구했는데 그 가상 지갑의 시각화 요소는 고객의 돈을 모두 보여주는 막대였습니다. 다른 계좌들을 보여준다기보다는 그 자체가 일종의 돈인 셈이죠. 막대는 젊은이들의 비디오 게임에서 영감을 얻은 겁니다. 그런 상호작용에서 우리가 데이터를 보고 대상과 어떤 식으로 상호작용하리라는 걸 설명할 새로운 은유를 발견하죠. 비디오 게임의 '생명' 막대처럼 삶의 다른 요소들을 어떤 식으로 확인하고 싶은지 알려주는 겁니다. 상호작용과 즉각적인 피드백이 중요한 한편 시각적인 은유가 우리의 기대를 바꾸기 시작했습니다.

브렛 다른 산업이 당신에게 영향을 미칠 때 거기에서 무언가를 차용했다는 것이 흥미롭군요. 말씀하셨듯이 이를테면 디자인에 영향을 미치는 게임에서 차용한 막대처럼 말입니다. 디자인 과정에서 IDEO는 일반적으로 어떤 유형의 업무에 참여하나요? 얼마나 걸립니까? 지금껏 참여한 두어 가지 다른 프로젝트와 일반적인 구성 방식에 대해 말씀해 주십시오.

제임스 일반적인 프로젝트에서 우리는 디자인과 대단한 혁신이 바람직한 것, 실행 가능한 것, 실용적인 것의 교차점에 있다고 말하곤 하죠. 다른 수많은 혁신 과정은 실행 가능한 것에서 시작하고, 기술에서 시작합니다. 아니면 구체적으로 기업이 추구하는 것에서 시작합니다. 언제나 사람들로부터, 그들의 행동을 관찰하는 일에서 일을 시작하죠.

몇 년 뱅크 오브 아메리카에서 수행했던 작업은 '잔돈 모으기Keep the Change'라는 상품으로 개발되었죠. 뱅크 오브 아메리카가 우리에게 이렇게 묻더군요. "어떻게 하면 어머니들과 가족들이 꾸준히 더 많이 저축하게 할 수 있을까요?" 그 과정의 첫 번째 단계는 시장 조사를 많이 하거나 데이터를 많이 읽는 게 아니라 집에서 어머니들, 가족들과 시간을 보내며 행동을 관찰하는 겁니다.

가장 중요한 건 그들의 거래를 관찰하는 일은 그만두고 돈과 다양한 것들이 그들의 포괄적인 삶과 가치에 미치는 영향을 확인하는 거라고 생각합니다. 그러려면 무수히 많은 사람이 아니라 열 명이나 스무 명을 만나서 두세 시간 동안 같이 생활하고, 그들과 함께 볼일을 보고, 그들이 예산을 짤 때 관찰하고, 다른 가족이나 사람들과 상호작용할 때 관찰하고, 수표를 쓸 필요가 있는지와 더 중대한 욕구를 봐야 하죠. 흥미롭게도 우리가 관찰한 바로는 많은 어머니가 청구서를 모아서 공익기업에 납부하더군요. 이를테면 27.50달러짜리 청구액을 30달러까지 모으곤 했습니다. 한편으로는 많은 사람이 수학을 좋아하지 않아서 그렇게 하면 생활이 더 편해지고 다른 한편으로는 신용점수를 좀 얻을 수 있다고 생각하기 때문이죠. 어쨌든 우리는 이런 모으기 행동을 확인했습니다.

이런 기회가 눈에 들어오기 시작하면 이를 기점으로 브레인스토밍하고 다양한 아이디어, 우리가 확인한 욕구를 토대로 시행할 다양한 방법을 제시하는 겁니다. 그런 과정에서 탄생한 것이 좀 더 직관적이고 쉽게 저축할 필요성에 대한 깨달음이었죠.

뿐만 아니라 많은 어머니가 실제로 저축하는 행위를 높이 평가하고 그들이 어떤 특정한 이율보다 더 많이 저축했다는 사실을 자랑스러워한다는 사실도 깨달았습니다. 이렇게 해서 '잔돈 모으기'가 탄생했어요. 기본적으로 직불카드로 결제해야 하는데 달러 단위로 결제한 다음 잔돈은 저축계좌에 넣는 겁니다. 이 상품은 대대적인 성공을 거두었습니다. 어머니들만 대상으로 한 것은 아니에요. 신규 고객 1천만 명과 신규 저축 30억을 확보했습니다. 모든 것이 사람들이 일상생활에서 사람들이 어떻게 행동하고 돈을 관리하는지를 관찰한 데서 시작되었죠.

브렛 그 프로젝트를 시행하기까지 대략 얼마나 걸렸습니까?

제임스 아시다시피 일반적인 프로젝트는 8~16주가 걸릴 수 있지만 초기 개념을 떠올리는 데까지만 그 정도 시간이 필요해요. 일반적으로 할애된 시간만큼 시간을 충분히 쓰는데, 반복이 중요합니다. 수많은 다양한 관찰 결과를 내놓고 그걸 몇 가지 핵심적인 기회로 요약합니다. 이런 기회를 다양한 아이디어로 바꾸고 그 가운데 효과적일 것 같은 몇 가지 구체적인 아이디어로 정리하죠. 그런 다음 아이디어를 설계할 여러 가지 방법을 제시하고 기술, 디자인, 조직적인 관점에서 효과적일 것 같은 몇 가지 디자인으로 정리합니다.

브렛 행동과 다양한 환경을 접하고 사람들이 상호작용하는 방식을 관찰하는 얘기를 많이 하시는군요. 금융과 재무 서비스 분야에서 우리가 일상적으로 이런 일을 처리할 때 나타나는 몇 가지 습관이 있죠. 사람들의 삶에 제품이나 서비스를 도입하는 과정에 금융 서비스 조직에 대한 어떤 기대나 요구가 등장할까요?

제임스 사람들은 이제 더 이상 은행에서 재무 관련 결정을 내리지 않습니다. 그들은 자동차 대리점에서, 병원에서 재무 관련 결정을 내리죠. 그러한 결정은 순간적으로 이루어집니다. 우리가 봐야 할 가장 중요한 요소는 재무관리 도구와 통찰력, 앱, 결정을 내리는 순간에 당신과 함께 하는 것들이죠. 이를테면 "오, 그냥 맥주를 좀 샀습니다"라고 말하거나 "맥주에 돈을 많이 씁니다. 그 비용을 계속 지켜보고 싶습니까?"라고 묻는 앱이 있죠. 그런 반면 병원을 갈 경우 실제로 당신의 은행계좌를 탭해서 특정한 시술에 얼마를 지불해야 하고 장기적으로 어떻게 그것의 예산을 세울 수 있을지에 대해 균형 잡힌 결정을 내리도록 돕는 더 미묘한 상황이 있을 수 있습니다.

> **$**
> 사람들은 이제 더 이상 은행에서 재무 관련 결정을 내리지 않는다. 그들은 자동차 대리점에서, 병원에서 재무 관련 결정을 내린다.
> __제임스 모에드(IDEO 재정서비스 설계자)

앱과 특정한 도구들이 폭발적으로 증가할 겁니다. 그저 앱이 근사하고 API가 흥미롭기 때문이 아니라 사람들이 돈에 대해 생각하는 방식 때문이죠. 다른 상황에서 다르게 행동하려면 돈이 필요하고 돈에 관한 결정을 내려야 합니다. 저는 다음 몇 년 동안 사람들의 삶에서 다양한 욕구와 상황을 중심으로 형성된 다양한 재무관리 도구가 꽃필 거라고 믿고 그렇게 되기를 바랍니다.

브렛 여전히 광고가 중요하다고 생각하는 금융기관이 많습니다. 우리는 계속해서 상품을 팔고 있죠. 순수하게 상품을 광고하는 것만큼 고객과의 관계(참여와 여정)가 중요할까요?

제임스 그래야만 합니다. 이 산업을 파괴할 진정으로 위험한 요소에 대해 생각하고 계십니까? 그럼 이동 통신사를 바꾸는 것만큼 쉽게 은행을 바꿀 수 있다면 어떤 일이 일어날지 상상해 보십시오. 알다시피 은행은 고객이 대출을 받거나 여신을 이용할 때 돈을 법니다. 하지만 일상적인 금융과 자금관리 등 실제로 약 90퍼센트를 차지하는 우리의 금융 생활은, 많은 조직이 그렇듯이, 로스 리더(더 많은 고객을 끌어모으고자 특정 상품 가격을 대폭 낮추는 기법 —옮긴이 주)입니다. 고객이 은행을 바꿀 수 있다면 무슨 일이 일어날까요? 은행이 고객의 일상적인 자금관리를 돕고자 투자한 그 모든 시간이 갑자기 허사가 되는 거죠. 은행은 더욱 매력적으로 보여야 합니다. 훨씬 더 일상적인 면에서 우리에게 중요한 존재임을 증명해야 합니다. 정말로 호감을 주는 방식으로 우리의 일상적인 재무 관련 욕구를 충족시키는 사업 모델을 떠올려야 합니다. 계정을 바꾸는 과정이 단순해지면 사람들이 의문을 제기할 사업 모델이 많거든요.

지지를
형성하는
방법

과거의 목표는 브랜드 인지도를 형성하고 시간이 지남에 따라 더욱 효과적으로 브랜드 회상을 자극하는 것이었다. 캠페인 마케팅과 데이터베이스 마케팅은 특정한 고객 집단에 어울릴 만한 제품을 제공함으로써 그 집단을 타겟으로 삼아 일반적인 방송 접근 방식보다 전환 비율을 높일 목적으로 설계되었다. 이들은 모두 관심을 자극하고, 광고 산업에서 흔히 표현하듯이 아이볼eyeball(TV나 웹사이트의 시청자나 방문자 ―옮긴이 주)이나 임프레션impression(광고가 보이거나 노출된 횟수 ―옮긴이 주)을 확보하는 전통적인 방송 매체의 효과에 의존했다. 마케터들이 이야기하는 다른 한 가지 메커니즘은 브랜드 회상, 즉 고객이 어떤 광고를 본 다음에 광고주를 떠올려서 제품을 구매하는 방식이다. 하지만 이런 전통적인 광고 메시지가 실패하는 상황에서 조직은 어떻게 회상을 형성하고 아이볼을 확보하는가? 그러지 못하는 것이 실정이다. 따라서 지지를 형성해야 한다.

소셜미디어가 등장함에 따라 집단적으로 특정한 메시지에 반응하고 행동하는 대중과 집단이 등장했다. 인기 동영상처럼 단순한 사례가 있는가 하면 (세계 금융 위기에 등장한 점령하라 운동이나 아랍의 봄 등) 강력한 대중 중심 운동이나 지지 같은 사례도 있다. 과거 브랜드 인지도는 어느 정도 입소문으로 형성되거나 향상되기도 했다. 그러나 오늘날 브랜드는 그야말로 홀연히 나타나 순수한 지지를 토대로 수십억 달러 규모의 스타트업을 탄생시키는 원동력이 될 수 있다. 트위터, 유튜브, 심지어 페이스북 같은 브랜드는 광고비를 거의 쓰지 않고 몇 달 만에 형성되었고 그러면서도 전 세계에서 가장 크고 가장 인지도 높은 브랜드로 자리 잡았다.

이런 사례에는 인스타그램이나 트위터처럼 급속도로 확산되는 지지를 형성할 전략적인 광고 접근 방식이 존재하지 않는다. 지지는 또한 전통적이기보다는 변덕스러운 쪽에 속한다. 페이스북을 예로 들어보자. 최근 연구에서는 십 대들이 무더기로 페이스북에 등을 돌리고 있는 것으로 나타났다. 그것은 페이스북이 더 이상 멋진 곳이 아니기 때문이었다. 아버지나 할머니가 페이스북에 나타나면서 페이스북의 역학은 달라졌다.

지지는 빠른 속도로 생성될 수 있으나 그런 반면 대중은 변덕이 심해서 그만큼 빨리 돌아설 수도 있다. 2013년 야후가 텀블러를 인수하자 그 멋지고 새로운 소셜 브랜드에 대한 반발이 생겼다.

그러나 지지의 장점이 부정적인 면보다 훨씬 더 많다. 올바르게 지지를 형성하면 브랜드의 신뢰도가 크게 높아지고 매우 적은 비용으로 폭넓은 호감을 얻을 수 있다. 아울러 전통적인 인지도 접근 방식보다 성과가 훨씬 더 좋다. 지지의 특징은 대개 메시지 전달을 통해 형성되지 않는다는 데 있다. 그것은 대중과의 대화나 브랜드의 전반적인 참여 철학을 통해 형성되는 경향이 더 크다. 한 가지는 확실하다. 브랜드를 통해 힘을 얻는 대중이 많아질수록 참여도가 높아지고 지지가 형성될 가능성이 커진다.

2개월 동안 각 브랜드의 소셜미디어 페이지에서 4,500개가 넘는 댓글을 수집하고 800회의 인터뷰로 이를 보충해 연구 결과를 알렸다. 그 결과 소비자 다섯 명 가운데 네 명이 어떤 브랜드의 소셜미디어와 접촉한 후 그 브랜드를 구입할 가능성이 더 컸으며 83퍼센트가 그 브랜드의 제품을 기꺼이 써보았다.

— 'IAB 연구 결과 90퍼센트의 소비자가 소셜미디어 상호작용 후에 브랜드로 돌아가는 것으로 나타나다,' 〈드럼〉

매캔 에릭슨McCann Erickson의 초대 최고경험책임자Chief Experience Officer인 린 테오Lynn Teo는 훌륭한 경험을 통해 브랜드를 형성한다는 개념을 핵심으로 삼았다. 그녀는 소비자들이 브랜드와 상호작용할 방법이 증가함에 따라 디지털 세계에 미래가 있음을 인정했다.

브렛　린, 매캔은 아마 광고 대행사로 더 유명할 겁니다. 고객 경험 중심으로 초점을 바꾼 결과 어떻게 변화하고 있습니까?

린　고객이 브랜드와 관계를 맺을 수 있는 두 가지 요소가 있습니다. 가장 전통적인 방식에서는 감정적인 관점에서든 브랜드의 약속 면에서든 간에 마케팅 커뮤니케이션을 통해 고객에게 공감을 얻는 강력한 메시지를 전달하죠. 헌데 지금 우리가 사는 세상은 무척 복잡해져서 메시지 전달만으로는 오늘날 필요한 고객과의 관계를 전달할 수 없습니다. 지금 내놓은 약속이 실시간으로 전달되어야 하는 세상이죠. 모든 기관은 자사의 발자취를 확대해서 인지도부터 정확한 구매 유발 시점까지, 고객이 매장에 있을 때 일어나는 일까지 훨씬 더 전체론적인 방식으로 고객 경험의 다양한 요소에 영향을 미칠 수 있어요. 사용자 경험이나 소비자 경험이라는 인식에 변화가 일어나고 있습니다. 그게 정말 다양한 채널에 영향을 미치죠.

브렛　즉시성에 대한 기대가 점점 높아지고 있으니 "광고를 봤어요. 당신이 이 일을 할 수 있다는 걸 알고 있지만 이 일을 하려고 그 브랜드까지 걸어가지는 않을 겁니다. 그냥 그걸 바로잡고 싶어요"가 아니라 "난 이 문제를 지금 해결해야 한다"는 식이 되는 거죠.

린　그렇습니다. 즉시성이 존재합니다. 그리고 상황이 합쳐진다는 점, 특정한 시점에 고객이 원하는 방식으로 관계를 맺어야 한다는 인식도 존재하죠.

브렛　몇 가지 질문을 하겠습니다. 훌륭한 고객 경험 설계자의 조건은 무엇입니까? 함께 일할 인재들을 찾을 때 어떤 점을 봅니까? 이 일을 정말 훌륭하게 해내는 사람은 어떤 사람인가요?

린　제가 항상 찾는 요소를 세 가지로 요약할게요. 첫째, 충족시킬 수 없는 호기심이 있어야 합니다. 훌륭한 고객 경험 설계자들은 모두 주변 세계의 원리에 대해 호기심을 가지고 모든 가정을 논의하기보다는 모든 상황을 새로운 시각으로 봐야 하죠. 그렇게 해야만 새로운 기회를 발견할 수 있습니다.

제가 찾는 두 번째 특성은 공감입니다. 고객은 본질적으로 인간이라는 사실을 피할 수 없어요. 그들은 누군가 자기 말을 들어주기를 바라고 감정적인 방식으로 어떤 브랜드와 관계를 맺고 싶어 합니다. 스스로 문제를 해결하지 못할 때 소비자는 엄청난 좌절을 느끼죠. 공감 능력이 있으면 소비자가 매일 직면하는 문제들을 해결하면서 소비자를 도울 수 있다는 걸 알기 때문에 고객 경험 설계자에게 유리합니다. 세 번째 특성은 최신 트렌드와 변화하는 기술에 뒤처지지 않는 것이라고 말하고 싶군요. 이 조건을 충족시키지 못하면 적절한 경험을 설계할 수 없습니다. 상호작용하는 플랫폼을 인식하지 못하니까요.

브렛　훌륭합니다. 제임스와 당신은 모두 매우 역동적인 산업처럼 보이는 분야를 묘사했습니다. 지난 5~10년 동안 꾸준한 변화가 일어났죠. 말씀하셨듯이 새로운 기술, 고객을 참여시키는 새로운 방식이 등장했어요. 놀라운 역학이 존재하는 지금, 조직은 어떻게 이 새로운 방법과 참여의 패러다임을 채택하고 있나요?

린 정말 좋은 질문입니다. 조직은 자사의 능력을 재조정하고 능력을 향상하기 위해 스스로 끊임없이 도전을 제시해야 합니다. 심지어 팀의 업무 방식에 대한 모든 기존 모델을 파괴해야 한다고 말할 수도 있죠.

다양한 기술 구성을 논의하고 모든 사람이 각자의 의견을 소중히 하며 모든 사람이 원한다는 사실을 알도록 팀을 지휘하는 한편, 팀이 임무를 수행하는 프레임워크를 마련하는 것이 관건입니다. 그렇기 때문에 조직이 움직이는 겁니다. 조직은 무대를 세워야 하니까 특정한 단계에 특정한 역할이 어떤 주된 기능을 수행하는지에 대해 포괄적인 지침을 제공해야 합니다. 그런 다음 주자에게 바통을 넘기죠. 어쩌면 훗날 사회전략가가 등장해서 임무를 수행하고 다음으로 넘길 겁니다. 단순하게 들리지만, 사람들이 제시하는 모든 새로운 기술을 올바른 방식으로 이용하려면 조직이 사전 계획을 철저하게 세워야 하죠.

브렛 고객에게 봉사하고 꾸준히 고객 참여 경험을 창출할 목적으로 수립된 조직의 패러다임에 따라 일하기 시작한다면 조직의 구성 방식이 어떻게 바뀝니까?

린 경계에서 벗어나는 것이 첫 번째 단계죠. 나는 조직 전체에 영향을 미친다는 개념을 좋아합니다. 다양한 경계를 넘나들면서 기

> 고객은 본질적으로 인간이라는 사실을 피할 수 없다. 그들은 누군가 자기 말을 들어주기를 바라고 감정적인 방식으로 어떤 브랜드와 관계를 맺고 싶어 한다. 스스로 문제를 해결하지 못할 때 소비자는 엄청난 좌절을 느낀다. 공감 능력이 있으면 소비자가 매일 직면하는 문제들을 해결하는 방식으로 일을 처리하면서 소비자를 도울 수 있다는 사실을 알 수 있으므로 고객 경험 설계자에게 유리하다.
>
> _린 테오(맥캔 에릭슨 최고경험책임자)

본적으로 A라는 사람이 B라는 사람에게 말을 걸고 바통이 전달되고 있음을 확인하는 특정한 기술이나 능력이 있죠. 조직의 모든 사람이 이미 그럴 능력을 갖추었다고 생각하고 싶어 합니다. 그래서 그 기술을 갖추기가 쉽지만은 않죠.

바로 이 시점에서 기관과 조직들은 어려운 질문을 자문해야 합니다. 그러니까 "우리는 복잡한 세상에 살고 있다. 나는 데이터와 복잡성을 탐구하는 사람들이 필요하다. 그런 한편 매우 뚜렷하게 의사소통할 사람이 필요하다"고 되새겨야 하죠.

이때 핵심은 해체하기를 두려워하지 않아야 한다는 겁니다. 오로지 다양한 경계를 넘나드는 것을 목표로 삼는 부서들이 있을 수 있는데 이 역할이 점점 더 중요해지고 있어요. 그런 능력과 사고방식이 없다면 개개인의 장점을 충분히 활용하지 못한다는 뜻입니다. 조직은 과감하게 다양한 조합을 시도해야 합니다. 조직에 이미 존재하는 권력 구조를 어느 정도 버려야 할지도 모르죠. 소비자 중심으로 모든 사람의 방향을 수정해야 하니까요. 그때야 비로소 기업과 기관이 승리를 거둘 겁니다. 그러려면 많은 변화 관리가 필요하고 그 변화를 일으키기 위해 임명된 사람들에게 많은 권한을 부여해야 하죠.

고객
참여시키기
3.0

짐 마러스를 소개하기 위해 그의 블로그에서 '고객 3.0'(1.0은 제품 중심의 시장, 2.0은 정보화 시대의 시장, 3.0은 가치 주도의 시장 —옮긴이 주)과 그들의 기대에 대한 글을 인용했다.

> 고객 3.0은 연령, 수입, 지역, 성별과 같은 전통적인 인구통계집단으로 정의되지 않는다. 대신 그들은 개인적인 욕구를 충족시키고자 새로운 기술을 활용하는 방식으로 정의된다.

전통적인 매체는 이제 새로운 고객을 확보하거나 추가 판매하기에 충분하지 않다. 모든 은행과 신용조합 마케터들의 도구 상자에는 리타겟팅 같은 디지털 마케팅 도구가 포함되어야 한다.

고객 3.0은 가격에 민감하지만 반면 장기적으로는 시간과 돈을 절약하는 상품에 돈을 지불할 것이다. 은행과 신용조합은 이런 특성을 '공짜가 더 좋다'는 메시지가 아니라 차별화되는 서비스를 수립할 기회라고 봐야 한다. 또한 소셜미디어를 이용해서 불만을 토로하는 고객에게 대단히 민감하게 반응해야 할 것이다. 고객이 이용한 것과 같은 채널을 이용해서 공적으로 반응하는 것이 일반적으로 가장 바람직하다.

그저 '좋아요'를 누르고 친구 신청을 하려고 소셜미디어를 이용하는 것만으로는 부족하다. 은행의 마케팅과 고객 경험 부서의 임무에 추천과 후기를 모니터하는 일을 포함시켜야 한다. 뿐만 아니라 레스토랑이나 소매업체와 마찬가지로, 은행과 신용조합은 만족한 고객의 긍정적인 온라인 후기를 일상적인 사회적 상호작용의 일부로 생각해야 한다.

일부 은행은 고객의 소셜 네트워크 활동을 사전에 모니터함으로써 만족도를 측정하고 더욱 탄탄한 프로필을 구성하는 것은 물론이고 사회적 영향력이 가장 강한 사람을 파악하고 있다. 사적인 문제를 주시함으로써 고객의 사회적 영향력을 파악하는 능력은 강력한 마케팅 도구가 될 수 있다.

고객 3.0의 눈으로 보는 혁신은 더 많은 특성과 기능의 형태가 아니라 결점이 없는 단순화된 역량일지도 모른다. 간단한 계좌 개설부터 다중 인증을 받을 필요 없이 잔액을 확인하는 기능(고뱅크 밸런스바)이나 인스턴트 모바일 영수증(모벤)에 이르기까지 은행과 신용조합은 일상적인 금융에서 복잡성을 제거해 고객들이 원하는 시간과 장소, 그리고 방식으로 은행 거래를 하도록 만들어야 한다.

디지털 고객에게 안전과 보안을 강조해야 할 필요성은 그들이 새로운 온라인/모바일 서비스를 시험하기를 원할 때는 그다지 문제가 되지 않는다. 그렇기 때문에 금융 산업에서 중대한 차질이 일어날 경우 이런 보안은 단명할 수 있다. 뿐만 아니라 개인 정보를 편안하게 공유하는 특성은 금융 마케터들이 목표 설정 개선과 제품 개발, 그리고 커뮤니케이션에 이용할 수 있는 통찰력에 접근할 가능성을 높인다.

짐 마러스는 마케팅 서비스 조직 뉴 컨트롤New Control의 다이렉트 및 디지털 마케팅을 위한 기업발전 담당 수석부사장이다. 그는 또한 금융 서비스 산업에서는 매우 인정받는 은행 마케팅 전략 블로그를 운영한다.

브렛　　짐, 당신은 고객 참여의 이 같은 변화를 고려하면서 소셜미디어에 대해 자주 이야기했습니다. 연구와 행동, 고객의 장기적인 참여에 대해 언급했죠. 그런데 이제는 순수하게 마케팅처럼 들리지 않습니다. 이 모든 새로운 기술과 새로운 연구 분야를 토대로 참여가 마케팅이라는 분야를 어떤 식으로 바꾸고 있습니까?

짐 일차적인 변화는 판매 경로의 완벽한 파괴입니다. 예전에는 서비스에 관해 문의하려고 지점을 방문하곤 했죠. 동네에 있는 서너 개의 지점 중에서 한 군데를 찾아갔습니다. 그런데 이제 (은행 상품과 서비스) 쇼핑은 온라인으로 진행됩니다. 조사에서 결정에 이르기까지, 다른 사람의 조언을 통해 진행되며 지점은 마지막에 찾는 곳이 되었죠. 갤럽과 다른 연구 기관은 여전히 많은 고객이 계좌를 개설하기 위해 지점을 방문하기를 선호한다고 발표하지만, 우리가 실시한 연구에 따르면 그건 주로 은행이 온라인 계좌 개설 기능을 제대로 설치하지 않았기 때문입니다.

그 밖에도 가장 큰 변화는 고객이 지점을 방문해야 할 일이 생기기 전에 판매 프로세스를 구축해야 한다는 거죠. 그러려면 고객이 지점을 찾기 전에 우리가 고객에게 다가가서 고객의 관점으로 은행 내외부에서 어떤 통찰력을 얻을 수 있는지 더 많이 연구해야 합니다.

브렛 이런 것들이 우리가 찾고 있는 기술 구성이죠. 예전에는 기업의 광고나 마케팅 담당 직원들이 언론 광고 일정이나 달력, 1년 내내 방송할 캠페인을 계획했죠. 이를테면 1월에 장기 주택담보대출, 2월에 중소기업 대출, 3월에 신용카드를 광고하지만 고객은 그달에 해당 상품을 사지 않습니다. 은행이 상품을 판매하는 방식과 그런 참여를 마케팅하는 방식이 어떻게 변하고 있습니까? 캠페인 자체가 사라지고 있나요?

짐　이와 관련된 토론을 여러 번 했는데 대형 은행에 대한 이야기가 많았습니다. 안타깝게도 대다수 은행은 대량의 고객 정보를 확보하지 못한 훨씬 적은 규모의 은행들입니다. 질문에 답하자면 현재 이른바 이벤트 중심 혹은 라이프스타일 중심 마케팅에 할애되는 예산이 점점 증가하고 있어요. 고객이 계좌를 처음 개설하면 많은 자원이 첫 90일 동안의 첫 환대에 할애됩니다.

그다음 참여도가 깊어지면 고객의 행동을 중심으로 마케팅을 확대하기 위해 노력하죠. 구매 행동일 수도 있고, 계좌 행동일 수도 있고, 심지어 소셜미디어 영역에서의 행동일 수도 있습니다. 고객이 제공해주는 정보 외에, 그런 영역에서 고객이 언제 무엇을 하는지에 대한 더 적절한 증거를 얻을 수 있어요. 고객이 선호하는 채널에서 그가 결정을 내리는 바로 그 순간에, 고객에게 가장 매력적일 만한 매체를 통해 접촉하는 것을 최종 목표로 삼는 것, 그것이 캠페인 중심의 관행에서 멀어지는 중대한 변화입니다.

아직도 과거의 방식이 일부 남아 있지만 진짜 수익의 원천은 주거지 이동, 출산, 결혼 같은 인생의 중대한 변화 단계이든 구매 행동을 보여주는 재정적인 변화이든 간에 결정을 내리는 시간에 고객과 접촉하는 능력이죠.

브렛　전 지난 몇 달 동안 딜로이트^{Deloitte} 유럽 중부팀의 흥미로운 연구를 도왔는데, 구매 활동에서 전형적인 신용카드와 사람들이 신용카드를 이용하기로 결정하는 방식을 살펴보았죠. 흥미롭게도 신용카드를 발급받거나 신청하는 사람들 가운데 1/3이 신용카드를 신청한 이유를 일자리가 바뀌었기 때문이라고 하더군요. 승진해서 '음, 이제 신용카드를 쓸 여유가 생겼어'라고 생각하거나 아니면 실직해서 '새 직장을 구하기까지 비상 현금이 좀 필요할 테니 은행에서 좋은 신용 등급을 받으려면 신용카드를 신청하는 게 좋겠어'라고 생각하는 거죠.

현재 마케터들은 신용카드를 판매하면서 이런 식으로 생각하지 않지만 이건 행동을 유발하는 확실한 요소가 되었어요. 이들이 바로 일자리를 기준으로 신용카드를 발급받거나 신청하는 1/3의 고객인 겁니다. 짐, 그런 유형의 행동 유발 요소나 의사 결정 과정의 상관관계를 어떻게 확인해서 그것을 토대로 고객 참여를 이끌어낼까요? 핵심 능력은 무엇입니까? 어떤 식으로 연구해서 이런 결론을 얻는 건가요?

짐 린과 제임스가 모두 금융기관 마케터들이 일반적으로 우리가 고객에 대해 아는 것과 우리가 아는 것 가운데 고객에 드러내고 싶은 것 사이에서 매우 신중하게 균형을 맞춘다는 사실에 동의한 것 같군요. 정보가 너무 많고 이용할 수 있는 통찰력이 너무 많아서 특히 금융기관에서는 빅 브라더 효과를 조심해야 합니다. 우리가 직장 변화와 이런 성격의 문제를 이야기할 때 소셜미디어의 대화에서 이런 효과가 나타나죠. 이건 우리가 추적할 수 있으니까요. 하지만 실상 디지털 활동이나 온라인 활동에서 더 자주 발견됩니다. 사람들은 링크드인 프로필을 바꾸거나 다른 항목을 검색하는 방식을 바꿀 수 있습니다. 일자리가 바뀐 사람들이 원하는 것은 비단 신용카드만이 아니니까요. 새 차를 사거나 가구를 사거나 이사하는 경우도 많습니다. 마케터들은 일자리의 변화뿐만 아니라 이 모든 것을 이용해서 고객과 접촉할 수 있어요. 소비자들은 우리가 그들에 대해 아는 것을 걱정스러워 하지만 이 정보를 토대로 우리는 이른바 '정크 메일' '정크 이메일' 혹은 '정크 디지털 메일과 메시지'를 피할 수 있습니다.

브렛 목표 설정과 맞춤형 말씀인가요?

짐 바로 그렇습니다. 소비자들은 이것에 익숙하죠. 제임스가 앞에서 말한 것 같은데 최고의 마케터를 찾을 때 사람들은 디지털 마케터, 아마존, 애플, 베스트바이 등을 기준으로 삼습니다. 그것이 사람들이 기대하는 거죠. 그들은 아마 자사에 대해 더 많이 알고 있을 것 같은 은행이 누구보다도 더 좋은 성과를 거둘 거라고 기대합니다. 안타깝게도 연구 결과, 은행은 목표 설정, 그러니까 자사가 확보한 정보를 살피고 효과적으로 목표를 설정하는 일에 매우 서투른 것으로 나타났습니다. 갤럽에서 조사한 소비자 가운데 53퍼센트는 그들이 이미 가진 상품에 대해 홍보를 받은 적이 있다고 말했죠. 이용할 수 있는 모든 정보를 확보한 지금 같은 시기에 이런 일은 변명의 여지가 없습니다. 덧붙이자면 은행이 소셜미디어와 디지털 미디어에서 일자리 변화에 따른 행동을 살피면 소비자에 대한 마케팅 효과를 높일 가능성이 더 커질 겁니다.

브렛 지금까지 마케팅 역량에 대해 이야기했으나 일반적으로 말해 마케팅의 핵심은 반응을 자극할 목적으로 메시지를 전달하는 겁니다. 그러나 당신이 설명한 방법은 소비자가 원할 때 제품이나 서비스를 소비자의

> 최고의 마케터를 찾을 때 사람들은 디지털 마케터, 아마존, 애플, 베스트 바이 등을 기준으로 삼는다. 그것이 사람들이 기대하는 것이다. 그들은 아마 자사에 대해 더 많이 알고 있을 것 같은 은행이 누구보다도 더 좋은 성과를 거둘 거라고 기대할 것이다. 안타깝게도 연구 결과 은행은 목표 설정에 매우 서투른 것으로 나타났다.
>
> _짐 마러스
> (뉴 컨트롤기업발전담당 수석부사장)

삶에 전달하고 소비자 경험에 끌어들이는 일처럼 들리는군요. 오늘날 은행에서 보는 전통적인 마케터들과는 매우 다른 기술 구성처럼 보입니다.

짐 맞습니다. 현재 뉴 컨트롤에서 리타겟팅 도구들을 이용할 때 최고의 기술과 가장 효과적인 성과를 얻고 있습니다. 이런 도구들이 실제로 당신의 검색 활동을 주도하고 당신이 방문하는 사이트에 광고를 투입할지, 아니면 당신에 대해 더 많이 알고 난 다음 차후에 광고를 투입할 때에 대비해 더 좋은 정보를 얻고자 계속 노력할지를 결정하죠.

그뿐만 아니라 디지털 프로필과 물리적인 주소를 연결하는 CRM 리마케팅이 있습니다. 우리는 실제로 다이렉트 메일 프로그램을 택해서 다이렉트 메일을 통해 커뮤니케이션을 강화하는 디지털 커뮤니케이션을 추가할 수 있죠.

말씀하셨듯이 금융기관들이 콘텐츠를 구축해야 할 중요성이 점점 커지고 있어요. 소비자가 검색 활동에 참여할 때 숏폼 동영상과 다른 형태의 콘텐츠 매체 같은 것이 사람들의 이목을 끄는 데 더욱 효과적이니까요. 풀 마케팅에서 콘텐츠와 전달을 이용하는 푸시 마케팅으로 움직이고 있습니다.

브렛 예산 구성 또한 크게 변하는 것처럼 보이는군요. 순수 광고에서 콘텐츠 중심으로 변화하니 말입니다.

짐 솔직히 우리는 모바일 면에서는 살짝 겉핥기만 하는 겁니다. 모바일 기능과 지오로케이션 기능을 이용해 완전히 새로운 범위의 기회를 창조하고, 언제 어디서라는 관점에서 그것의 효율성을 높이는 금융기관은 거의 없습니다.

참여의 미래:
마케팅을 넘어

만일 현재 트렌드가 유효하다면 오늘날 마케팅 부서는 지점의 팀만큼이나 위태롭다. 왜 그럴까? 불타고 있는 플랫폼 위에 서 있기 때문이다. 전통적인 매체는 웹과 모바일의 맹공격 속에서 간신히 버티고 있으며 혁신이 일어난 후 15년이 흐른 지금 그들은 결국 싸움에서 패배하고 있다. 실제로 2012년 구글의 광고 수입은 미국의 모든 인쇄 매체보다 더 많았다 (표 10.4 참조).

신문과 텔레비전이 어떤 형태로든 살아남는다 하더라도 우리가 제품과 서비스를 광고하고 홍보하는 방식은 앞으로 5~10년 동안 근본적으로 바뀔 것이다. 우리가 알고 있는 캠페인은 살아남지 못한다. 통계 수치는 그들에게 압도적으로 불리하다. 명확한 인구집단에 메시지를 주입하고 충분한 아이볼이나 임프레션을 얻는 걸로는 중기적으로 방송과 캠페인 광고가 효과를 거둘 전환을 생성할 수 없다. 그렇기 때문에 메시지 전달이 모바일과 상황 중심으로 변해야 하는 것이다.

브렛　제임스, 지금부터 5~10년 후에 일상적인 금융이나 재정 서비스에서 참여는 어떤 모습일까요? 그 구성이 어떻게 변할까요?

제임스　5~10년 후면 결국 장기 저축이나 거액 대출 등을 위한 기업의 운영 방식과 별도로 일상적인 금융을 위한 새로운 사업 모델이 구축될 겁니다. 고객의 일상적인 자금관리를 돕는 역할을 주축으로 완전히 새로운 형태의 금융 사업 모델이 등장하겠죠. 그건 더욱 개인화된다는 뜻입니다. 우리의 일상적인 예산 수립과 매장이나 상점 모든 종류의 소매업체에서 소비하는 내용이 통합될 겁니다. 그러면 우리는 데이터를 이용해서 더욱 현명하게 저축할 방법을 파악함으로써 더욱 현명하게 소비하겠죠. 당좌예금계좌와 소매업체나 사람들, 우리가 충성하는 사람들과 상호작용하는 방식의 통합이 훨씬 더 강화될 겁니다. 그런 다음 한층 개인적인 형태의 데이터를 토대로 그것이, 이를테면 대출에 어떤 영향을 미치는지 확인하겠죠.

현재 우리는 이런 알고리즘을 가지고 누가 누구에게 돈을 빌릴 수 있는지 판단합니다. 하지만 (은행)조직이 우리에 대해 더 많이 알고 있고 우리는 더 밀접하게 연결될 수 있으니, 서로 알고 있

표 10·4. 2012년 전통적인 지면 광고를 능가한 구글 광고 수입

출처: 구글, NAA, PIB.
* 신문사 웹사이트 광고는 제외.

광고 수입 (단위 10억 달러)

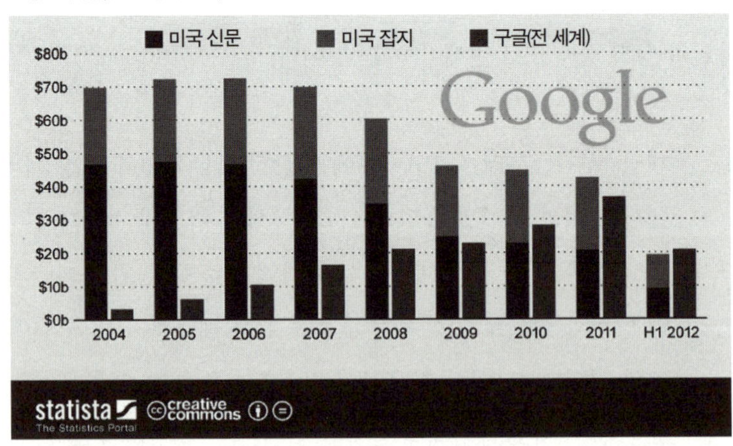

는 사람들끼리 커뮤니티를 만들어서 돈을 빌려 주는 대출 형태가 등장할 겁니다. 그들은 대규모 조직들보다 자신의 네트워크에 속한 사람들의 신용 상태를 여러모로 더 정확하게 알고 있죠. 새로운 사업 모델이 등장해서 훨씬 개인적이고, 우리의 데이터나 행동과 관련이 훨씬 많고, 표준적이고 보편적인 은행이 지금 생각조차 못하는 방식으로 돈을 벌고 서비스를 제공하는 상호작용을 창조할 겁니다.

브렛   10년 후엔 어떨까요? 조직이 반응하는 방식이 어떻게 변할까요?

린   금융 이야기를 보완할 수 있는 소매 측면에 초점을 맞춰서 얘기하겠습니다. 사람들은 대개 '더 싸고' '더 빠르고' '더 좋은' 것에 대해 이야기하죠. 지금은 그런 세 가지 결과 가운데 단 두 가지만 선택할 수 있습니다. 앞으로 5~10년 동안 소비자들은 모든 것을 다 가질 수 있을 겁니다. 효율성과 기술 덕분이죠. 하지만 제가 기대를 거는 건 '더 좋은'입니다. 전 이것을 제조 모델에 철저하게 도전하고 소비자에게 사야 할 모든 것과 사고 싶다고 생각지도 못했을 모든 것을 개인의 욕구에 정확하게 맞출 수 있다는 의미로 이해합니다. 가령 신발 한 켤레를 사고 싶은데 클릭 한 번으로 그걸 내게 어울리는 장식과 어울리는 색상으로 맞춰서 순식간에 집으로 배달시킬 수 있는 거죠. 소매 분야에서 즉각적인 만족이 매우 흥미로운 단계가 될 겁니다. 뿐만 아니라 국경을 초월해서 확산되면서 미국 같은 단일 시장의 자원에 제한을 받지 않을 겁니다. 이런 종류의 경제가 세계적으로 확산되면서 소매 분야가 상당히 흥미진진해질 거예요.

브렛   짐, 5~10년 후의 마케팅 서비스에 대해 말씀해 주시죠. 우리가 어떤 종류의 경험을 창조하고 있을까요?

짐 5~10년 후를 예측하기는 어려울 겁니다. 최근 들어 변화의 속도가 놀라울 정도니까요. 하지만 머지않은 미래의 어느 시점에 금융과 금융 마케팅에서 무결점 단순화를 향한 움직임이 더 많아질 겁니다. 그러니까 제 말의 의미는, 그리고 제임스가 '클릭 한 번'을 처음 언급하면서 제기한 것은 내게 무엇이 언제 필요한지에 대한 나의 사고 과정을 거의 똑같이 복제하는 무결점 방식으로 무엇을 할 수 있을까라는 문제죠. 온라인에 접속해서 인터넷 여행과 현재 위치를 토대로 지금 당장 당신만을 위한 마케팅을 즉시 얻을 수 있을 때 일어나는 일은 실로 놀랍습니다.

그런데 웨어러블 기술, 그리고 현재 위치와 그곳에 있는 시간을 파악하는 기능은 훨씬 더 많은 정보를 제공하죠. 은행이 목표를 더욱 효과적으로 설정하고 고객과 더욱 효과적으로 의사소통할 수 있는 정보 말입니다. 핵심은 그 정보를 확보해서 제품을 개인에게 맞춤으로써, 같은 집단에 속한 나와 똑같은 4만 명의 사람이 원하는 것이 아니라 오로지 저 짐 마러스가 원하는 것을 제공하는 겁니다. 아울러 금융 서비스 분야가 크게 확대될 거예요. 현재 모벤, 고뱅크, 심플 같은 회사를 통해 이것이 이미 시작되었습니다.

당신은 금융의 기본 요소를 확인하고 이렇게 말할 겁니다. "이게 그렇게까지 어려울 필요가 없어." 그다음 마케팅 세계까지 확대해서 "당신은 모든 일을 처리할 필요 없으며, 우리는 고객 여정에서 당신이 다음에 가야 할 곳을 찾을 수 있다"고 말하는 거죠.

브렛 한 분씩 마무리할 시간을 가져보죠. 만일 당신이 금융이나 재정 서비스 분야의 리더라면 어디에 투자하겠습니까?

제임스 단연코 매우 다양한 유형의 개발업자와 투자가가 당신의 돈과 상
호작용할 더욱 인간적이고 개인적인 방식을 제시하는 오픈 플랫
폼에 투자할 겁니다.

브렛 프로토타이핑이군요. 린? 당신은 어디에 투자하겠습니까?

짐 저는 제 장기 주택담보대출의 맞춤형 금리를 원합니다. 다시 초
개인화로 돌아가는 거죠. 전 금융계가 왜 아직도 모든 고객에게
동일한 금리를 제공하는 관행을 택하는지 모르겠어요. 그게 제
위시리스트입니다.

브렛 흥미로운 문제네요. 규제기관 측에서 금리를 정하는 사람은 그
점에 대해 뭐라고 말할지 궁금하군요.

짐 지금 당장 금융 세계의 현주소를 보면 가장 큰 걸림돌은 보안과
프라이버시의 획일적인 방식입니다. 이 장애물을 극복할 때까지
는 우리가 이야기하는 많은 것이 좌절될 수 있어요. 저는 약간 뒤
로 물러나서 앞을 내다보지 않고 이렇게 말할지도 모릅니다. "획
일적인 기술을 이용해서 사람들이 모바일과 온라인 거래에서 안
전하다고 느낄 만한 어떤 일을 할 수 있을까요?"

어떻게 새로운 수익을 창출할 것인가

매우 간단하다. 수익을 내는 판매 경로는 근본적으로 파괴되었다. 어떤 형태든 상업 금융 서비스에 종사한다면, 여러분의 수익은 지난 50~60년 동안 예측 가능한 판매 경로 접근 방식을 토대로 예측되었다. 그 경로는 세분화된 집단을 타겟으로 삼고, 그 집단에 광고(다이렉트 메일, TV 광고, 인쇄물 등)로써 메시지를 전달하고 (지점, 중개업체 혹은 대리인 등을 통해) 참여가 일어나도록 기다리는 것으로 시작된다. 그러나 그런 경로의 효과에 근본적인 변화가 일어났다. 가까운 미래에 디지털을 통한 총수입을 확보하지 못한다면 난관에 직면할 것이다. 예컨대 광고판, 동영상(TV나 유튜브 같은 다른 형태의 동영상)을 통해 브랜드를 광고하고 브랜드 인지도를 높이는 것이 브랜드를 강화하는 데 효과가 있을 수 있다. 그러나 전통적인 매체를 통한 캠페인 전환의 구태의연한 추동 요소들은 이미 쇠퇴하고 있다.

3장에서 자세히 설명했듯이 만일 조직이 아직 웹, 모바일, 소셜 네트워크, 혹은 디지털 전반을 통해 수익의 탄탄한 토대를 마련하지 못했다면 이 경로에서 잃어버린 수익을 대체할 방법이 무엇인지를 신속하게 자문해야 할 것이다. 사고방식이 근본적으로 다르다. 소액금융 분야의 경로는 지난 30~40년 동안 지점 유도drive-to-branch였다. 오늘날 그것은 디지털 유도drive-to-digital로 변하고 있다. 그러나 디지털 중심조차도 시장 세분화와 목표 설정, 그리고 웹사이트로 이어지는 캠페인 경로나 애플리케이션 형태라는 전통적인 메커니즘이 효과적일 것이라고 가정한다. 하지만 그렇지 않을 것이다.

이 장에서 나눈 이야기들을 바탕으로 우리는 미래를 예상할 수 있다. 1990년대 후반 금융계에서는 CRM과 개인화에 대한 이야기가 나왔으나 한 가지로 구성된 시장에 이를 것으로 보지는 않았다. 금융의 특성상 사실상 고객에게 선택권이 없었기 때문이었다. 장기 주택담보대출이 필요한 고객이 갈 만한 곳은 극소수에 지나지 않았으며 거기에다 은행의 규칙에 따라야 했다. 지금, 바로 그 점이 변하고 있다. 경로의 저항이 사라져서 금융 서비스 업체들이 이 문제가 존재하는 때와 장소에서 문제를 해결하기 위해 노력하는 새로운 물결이 등장했다.

이것이 완전히 새로운 것만은 아니다. 1990년대 후반 자동차 제조업체들은 대리점에서 차량을 구매하는 순간 제공되는 자동차 금융 상품을 두고 은행과 직접 경쟁하기 시작했다. 그러나 장기 주택담보대출, 신용카드, 중소기업이나 여행 대출, 주택과 콘텐츠 보험, 혹은 자녀들을 위한 교육 자금 같은 상품들은 은행과 같은 방식으로 상황을 만들기가 좀 더 어렵다. 은행은 이런 상품을 판매 기회가 아니라 위험 요소로 생각한다. 내가 확실하게 통제하는 경로에 고객을 놓을 때 그 위험을 예측하고 관리하기가 좀 더 쉬워진다. 디지털은 프로세스 관점과 동떨어진 그런 통제 요소에 타격을 입히며 따라서 은행은 데이터에 의존해서 위험을 더욱 신중하게 판단해야 한다.

제임스, 린, 짐은 모두 비슷한 미래를 예측했으나 그들의 시각은 제각기 달랐다. 다음은 반복적으로 등장한 몇 가지 주제이다.

1. '기존고객확인'의 의미가 상당히 달라진다

은행이 세심하게 관찰하지 않는다면 어떤 고객에게 문제가 있다는 사실이나 장소, 사건, 혹은 행동 유발 요소에서 고객을 도울 기회를 발견할 수 있다는 사실을 알지 못할 것이다. 이는 행동은 물론이고 상황과 관련된 요소이다. 은행이 이미 확보한 데이터를 현명하게 이용하고 행동이나 장소와 관련된 기회와 연결시키지 못한다면 은행이 고객의 욕구를 충족시킬 제품이나 서비스를 전달할 가능성은 매우 희박하다.

2. 훌륭한 고객 여정

고객은 은행으로 오지 않을 것이다. 은행이 그들에게 자사 브랜드를 전달해야 하며 그러려면 고객에게 이미 존재하는 어떤 문제에 대한 해결책을 전해야 한다. 하지만 그 해결책이란 이제 어떤 해결책의 '제안'이나 브랜드의 약속(제임스의 표현을 빌리면)이 아니라 실시간으로 전달되는 해결책 자체이다. 그것은 콘도미니엄이나 아파트를 구입하는 과정에 판매 전 서명을 할 때 바로 그곳에서 주택 담보대출을 신청할 수 있는 기능, 새 주방 제품을 둘러보는 매장에서 새로운 신용카드 기능이나 신용한도를 다운로드할 수 있는 기능, 혹은 가족 휴가를 떠나기 직전에 공항에서 여행자 보험 보상을 확인할 수 있는 기능이다. 저항이 없는 수익의 핵심은 신청 과정의 저항을 제거하는 데 있다.

3. 토토, 여기는 캔자스의 조직도가 아닌 것 같아(〈오즈의 마법사〉에서 도로시의 대사를 인용해 풍자한 것 —옮긴이 주)

기업의 생명과도 같은 수익을 창조하던 과거의 조직 구조가 붕괴되고 있다. 마케팅 부서, 지점이나 대리점팀, 제품팀은 실행과 반응의 관점에서 볼 때 역동적인 고객 참여라는 이 새로운 세상에 어울리지 않는다. 린은 공감 능력을 갖춘 설계자들에 관해 이야기했다. 제임스는 고객을 관찰하고 그들과 함께 시간을 보내는 것에 관해 이야기했다. 짐은 고객 행동을 추적하고 배우는 것에 대해 이야기했다. 이들의 이야기는 현재 은행이 제품 적합성이나 프로세스, 혹은 정책을 결정하는 방식과 완전히 상반된다. 오늘날 금융 조직의 본능은 그것이 활약하는 곳과 어울리지 않는다. 조직도를 재부팅해야 하고 기준도 그래야 한다.

4. 개인화의 핵심은 제품이다

새로운 개인화란 속도나 제품 구성, 혹은 역동적이고 상황에 좌우되는 고객 여정에서 제품이 제시되는 방식이 될 것이다. 일반적인 6개월 제품 개발 주기는 이제 사라졌다. 2010년대가 끝날 무렵 핵심 제품을 선택해서 새로운 행동을 보여주는 새로운 집단에 며칠, 혹은 몇 시간 만에 제공하는 능력은 상당히 일반적인 것으로 생각될 것이다. 그러면 핵심 제품이 전달할 때 위험을 배제할 수 없겠지만 그 순간에 제품이 고객에게 전달하는 혜택이 따를 것이다. 고객 여정의 핵심은 더 포괄적인 상황을 토대로 특정한 고객을 위해 역동적인 제품 포장이나 구성을 창조하는 능력에 있다.

마케팅 상품과 과거 경로를 통해 고객을 유도하는 방식에는 미래가 없다. 그러므로 적절한 시간에 적절한 메시지를 전달함으로써 고객이 플랫폼(고객으로서 개인의 욕구에 대한 해결책을 제공하는 플랫폼)으로서 은행에 표현하는 욕구나 행동 혹은 상황과 연결시켜야 한다. 은행이 이런 패러다임을 파괴하고 그들이 전념하는 판매 경로에서 그들의 프로세스를 따르도록 누군가에게 강요한다면 은행은 고객은 물론이고 더욱 중요한 수익을 잃을 것이다.

Who's Who in FinTech 인터뷰이 소개

제임스 모에드

서비스 설계, 통찰력, 혁신 분야의 독자적인 컨설턴트이자 촉진자(faciliator)이다. 인터뷰를 진행하던 당시 IDEO의 런던 금융 서비스팀의 책임자였다. 그는 현재 은행과 보험회사 등이 자사 고객의 자금관리를 재고하도록 돕는 일에 주력한다. 어린이 저축부터 자금관리에 이르기까지 새로운 제품과 서비스의 인간 중심적인 설계가 개인과 가족, 지역사회에 권한을 부여함으로써 가치를 창조할 수 있음을 입증하는 것이 그의 목표이다. 그의 고객으로는 제네랄리(Generali), 뱅크 아우디(Bank Audi), TCL, 캠든 라이브러리즈(Camden Libraries) 등이 있다. IDEO에 입사하기 전에는 몇 년 동안 언론 매체를 위한 새로운 사업 기회를 개발해 미국 라디오 방송국 운영업체, 일본 만화책 발행업체, 그리고 MTV유럽 등과 협력했다. INSEAD에서 MBA를 취득한 후 실리콘밸리 설계 전략 회사인 점프 어소시에이츠(Jump Associates)에 입사했다. 브라운 대학교 국제관계학과를 졸업했다. 영어뿐만 아니라 세계적으로 활력이 넘치는 곳이면 어디에나 투입될 수 있을 만큼 프랑스어, 포르투갈어, 스페인어, 독일어, 일본어, 히브리어를 훌륭하게 구사한다. 게다가 거리 음식의 애호가로서 의심스러운 음식이 곧 맛있는 음식이라고 믿는다. 트위터에서 @jamesmoed를 팔로우하라.

짐 마러스

업계 최고의 다이렉트 마케팅 전략가이자 고객 확보와 참여, 지갑 점유율 확대와 보유를 통해 총수입을 증진시킬 혁신적인 다채널 해결책을 창조하는 전문 비즈니스 개발업자이다. 기존 제품과 브랜드를 구축하고 강화할 뿐만 아니라 새로운 제품과 서비스를 성공적으로 출범시켰다. 모든 마케팅 도전에는 초점, 열정, 팀워크, 개방적인 정신으로 정면으로 돌파하는 것이 가장 효과적이라고 믿는다. 업계의 유명 연사, 작가, 특정 대상 매체의 인정받는 권위자인 그는 고객과 전망 통찰력을 바탕으로 수익을 증진시키는 과정에 고객과 핵심 마케팅 이사들과 협력한다. 〈포천〉지 선정 100대 소매업체, 서비스업체, B2B 마케팅(미국과 캐나다)뿐만 아니라 20대 금융 서비스기업과 협력했다. 트위터에서 @jimmarous를 팔로우하라.

린 테오

웹/대화형 기관, 연구소, 세계의 마케팅 및 광고 회사, 스타트업, 교육 기관을 총망라하는 15년이 넘는 경력의 소유자로 디자인 분야의 노련한 리더이다. 그녀의 전문 분야는 웹/모바일 상품, 서비스 디자인, 교차 채널 생태계를 지원하는 경험 전략이다. 긍정적이고 보람이 있으며 전체론적인 고객 경험을 창조하는 일을 지상과제로 생각한다. 과거 뉴욕에 본사를 둔 몇몇 기관에서 사용자 경험 책임자와 크리에이티브 디렉터로서 전자상거래와 콘텐츠, 소셜미디어 참여를 결합한 혼합형 솔로모(SoLoMo) 디지털 경험을 창조했다. 뉴욕 스타트업 커뮤니티에서 라이프스타일 제품과 서비스, 소셜미디어/커뮤니티 기반 경험의 멘토십을 제공하며 활발하게 활약하고 있다. 여가 시간에는 디자인과 기술 분야의 젊은 여성들의 멘토로 일한다. 크고 작은 행사에 대중 연설가로 참여한 바 있다. 카네기 멜론 대학교에서 인문학 석사 학위를 취득했다. 트위터에서 @Lynn_Teo를 팔로하라.

PART
11

행복은 돈으로
살 수 있다

당신을 부자로 만들어줄
새로운 금융이란

우리는 세상이 돈을 중심으로 돌아간다는 사실을 안다. 하지만 통제권을 잃거나 자신의 현 위치를 모른다면 돈은 엄청난 스트레스 요인이 될 것이다. 이제는 사소한 소비 결정이 미치는 영향에 대한 인식을 높여야 한다. 그것이 우리의 운명과 재정적인 건강 상태를 바꿔놓을 것이다. 돈으로 행복해지려면 사고나 태도를 바꿀 것이 아니라, 매일 자신의 재정적인 건강 상태에 의미 있는 영향을 미칠 도구를 갖추어야 한다.

신용카드
캐시백의
실체

신용카드는 돈이 많이 든다. 뱅크레이트닷컴BankRate.com에 따르면 미국의 신용카드 연이율은 15.35퍼센트이지만 그나마도 최근 들어 인하된 것이다. 금융 위기 동안 뱅크 오브 아메리카 같은 은행들이 위험을 상쇄시키고 은행의 고위험 신용을 해소하기 위해 노력하자 미국의 신용카드 연이율은 최대 39.6퍼센트까지 치솟았다. 영국의 신용카드 연이율은 2011년 평균 18.9퍼센트로, 13년 만에 최고치를 기록했다.

　오늘날 소비자에게 신용카드의 주된 문제는 신용카드가 근본적으로 카드 회사와 발급 은행의 수익을 창출할 목적으로 소비를 조장하기 위해 설계되었다는 사실이다. 직불카드가 이율 면에서 소비자에게 근소한 차이로 유리하다. 하지만 소비의 가시성이 부족하다는 점과 초과 인출 수수료 때문에 미국의 평범한 소비자들은 직불카드/당좌예금계좌에 매년 수수료로 225달러를 지불하며, 결코 무료가 아닌 '무료' 당좌예금도 여기에 포함된다. 2013년 5월 발표된 크레디트카드닷컴CreditCards.com과 트랜스유니언TransUnion의 연구 결과에 따르면 (제로 잔액 카드와 백화점 신용카드를 제외한) 미국 성인의 평균 신용카드 부채는 4,878달러에 이른다. 이는 평균 연이율을 토대로 환산할 때 소비자들이 지불할 한 해 이자 지출만 해도 600달러가 훌쩍 넘으며 카드 부채는 그대로 남는다는 뜻이다. 어떤 구성이든 간에 카드는 일반적으로 고객에게 돈이 많이 드는 플랜이다.

만일 여러분이 은행이나 카드 발급사라면 어떻게 고객이 그 비싼 수수료를 모두 지불하면서 더 자주 이용하도록 설득하고, 고객이 이자가 비싼 리볼빙 카드를 쓸 가능성을 키울 것인가? 물론 답은 카드 '보상' 프로그램이다. 더 많이 쓸수록 무료로 제공하는 것이 많으며 심지어 구매할 때 현금을 돌려주기도 한다.

보상 프로그램의 시초는 1896년으로 거슬러 올라간다. 토머스 스페리Thomas Sperry와 셸리 허친슨Shelly Hutchinson은 회사를 만들어서 S&H 그린 스탬프를 발행했다. 소비자들은 가맹 슈퍼마켓, 백화점, 주유소, 소매업체에서 구매하고 스탬프를 받을 수 있었다. 1960년대 동안 S&H 보상 카탈로그는 미국에서 가장 많이 유통되는 인쇄물이었고, 전성기에는 S&H에서 발행하는 스탬프가 미국 우편 서비스의 우표보다 3배 더 많았다. 1970년대에는 항공사들이 입맛을 다시며 보상 개념에 가담했다.

그러나 신용카드 회사들이 보상을 유인책으로 이용하기 시작한 것은 거의 20년 후의 일이었고, 그때도 신용카드로 보상을 가장 먼저 제시한 것은 은행이 아니라 AT&T였다. 1986년 AT&T는 '고객감사 리워드'라는 이름으로 유니버설 카드를 출시했고 뒤이어 디스커버의 '캐시백' 프로그램이 등장했다. 현재 미국에서 보상 프로그램과 연계된 신용카드는 전체의 60퍼센트가 넘는다.

문제는 보상 프로그램이 빈도를 조장하기 위해 설계된 것이라는 점이다. 항공사의 목적은 사람들이 비행기를 타도록 권장하는 것이다. 신용카드와 직불카드는 비싼 돈이 들더라도 사람들에게 소비하도록 권장하기 위해 설계되었다. 보상 프로그램의 경제학은 상당히 단순하다. 이를 채택한 기업들이 회사를 꾸려나가고도 남을 만한 수익을 매우 성공적으로 창출하지 못했다면, 누구도 보상 프로그램을 이용하지 않았을 것이다. 보상 프로그램을 이용하는 개인도 어느 정도 혜택을 얻을 수 있겠지만 실상 고객은 외부인이다. 보상 자체는 카드나 항공기 이용자들이 약소한 보상의 대가로 프리미엄을 지불함으로써 비용 효율 분석에 따른 혜택을 받지 못하도록 설계되었다.

보상 플랜이 있다 하더라도 많은 소비자는 자신이 가입한 프로그램의 보상을 받지 못한다. 클리어 포인트 크레디트 카운슬링 솔루션스**Clear Point Credit Counseling Solutions**의 추정치에 따르면 신용카드를 이용하는 소비자 가운데 최대 1/3이 매년 포인트를 현금으로 바꾸지 않는다.

> 그것은 상당히 광범위한 문제이다. 보상 포인트를 보유한 사람들 가운데 약 3분의 1이 깜빡 잊고 포인트를 현금으로 바꾸지 않으며 그것은 소비자 한 명당 〔잃어버린〕 저축액이 평균 약 205달러에 이른다는 뜻이다.
>
> — 레베카 게르쇼비츠(Rebecca Gershowitz), 클리어 포인트 크레디트 카운슬링 솔루션스

충성과
빈도의
진정한 대가

2000년대 초반 나는 캐세이 퍼시픽과 그들의 아시아 마일리지 프로그램에 대한 포괄적인 연구를 실시했다. 캐세이 퍼시픽은 언제나 비항공 마일리지 보상을 이용하도록 권장하기 위해 애썼다. 그러면 항공사가 더 저렴한 비용으로 프로그램을 운영하고 아시아 마일리지 카탈로그에 자사 제품을 제공한 판매업체를 상대로 광고와 마일리지를 거래할 수 있기 때문이었다. 하지만 그리 쉽지만은 않았다. 아시아 마일리지는 단골 고객 우대 계획이었고 그래서 최우수 고객은 거의 '무료로 더 빠른 비행기를 이용할' 수 있었다. 가장 충성스러운 캐세이 퍼시픽 고객인 마르코폴로 클럽 회원은 마일리지/보상 면에서는 대개 양면적이었다. 그들에게 이 프로그램은 인정(이따금 업그레이드를 받고, 길게 줄 서지 않고, 빨리 탑승하고, 라운지를 이용하는 등)을 의미했기 때문이었다.

여기에 문제가 있었다. 보상 프로그램에서 가장 높은 가치가 있는 고객들은 수익성에서는 가장 낮은 고객들이었다. 보상은 비행기를 더 자주 이용하도록 유도할 수도 있는 반면(이 점은 아직 확실치 않다) 회원의 인정은 가장 수익성이 높은 고객들의 충성심을 자극하는 데 실제로 더 효과적이다.

그러나 보상 프로그램의 빈도 면에서 보면 보상을 이용하지 않고 포인트와 마일리지를 소멸시키는 프로그램 참여자들이 충분히 많은 경우 상황은 일반적으로 유리하다. 이는 분명 도전이다. 2009년 아이트그룹의 연구에 따르면 이미 운영 중인 대부분의 카드 보상 프로그램이 수익성을 확보하지 못하는 것으로 나타났다. 2013년 캐나다 온타리오 주의 라이어 슨 대학교에서 발표한 연구에 따르면 고객 만족이 충성도 프로그램의 수 익성에 중대한 역할을 하며 전반적인 고객 만족에 따라 보상을 전혀 제공 하지 않는 편이 최선일 수도 있다.

한편 스마트폰은 요즘 보상이나 포인트 혹은 마일리지를 이용하고 회 수하는 과정에 저항을 크게 줄였다. 스타벅스와 일부 전자 제품 소매업 체 같은 기업은 활동을 자극할 목적으로 스마트폰을 이용하지만, 그런 한 편 저항이 감소하고 그 결과 보상 요구가 증가함에 따라 (특히 신용카드 운용 면에서) 어려움을 겪는다.

최근 전자 지갑 기술 공급업체인 클라우드징크CloudZync는 평범한 고객 한 명이 스마트폰으로 여섯 개의 다른 충성도 플랜을 이용한다고 밝혔다. 클라우드징크의 연구는 영국 시장에 초점을 맞추고 있으나 충성도 프로 그램 사용량이 전반적으로 증가했으며 전자제품 소매업체, 슈퍼마켓, 의 류 체인점 같은 분야에 큰 영향을 미쳤다.

스마트폰 사용이 증가하고 일상용품 보상을 요구하기가 더 쉬워짐에 따라 보상을 요구하지 않는 고객의 수가 감소할 것이고 그러면 한계 수익 성이 타격을 입을 것이다. Y세대 또한 특히 신용카드 플랜의 더 높은 이 율, 소비 빈도, 보상의 유형적인 가치의 균형을 확신하지 못하지만 여기 에 포함된 보상의 이론적인 기회비용에 한층 적응한 것처럼 보인다. 심 지어 캐시백 제도에서도 두 달 동안 리볼빙 잔액의 대부분을 유지한 소 비자만 캐시백 혜택을 전액 신청할 수 있다는 규정을 제시하지 않는다.

수수료의 투명성은 1990년대 초반 신용카드 시장에 진입한 사람들보다 는 오늘날 소비자들에게 더 큰 문제가 되었다. 결제 방식이 전화로 이동 함에 따라 카드 회사의 핵심은 결제용도, 계좌나 지갑 특성 구성, 그리고 소비를 자극하는 보상보다는 이용의 전반적인 용이성이 될 것이다. 사실 전화로 카드를 이용하는 상황은 잔액의 투명성과 소비를 자극하려고 노력하는 카드 프로그램에 큰 장애가 될 것이다. 자가 측정quantified self의 시대에 자신을 인식하는 고객은 캐시백, 마일리지, 혹은 시시한 물건 때문이 아니라 자신의 구매 능력을 토대로 소비 결정을 내릴 것이다. 혹자는 소비자가 보상이나 캐시백을 잃을까 봐 카드를 바꾸고 싶어 하지 않는다고 주장한다. 그러나 현재 스마트 직불카드로 절약할 수 있는 돈이 1년간 캐시백이나 보상으로 받는 것보다 훨씬 더 크다.

3, 4년 후, 소비자가 더 좋은 보상보다 더 스마트한 도구가 필요하다는 것을 이해하는 시점에 이르면 카드 프로그램은 대개 과거지사가 될 것이다. 소비자들은 카드 회사가 그들이 돈을 쓰도록 만들기 위해 벌이는 보상 이벤트에 관심이 없어질 것이다. 사람들은 살 여유가 없다면 돈을 쓰지 않을 것이다.

우리의 재무 상황을
호전시킬 새로운
금융 경험이란?

일상적인 금융 경험을 어떻게 바꾸면 언제나 돈을 쓰도록 권하는 방향으로 설계된 제품을 소유하는 대신 우리의 재무 상태를 향상시킬 수 있을까?

나는 소비와 저축의 다른 접근 방식이 어떤 식으로 등장할지 알고 싶었다. 이를 위해 《당신이 지갑을 열기 전에 알아야 할 것들》을 쓴 하버드대학교의 마이클 노튼Michael Norton과 이야기를 나누었다.

브렛　마이클, 더 스마트한 소비에 관한 책을 쓰겠다는 아이디어는 언제 얻었습니까? 결정적인 계기는 무엇이었나요? 무엇 때문에 책을 쓰게 되었습니까?

마이클　공동 작가인 엘리자베스 던과는 대학원에서 만났습니다. 그러니까 두 사람 모두 무일푼일 때 만난 거죠. 그런 다음에 운이 좋아서 직장을 구하고 수입이 생기기 시작했죠. 그런데 둘 다 얼간이이라서 주변을 둘러보며 이렇게 물었어요. "이 수입으로 우리를 더 행복하게 만들려면 뭘 해야 하는지 알려줄 수 있나요? 지금 돈이 좀 있는데 뭘 해야 하나요?" 투자와 저축에 관한 책이 많았고 그런 책도 매우 중요합니다. 그런데 실제로 자신을 더 행복하게 만들려면(행복을 증진하려면) 돈으로 뭘 해야 하는지에 관한 책은 거의 없더군요. 그게 결정적인 계기였습니다. 우리는 "연구를 통해 사람들이 돈으로 행복을 극대화할 수 있는 방법을 찾아내겠다"는 데 뜻을 모았죠.

브렛　이걸 미국 같은 선진국의 문제라고 표현할 수 있을까요? 선진국에서는 나라의 절반이 적은 수입으로 근근이 생활하고 있죠. 돈은 무한한 스트레스의 원천입니다. 어떻게 돈이 사람을 행복하게 만드는 물건으로 바뀔 수 있을까요?

마이클　돈이 그리 많지 않은 사람마저도 대개 행복을 극대화하는 방법으로 돈을 사용하지 않습니다. 그러니까 돈으로 행복해지기는 무척 어렵죠. 그러니까 우리 책은 어떤 섬을 사야할 지 결정해야 하는 부자들만을 위한 것이 아닙니다. '이 5달러로 뭘 해야 하지?'를 생각하는 모든 사람을 위한 책이죠.

일례로 커피에 많은 돈을 소비하는 사람들이 있습니다. 커피는 몇 달러밖에 들지 않지 않으니 매일 커피 한 잔으로 작은 호사를 누리지 않을 이유가 없죠. 하지만 1년 동안 매일 커피에 몇 달러를 쓴다면 인생이 바뀌는 게 아니라 수만 달러를 커피에 쏟아 붓는 겁니다. 커피가 나쁜 게 아니에요. 그냥 우리가 전반적인 우리 돈이 아니라 특정한 구매 사례에 초점을 맞추는 경향이 있다는 말입니다. 행복하게 만들지 못하는 것에 돈을 낭비하는 거죠.

브렛　책에 대한 반응이 무척 좋더군요. 오늘 아마존을 재빨리 살펴봤는데 이 글을 쓰는 현재 '정신 건강'분야 2위, '소비주의' 분야에서 3위더군요. '내 소비를 통제한다'는 개념에 관해, 이를테면 미래에 또 다른 기회를 얻기 위해 커피를 사지 않는 선택에 관해 평범한 소비자들로부터 어떤 피드백을 받았습니까?

마이클　사람들이 유익하다고 생각하는 것 같습니다. 사람들이 안다고 생각하지만 실제로 실천하지 않는 몇 가지 원칙이 있죠. 예를 들면 우리가 사람들에게 권하는 일은 물건이 아니라 경험을 사라는 겁니다. 그런데 경험을 사는 사람들은 없는 것 같아요.

무언가를 사고 있을 때 이걸 기억하세요. '실제로 이 돈을 내 행복을 극대화할 수단으로 쓰고 있나?' 아니면 잠시 멈추어 이렇게 생각하십시오. '어쩌면 내게 필요한 건 물건이 아닐 거야. 어쩌면 그 대신 경험을 사야 할 거야.' 사람들에게 우리가 받는 피드백은 그러려면 매일 사소한 결정을 많이 해야 한다는 겁니다. 사소한 것과 돈을 사용하는 방법을 바꾸면 시간이 갈수록 행복이 커질 수 있죠.

브렛　현대인은 소비 면에서 전염병과 비슷한 문제를 가지고 있습니다. 그건 주로 소비의 가시성이 크지 않기 때문에 생기는 문제죠. 매장에서 카드를 꺼낼 때 우리는 그 사소한 경험이 미치는 영향을 보지 못합니다. 사람들이 어떻게 더 큰 전체 트렌드나 영향력 면에서 그런 사소한 결정을 정확하게 이해하도록 가르치나요?

마이클　매우 어려운 일입니다. 그리고 우리는 인생의 여러 면에서 똑같은 문제를 가지고 있죠. 내가 먹는 피자가 모조리 내 몸무게에 영향을 미치지는 않겠지만, 매일 피자 한 조각씩을 먹는다면 점점 몸무게가 늘어나기 시작할 겁니다. 이처럼 흔히 우리가 하는 일 중 큰 차이를 일으키지 않을 것처럼 보이는 문제들이 있죠. 우리는 좀처럼 모든 행동을 종합해서, 실제로 돈을 어떤 식으로 쓰고 있는지 생각하지 않습니다. 장기적인 관점에서 볼 때 우리는 어떤 식으로 먹고 있으며 그것이 미래에 우리에게 어떤 식으로 영향을 미칠까요?

우리는 지금껏 하나의 은행과 거래했습니다. 신용카드 명세서는

(이따금 연말이면 항목별로 구분되기도 하지만) 일반적으로 당신이 구매한 것을 날짜 순서대로 나열한 목록에 지나지 않아요. 신용카드 명세서가 당신이 눈여겨보기로 선택한 항목별로 분류되어 있다고 상상해 보세요. 그러면 매달 '와! 내가 이번 달에 커피에 돈을 많이 썼네. 몰랐어. 이걸 나를 더 행복하게 만들 수 있는 다른 항목으로 옮겨야겠어'라고 생각할 수 있겠죠. 월별 개요로 본인의 행동에 대한 피드백을 받았더라도 그것이 우리가 실제로 뭘 하는지에 대한 감각을 전하지는 않습니다. 그냥 목록일 뿐이에요. 하지만 그런 것들을 우리의 현재 위치와 우리의 행동을 일깨우는 방식으로 정리하면 도움이 됩니다.

브렛 책에서 다섯 가지 원칙도 언급하셨죠. 그 다섯 가지 원칙은 무엇이며, 행복한 돈이라는 이 전체 개념에 어떤 의미가 있는지 말씀해 주십시오.

마이클 첫 번째 원칙은 여러 이유로 '물건보다 경험을 구매하자'입니다. 경험을 구매할 때 우리는 더 많이 기대하게 되는데, 기대는 좋은 겁니다. 이를테면 혼자 TV를 보는 것보다 경험과 관련된 좋은 추억이 많지 않습니까? 전반적인 경험(구매하기 전과 구매하는 동안 구매한 후)이 실제로 물건보다 더 좋습니다. 그게 우리가 확인한 첫 번째 원칙이에요. 두 번째는 '시간을 구매하라'는 원칙입니다. 우리의 소비 방식을 생각해 보면, 시간을 효율적으로 보내는 것과는 조금 거리가 있습니다.

> $
> 우리의 소비 방식을 생각해 보면 우리는 흔히 우리 시간을 더 효과적으로 보내는 방식으로 이용하지 않는다. 일례로 교외에 어마어마한 집을 산다. 아름다운 집을 살 수도 있지만 여생 동안 매일 두 시간 통근 거리를 사는 것이기도 하다.
> _마이클 노튼(하버드 대학교 교수)

일례로 교외에 어마어마한 집을 삽니다. 아름다운 집을 살 수도 있지만 평생 매일 두 시간 통근 거리를 사는 것이기도 하죠. 인간이 행복하기 위해 할 수 있는 일 가운데 최악인 통근 거리를 사는 것이 전반적인 행복을 위해 돈을 현명하게 쓰는 방법일까요? 다시 말하지만 당신은 '이 집은 근사해, 그러니까 나를 행복하게 만들 거야'라는 데 초점을 맞추기보다는 당신의 돈으로 행복을 극대화해야 합니다.

브렛　신용카드는 어떻게 할까요?

마이클　우리는 '지금 지불하고 나중에 소비하라'는 원칙을 좋아합니다. 그런데 신용카드는 정반대의 일을 하도록 부추기죠. '지금 소비하고 나중에 지불하라'는 겁니다. 카드를 긁어서 지금 당장 내가 원하는 것을 무엇이든 얻을 수 있죠. 온라인으로 앨범을 다운로드하고, 커피를 즉시 마실 수 있고, 청구서는 한참 후에야 받습니다. 지금 지불하면 물건을 기다릴 필요가 없는데 그건 좋은 방법이 아닙니다. 사실 기다림이란 좋은 겁니다. 앞으로 다가올 것에 마음이 설레게 되니까요. 뿐만 아니라 나중에 지불하면 부채가 생기는 겁니다. 부채에 대해 걱정하게 되죠. 우리는 사람들에게 반대로 행동하라고 말합니다. '지금 지불'하고(지금 물건 값을 지불하고 기다리다가) 나중에 소비하는 겁니다. 일례로 휴가를 떠나기 전에 휴가비를 전액 지불한 다음 휴가를 떠나는 거예요. 휴가를 떠날 무렵이면 완전히 공짜처럼 느끼는 겁니다. 카드로 휴가비를 결제하고 휴가에서 카드를 긁을 때마다 지불의 고통을 다시 느끼는 것과는 정반대죠.

브렛　정말 그렇군요!

마이클 다음 원칙은 '일상에 변화를 주라'는 겁니다. 실천하기 무척 어려운 원칙입니다. 여기서 '우리'란 사실 '나'를 의미하죠. 자신이 좋아하는 것들을 포기해야 하니까요. 커피를 예로 들면 매일 라테 한 잔을 무척 즐기는 사람이라 해도 머지않아 싫증이 날 겁니다. 아주 좋은 것일지라도(이건 인간에게 내려진 저주라고 할 수 있죠) 결국엔 싫증이 나기 마련이죠. 다시 그것에 설레는 마음이 되려면 한동안 그걸 포기해야 합니다. 커피를 일주일 동안 끊었다가 다음 월요일에 다시 마시면 커피를 훨씬 더 좋아하게 될 겁니다. 일상에 변화를 줄 때 무언가를 한동안 포기하게 되니 돈을 적게 쓰면서 돈으로 얻는 행복이 더 커질 수 있습니다.

브렛 이어지는 마지막 원칙은 약간 독창적이군요. 제가 제대로 이해하고 있나요?

마이클 그렇습니다. 엘리자베스와 나는 소비의 훨씬 더 급진적인 변화에 대해 많이 연구했습니다. 항상 자신을 위해 돈을 쓰기보다는 이따금 다른 사람을 위해 써보자는 겁니다. 친구를 위해 선물을 사거나 자선단체에 기부하거나 집 없는 사람을 돕는 거죠. 여러 차례 밝혔듯이 평균적으로 자신을 위한 소비는 행복에 그리 크게 도움이 되지 않습니다. 하지만 다른 사람을 위해 돈을 쓰면 확실히 행복이 증진되죠.

브렛 무척 흥미롭군요. 돈을 소비하는 방식이란 개념이 매우 중요합니다. 하지만 우리 사회의 한 가지 문제는 무언가를 사고 싶다는 충동만 있으면 실제로 살 수 있다는 겁니다. 아시다시피 언제든지 사용할 수 있는 신용카드가 있으니까요. 우리의 재정적인 행복과 재정적인 건전함을 통제하기 위해 충동적으로 행동하기보다는 소비 계획을 세우는 것이 얼마나 중요하다고 생각합니까? 충동 요인을 어떻게 처리해서 더 계획적이고 예측 가능한 것으로 대체할 수 있을까요? 이게 한 가지 비결일까요?

마이클 지당하신 말씀입니다. 흔히 사람들은 다양한 지출에 쓰이는 돈의 비율을 확인하고는 깜짝 놀랍니다. 어느 정도는 짐작하고 있지만 우리가 돈을 쓰고 싶은 물건에 비해 x와 y에 쓰는 돈이 얼마나 많은지를 확실히 모릅니다. 제가 생각하기에, 사람들에게 어떻게 해야 할지 보여주면 앞으로 소비하는 방법을 더 효과적으로 계획하는 데 도움이 됩니다. 하지만 한편으로 장기적인 행복을 위해 더 바람직하니까 적게 쓰고 많이 저축해야 한다고 말하는 책이 무척 많습니다(그중에 훌륭한 책이 많죠). 물론 우리도 저축이 훌륭한 방법이라는 데 절대적으로 동의합니다. 하지만 그건 사람들에게 "당신이 먹는 걸 무척 좋아하는지 알지만 더 이상 먹지 마세요"라고 말하는 것이나 다름없죠.

그러기는 너무 어렵습니다. 안타깝게도 우린 인간이니까요. 무언가가 우리에게 이롭다는 걸 알면 그렇게 하려고 노력하지만 옆길로 새기 마련이죠. 우리 책의 한 가지 목표는 사람들에게 이렇게 말하는 겁니다. "당신은 인간입니다. 그리고 당신은 돈을 쓰고 싶습니다. 이 돈을 벌기 위해 열심히 일했고 당신이 좋아하는 일을 위해 어느 정도의 돈을 쓰고 싶습니다. 그런 마음이라면 적어도 당신이 행복해질 수 있는 일에 돈을 써야 합니다. 바라건대 소비하는 한편 저축도 하고 있겠지만, 최소한 돈을 쓸 때는 당신의 행복을 증진시킬 일에 쓰길 바랍니다."

브렛 마이클, 하버드에서 당신이 하는 일과 이 일의 토대가 되는 더 폭넓은 활동, 그리고 당신이 체계적으로 노력하는 일이 무엇인지에 대해 말씀해 주십시오.

마이클   저는 기업들과 협력하기도 합니다. 사람들이 돈을 쓸 때 자신을 행복하게 만드는 요소에 대한 통찰력을 얻으면 기업이 그 데이터와 지식을 활용해서 고객이 더 행복해지는 방향으로 지출 방식을 바꿀 수 있지 않겠습니까? 또 직원들의 지출 방식을 바꾸고 직원들이 더 행복해지지 않겠습니까? 우리는 고객과 직원 같은 핵심 이해관계자들이 돈을 쓰면서 더 많은 것을 얻도록 돕는 조직의 역할에 대해 폭넓게 생각하려고 노력합니다. 그렇게 해서 그 사람들이 그렇게 도와준 회사에 보답하면 좋겠죠. 고객은 더욱 충성하고 직원은 더 열심히 일하면서 더 훌륭한 성과로 회사에 보답하는 겁니다.

브렛   당신과 협력하는 회사나 접촉하는 조직에 대해 말씀해 주십시오.

마이클   앞서 말했듯이 더 행복해지고 싶다면 당신 자신보다는 다른 사람을 위해 돈을 쓰는 편이 이롭습니다. 이 사실을 알고 있는 어떤 회사, 예컨대 크레이트 앤드 배럴^{Crate & Barrel} 같은 회사가 어느 날 당신에게 메일을 보냈다고 상상해 보세요. 소매업체들이 일반적으로 그러듯이 "다음번 구매하실 때 50달러를 할인해 드립니다" 대신에 다음과 같이 적힌 할인권을 받는 겁니다.

"자선단체에 보낼 50달러를 드립니다. 우리의 고객이 되어주셔서 감사합니다. 도너스추스^{DonorsChoose.org}라는 비영리단체로, 주로 저소득층 지역의 공립학교 교사들이 프로젝트를 게시하는데 귀하께서 직접 자금을 지원할 수 있습니다. 이를테면 어떤 교사가 '우리 학생들에게 현미경을 사주고 싶은데 교육청에서는 지원을 받을 수가 없습니다'라고 말하면 당신과 내가 당장 그들을 위해 현미경을 사줄 수 있습니다. 그러면 아이들이 '정말 감사합니다. 저희는 과학 실험을 정말 좋아해요'라는 감사 편지를 보냅니다."

내게 도너스추즈에게 보낼 상품권을 선물한 크레이트 앤드 배럴 덕분에 내가 아이들을 도울 수 있는 거죠. "100달러를 쓰시면 25달러를 할인해드립니다" 등의 부류와는 완전히 다른 방식으로 고객을 대하는 모델인 겁니다. 물론 고객은 할인과 물건에 반응합니다. 그게 그릇된 전략이라는 게 아닙니다. 하지만 회사가 고객들에게 세상에 좋은 일을 할 기회를 준다면 회사와 고객 사이의 역학에 어떤 변화가 일어날지 생각해 보세요. 고객이 돌아와서 더 큰 충성으로 보답하지 않겠습니까?

브렛 제가 받는 스팸 메일 가운데 약 60퍼센트는 금융 서비스 기관에서 오는 제안입니다. 신용카드로 돈을 더 많이 써서 보상을 받으라고 부추기죠. 지금 시스템이 그렇기 때문에 소비에 대한 캐시백, 소비에 대한 보상, 시스템은 정말이지 더 많이 돈을 쓰는 사람들에게 맞춰진 것처럼 보입니다. 건전하거나 행복한 소비이든 아니든 상관없이 은행들이 돈을 더 많이 쓰도록 고객을 유인하는 이 체계적인 방식을 어떻게 바꿔야 할까요?

마이클 그 문제는 해결하기 대단히 어렵습니다. 물론 은행은 우리가 돈을 써야 돈을 벌 수 있죠. 단기적인 수익보다 고객 관리에 더 신경 쓰는 은행들도 있습니다. 하지만 그런 사고방식의 변화는 속도가 무척 느리죠. 만일 은행에서 일 년에 백만 번씩 신용카드 상품을 보내는 만큼 고객을 생각한다면 어떨까요? 은행이 더 좋은 고객이 되도록 그들을 돕는다면 어떨까요? 그러면 재무관리를 더 잘하게 될 테니 고객에게 좋은 일입니다. 그런 반면에 수익률이 높은 다른 상품들을 상향 판매할 수 있으니 은행에도 좋을 수 있죠. 그것이 장기적인 고객관리 방식입니다. 다음과 같이 생각하는 몇몇 사람과 대화를 나눈 적이 있습니다. "어떻게 하면 사람들이 더욱 효과적인 방식으로 소비하도록 도울 수 있을까요? 그들은 계속 돈을 쓸 테니 적어도 좀 더 효과적인 방식으로 쓰도록 도웁시다. 그러면 그들은 장기 고객이 될 것이고 우리는 실제로 그들을 도와서 더 많은 돈을 벌 수 있을 겁니다."

브렛 지난 30~40년 동안 신용카드 분야에서 그런 일이 천천히 일어났습니다. 의사 결정 과정을 비유하자면, 그건 이렇게 말하는 의사와 비슷합니다. "건강에 대해 조언을 드리고 싶습니다. 나를 보러 오시면 어떻게 더 건강해지고 더 장수할 수 있는지 중요한 조언을 드리겠습니다." 그런 다음 당신이 찾아가면 의사는 이렇게 말합니다. "피자 좀 드시고 초콜릿도 좀 드시고, 그냥 잘 드세요." 이게 문제죠. 은행은 모름지기 우리가 저축하고 재정적으로 건전하도록 도와야 하지만 그런 사명감을 잃은 것처럼 보입니다. 어떤 은행이 이런 패러다임을 바꾸기 위해 노력하고 있나요?

마이클 몇몇 은행이 있습니다. 예를 들어 푸르덴셜에서 게재하는 새 광고를 보신 분이 있을 겁니다. 사회과학자가 등장해서 당신의 소비 방식을 바꾸고 은퇴에 대해 생각할 때의 장점에 대해 이야기하죠. 고객의 소비 행동이 호전된다면, 물론 고객 자신에게 좋은 일이지만, 장기적으로 보면 은행에도 좋을 수 있습니다. 대화가 시작되고 있습니다. 경제 위기가 닥친 후에야 비로소 시작된 일인데 사실 기업과 산업이 변하려면 시간이 오래 걸립니다. 이런 이니셔티브가 점점 지속적으로 성공할 겁니다.

브렛 요즘 정말 멋진 기술이 등장하고 있습니다. 스마트폰이 등장했죠. 이건 확실히 인기를 얻었고 금융 같은 기본적인 요소에 큰 호재였습니다. 구글 글래스와 상황에 맞는 정보를 전달할 수 있는 기능이 등장했죠. 이런 기술이나 데이터, 풍부한 오버레이 환경에 대처하는 기능이 우리의 소비 충동을 통제하는 데 어떤 식으로 도움이 될 거라고 생각합니까? 혹은 이런 면에서 우리에게 도움이 될 새로운 도구들이 있나요?

마이클 세상만사가 그렇듯이 이런 기술에는 일장일단이 있습니다. 일례로 모바일 광고를 봅시다. 맥도날드에 서비스 문자메시지를 신청하면 매장 근처를 지나갈 때 맥도날드에서 밀크셰이크 반값 할인 쿠폰이 날아오죠. 그걸 거부하기란 여간 어렵지 않습니다. 이처럼 돈을 더 많이 쓰라고 함으로써 건강이 나빠지도록 부추길 방법이 있습니다.

반면에 기술로써 소비 방식을 향상시킬 방법을 생각할 수도 있죠. 일례로 저는 어떤 은행에 고객의 신용기록을 토대로 이 상품을 산다면 실제로 어떤 대가를 치러야 하는지 확인이 가능한 앱을 개발하라고 조언한 적이 있습니다. 상품을 구매하기 전에 당장 전화로 그걸 확인할 수 있는 거죠. "일반적으로는 200달러 정도 들겠지만, 귀하의 현재 부채 상태와 상환기록을 고려하면 실제로는 480달러가 들 것으로 보입니다." 이런 말을 듣고서도 그걸 사고 싶을까요? (우리는 이걸 곧 개발할 수 있기를 바라는데) 소비가 장기적으로 미치는 영향을 확인할 수도 있습니다. 걱정스러운 건 고객이 한 번 살펴보고선 그걸로 끝일 수도 있다는 거죠. 인간지사가 모두 그렇듯이 그럼에도 이길 수 있는 싸움이 있습니다.

브렛 이와 관련된 심리가 무척 많습니다. 누군가의 소비 행동을 바꿀 때, 이를테면 매일 커피를 사는 것처럼 본능적인 행동을 바꿀 때 관련된 심리는 어떤 걸까요?

마이클 습관을 모두 바꾸기는 매우 어렵습니다. 전 먹는 것에 자주 비유합니다. 제 생각에는 둘이 상당히 비슷하니까요. 건강한 음식을 먹고 운동해야 한다고 매일 말하고, 당신도 그걸 알고, 모든 사실과 수치까지 알지만 우리는 여전히 둘러앉아서 같이 피자를 먹죠. 습관을 바꾸려면 시간과 노력이 필요합니다. 단축키가 도움이 된다는 연구가 많습니다. 제가 당신 돈을 자동으로 관리하는 방법을 개선하도록 권한다면 그게 당신에게 더 좋을 수 있죠.

브렛 '이 소비에 대해 생각하라' 혹은 '어쩌면 나쁠 수 있을 거야'라고 말하는 거 말고 충동적인 순간 건전한 결정을 내릴 방법이 없을까요? 우리가 매일 실천할 수 있는 긍정적이고 선행적인 일로는 어떤 것이 있을까요?

마이클 그건 중대한 문제죠. 우리도 그 문제에 대해 많이 생각했습니다. 기본적으로 '돈 쓰는 건 재미있고 그래서 돈을 쓰자마자 좋은 걸 얻습니다.' 그리고 '저축은 끔찍하고 약 50년 동안 아무것도 얻지 못하죠.' 둘 사이의 선택은 머리 아프게 생각할 필요가 없는 문제입니다. 당연히 당신은 돈을 쓸 겁니다. 저축을 더 재미있게 만들 방법이 있을까요? 만약 아이들이 생기면 저축을 재미있게 만들어야 할 겁니다. 그렇지 않으면 아이들은 저축하지 않을 거예요. 돼지 저금통을 생각해 보죠. 왜 돼지 저금통이 인기가 있을까요?

아이들은 왜 돼지 저금통을 좋아할까요? 그게 돼지이고, 당신이 돼지에게 밥을 주고 있고, 그다음에는 실제로 돈을 꺼내려고 그 물건을 깨뜨리기 때문입니다.

지금 시장에는 저축을 재미있게 만들거나 아니면 저축을 그만두고 싶을 때 그만두기 어렵게 만드는 프로그램이 전혀 없습니다. 우리는 저축을 재미있게 만들어서 사람들에게 저축하도록 동기를 부여할 방법을 생각해내려고 노력했어요. 예를 들면 사람들끼리 저축 대회를 연다고 상상하는 겁니다. 대회에 참가 신청을 하면 누구든 그달에 가장 많이 저축하는 사람이 가장 많이 저축한 대가로 은행에서 돈을 받아가는 겁니다. 누구나 우승하고 싶을 겁니다. 사람들이 더 많이 저축해서 자본을 얻게 되니 은행도 승자가 되죠. 모두 더 많이 저축하고 싶을 겁니다. 게다가 이긴 사람은 거저 25달러를 받을 테고요. 실제로 효과가 있을지는 모르지만, 저축을 따분하지 않고 흥미로운 것으로 만들기 위해 이런 종류의 일을 생각하고 있습니다.

건강한 재정상태를
만드는 것이
행복의 지름길

뱅크 오브 아메리카, 체이스, HSBC 등이 수익성이 높지 않은 고객에게서 멀어지는 은밀한 움직임이 있었다. 혹자는 이런 움직임이 지역 커뮤니티 은행에 유리하며 블루버드, 그린도트, 네트스펜드 같은 선불 상품이 그 공백을 메운다고 하는 반면, 그저 수익성이 없는 고객 집단이 점점 많아진다는 지배적인 인식도 존재한다. 자산을 보유하고 있거나 다양한 은행 상품과 서비스를 이용하지 않는 이상 중기적인 관점에서 대부분의 대형 은행들은 평범한 사람을 매력적인 고객으로 생각지 않을 것이다. 규제 비용과 은행 인프라스트럭처를 유지하는 비용을 고려할 때 현재 어떤 고객이 유효 고객이 되려면 그전에 넘어야 할 비용 효율성이라는 장애물이 존재한다. 이는 비교적 새로운 개념이다. 예전에 은행은 수익성이 낮더라도 저축계좌를 보유한 고객들을 전략적으로 유지했다. 그들의 계좌를 신용을 제공하는 수단으로 활용할 수 있었기 때문이다.

그러나 오늘날 그런 계좌는 단순히 부채일 뿐이며 은행은 여신 기능을 제공할 자금을 모으고자 시장으로 진출했다. 메커니즘이 달라졌다. 여기에 문제가 있다. 최근 데이터에 따르면 미국 고객 가운데 45~70퍼센트는 평가할 만한 저축이나 준비금이 없다. 이는 앞으로 10년 정도 대형 은행들이 가장 수익성이 높고 가장 부유한 소액금융 고객만 남기고 나머지 고객에게서는 손을 떼고 싶을 것이라는 뜻이다. 그렇지 않으면 현재 시장의 최저 선불 구조를 모방한 별도의 상품을 제시하고 핵심적인 당좌예금계좌를 버릴 것이다. 고객에게 더 많은 가치나 통찰력, 혹은 조언을 제공할 동기가 없다. 그래 봐야 수익성은 변하지 않을 테니 말이다. 혹시나 그런 동기가 있을지라도 비용이 더욱 비싸지기 때문에 어쩌면 초과 인출과 신용 기능을 축소할 수도 있다.

은행가와 은행 규제기관들을 위한 히포크라테스 선서라도 있어야 한다는 다양한 요구가 있었다. 미국과 다른 지역에서는 은행가들이 좀 더 윤리적으로 행동하게끔 하기 위한 연방 소비자재정보호국Consumer Financial Protection Bureau, CFPB과 다른 기관들의 노력이 이어졌다.

돈으로 행복해지기 위해서는 돈을 효과적으로 관리하는 일이 중요한 것처럼 보인다. 마이클 노튼 같은 사람들은 돈과 관련된 심리가 무척 많다는 점을 지적한다. 우리는 세상이 돈을 중심으로 돌아간다는 사실을 안다. 하지만 통제권을 잃거나 자신의 현 위치를 모른다면 돈은 엄청난 스트레스 요인이 될 것이다. 이제는 사소한 소비 결정이 미치는 영향에 대한 인식을 높여야 한다. 아울러 게임화와 다른 기술, 오늘날 건강관리 산업에서 매우 효과적으로 이용되는 방법들을 이용해 사람들이 긍정적으로 행동을 바꾸도록 동기를 부여할 수 있다. 돈으로 행복해지려면 사고나 태도를 바꿀 것이 아니라, 매일 자신의 재정적인 건강 상태에 의미 있는 영향을 미칠 도구를 갖추어야 한다.

Who's Who in FinTech 인터뷰이 소개

마이클 노튼

하버드 경영대학원 경영학 부교수 겸 마빈 바우어 특별 회원이다. 윌리엄스 대학에서 심리학과 영문학 학사 학위를, 프린스턴 대학교에서 심리학 박사 학위를 받았다. 하버드 경영대학원에서 일하기 전에는 MIT 미디어 연구소와 MIT 슬로언 경영 대학원의 특별 회원이었다. 엘리자베스 던과 함께 《당신이 지갑을 열기 전에 알아야 할 것들》을 공동으로 집필했다. 그의 연구는 〈사이언스〉, 〈성격 및 사회 심리학 저널〉, 〈심리 과학〉, 〈소비자 연구 저널〉 등에 실렸고 〈이코노미스트〉, 〈파이낸셜 타임스〉, 〈월스트리트 저널〉, 〈워싱턴 포스트〉 같은 매체에서 다루어졌다. 내셔널 퍼블릭 라디오에 출연했으며 〈뉴욕 타임스〉, 〈포브스〉, 〈로스앤젤레스 타임스〉에 소견을 실었다. 2009년 〈하버드 경영대학원 리뷰〉에서는 그의 '이케아 효과: 노동이 사랑으로 이어질 때(The IKEA Effect: When Labor Leads to Love)'를 특집 기사로 다루었다.

2010년 성격 및 사회심리학회의 이론혁신상(Theoretical Innovation Prize)과 2011년 사회 및 성격심리학 재단의 SAGE 젊은 학자상(SAGE Young Scholars Award)을 받았으며 2012년 〈와이어드〉지의 '세상을 바꿀 50인'에 올랐다. 하버드 경영대학원에서 2년차 경영학 석사 과정, 마케팅 과학의 기술, 리더십 개발 프로그램과 전략적 마케팅 관리 경영자 프로그램을 가르친다.

핀테크, 금융의 재부팅

이미 근본적으로 파괴된 무언가를 또 파괴할 수는 없다. 많은 수입을 긁어모으며 지금 있는 자리에서 편안해할 은행가들이 많겠지만 리부팅이 필요한 금융 경험 요소들이 있다는 사실은 누구나 알고 있다. 이 책의 여러 인터뷰를 통해 우리는 수많은 핵심 요소와 시스템의 토대가 파괴자와 혁신자의 손에서 다시 설계되고 있음을 확인했다. 그들은 가장 혁신적인 해결책의 공급업체와 현재 금융 체계 사이의 격차를 줄이는 일을 진지하게 생각하는 은행의 체크리스트 같은 존재들이다.

그들은 다음 세 분야의 통찰력을 제공한다.

첫째, 무엇이 파괴되었는가?

둘째, 파괴자들은 어떻게 문제를 공격하는가?

셋째, 금융 산업은 앞으로 어떻게 변할 것인가?

파괴된 요소들의 핵심 문제를 먼저 살펴보자.

무엇이
파괴되었는가

이론적으로 볼 때 몇 년 동안의 관행과 개선, 모범 관행들은 통로의 효과가 향상되어야 한다는 사실을 암시하지만 실상은 그렇지 못하다. 옵티레이트Optirate, 노반타스, 셀렌트, 포레스트 같은 기관들은 모두 최근 점점 증가하는 (당좌예금계좌의) 고객 확보 비용과 지점 내 상품 전달 비용에 대해 연구했다. 우리가 알고 있는 사실을 살펴보자.

금융 서비스의 고객 확보 비용이 증가하고 있다

일부 추정치에 따르면 당좌예금계좌당 고객 확보 비용은 350달러가 넘으며, 개인 대출 같은 여신 기능과 장기 주택담보대출의 확보 비용은 각각 800~1,000달러와 2,500달러이다. 이 같은 비용은 지난 30년 동안 대부분 증가했으며 인플레이션의 압력 탓은 아니었다.

판매 경로를 뒷받침하는 광고 채널과 캠페인 마케팅 전략이 파괴되었다

TV와 지면 광고, 다이렉트 메일은 전환 효과 면에서 역사상 최저치를 기록하고 있다. 지난 30년 동안 경로는 예측이 가능했으며 그저 타겟 집단을 확인하고 마케팅 메시지를 제시한 다음 그 마케팅에 대한 반응(일반적으로 지점을 방문하거나 전화를 거는 일)을 기다리는 일로 구성되었다. 전환이 붕괴되면서 전통적인 집단 세분화와 캠페인 중심의 마케팅이 심각하게 도전받고 있다.

유통 비용이 지금처럼 높을 이유가 없다

미국에서 급성장하는 예금 상품은 현재 선불 직불카드이며 이것의 유통 비용은 전통적인 당좌예금계좌에 비해 월등히 낮다. 이유가 무엇일까? 주로 홍보업체들이 온보딩 과정을 극적으로 단순화했기 때문이다.

이를 토대로 논리적인 결론을 내려보자. 앞으로 몇 년 후에는 고객이 본인 전화에 은행계좌를 다운로드할 수 있다. 따라서 전형적인 킨들 대 보더스, 네트플릭스 대 블록버스터 식의 전투가 일어난다. 일부 지점은 살아남겠지만 이성적인 소액금융팀이라면 현행 유통 모델을 선호하지 않을 것이다.

모든 지점 구조는 쇠퇴할 것이다

이 쇠퇴가 얼마나 급격하게 일어날지, 그리고 어느 시점에 안정될지에 관해서는 논란이 있겠지만 모든 지점 구조가 압력을 받고 있으며 현재 하향세에 접어들었다는 사실에는 논란의 여지가 없다. 그렇다고 모든 지점이 사라질 것이라는 말은 아니지만, 고객의 행동으로 판단하건대 그들은 은행 지점을 방문해서 물리적으로 계좌를 신청하기보다는 '새로운 은행계좌'라는 문구를 검색할 가능성이 더 크다. 따라서 고객이 온라인으로 계좌를 개설할 정책을 마련하지 않은 은행은 잠재 고객을 잃을 위험에 이미 처해 있다.

은행계좌에
대한 생각을
완전히 바꿔라

고객 확보 비용과는 상관없이 대부분의 당좌예금계좌는 현재 적자를 기록하고 있다. 저금리 때문에 순이자수익[NII]이 낮아졌는데 이것은 바로잡을 수 있는 문제라고 주장할 수 있을 것이다. 하지만 핵심적인 문제는 사실 비용과 수익이다. 비용 면에서는 유통과 고객 관리가 대개 부풀려졌고 비효율적이며 버거울 정도에 이르렀다. 혹자는 은행에 문서 작성과 프로세스를 요구한다며 규제기관을 탓한다. 그러나 내 생각에는 프로세스와 정책 탓이다. 수익 면에서는 추가 판매와 상향 판매에 헛된 기대를 품는 소액금융기관이 많다.

라이언 콜드웰은 이 책의 앞부분에서 다루었던 인터뷰에서 모든 은행이 고객들에게 1차 금융기관[PFI]이 되기를 원한다는 명언을 남겼다. 그러면 다른 상품의 수익이 상승할 것이라는 기대 때문이다. 앞서 콜드웰은 어떤 특정한 은행을 1차 금융기관으로 삼는 것이 관건이 아니라고 주장했다(246쪽 참조). 핵심은 그린도트, 네트스펜드, 심플, 모벤 같은 업체들이 당좌예금계좌(혹은 기본적인 직불계좌)에서 더 좋은 성과를 거둘 수 있다는 사실이다. 그들의 비용 구조가 메이저 은행에 비해 훨씬 단순하며 일반적으로 고객 확보 접근 방식이 비용 면에서 훨씬 더 효과적이기 때문이다. 나는 지금도 지점을 방문해서 새로운 계좌를 개설하고 싶어 하는 고객이 있다는 사실을 인정한다. 하지만 킨들이 등장하기 전에 서점에서 책을 사고 싶어 하던 그 본능을 바꾼 고객들이 있었다.

문제는 사람들이 지점을 정말로 방문하고 싶어 하느냐가 아니다. 흔히 되풀이되는 이 주장은 디지털 시대에 꾸준히 등장하는 근본적인 진리를 놓치고 있다. 일단 더 빠르고 쉬우며 단순한 대체 유통 전략이 등장하면 과거의 방식은 시간이 흐름에 따라 인기를 잃기 마련이다. 만일 은행의 사업이 지점이나 물리적인 존재 지점을 토대로 한 유통 방식에 따라 결정된다면 은행은 그것이 가장 효과적인 사업 방식이라고 철학적으로 주장할 것이 뻔하다. 그러나 누군가 고객에게 더 유리하고 기업에 더 저렴한 방법을 보여준다면 은행은 이미 끝난 목숨이다.

유통 비용 개혁과 대체 유통 방식은 (적어도 금융 커뮤니티에서는) 아직 대중이 수용하는 단계에 이르지 않았어도 비용 기반의 변화가 이미 일어나기 시작했다. 여기에 포함된 몇 가지 원칙은 다음과 같다.

저항은 결코 고객을 유치하지 못한다

규제기관과 은행의 계좌 개설 정책에 존재하는 저항은 고객을 여러분의 브랜드로 유치할 요소가 아니다. 오늘날 계좌 개설 과정의 저항은 규제가 아니라 비효율적인 온보딩 설계 탓이다.

시도해 보기 전에는 포기하지 마라

지점 내 온보딩이 아직 최고의 유통 방식이라고 주장하는 대다수 은행은 신규 고객에게 지점 내 온보딩만을 제공하고 있으며, 따라서 이 주장은 왜곡된 것이다.

자기실현적 예언의 법칙

만일 지점 유도가 현행 지점 지출을 정당화할 필요성에서 비롯된 우선적인 구조라면 이는 특히 대체 유통 방식이 현저하게 저렴한 것으로 입증될 경우 헛절약(명목상으로는 절약이지만 실제로는 더 지출하는 것 —옮긴이 주)에 지나지 않는다.

수치에 대한 근거를 솔직하게 제시하라

은행이 계좌를 개설할 목적으로 은행을 방문하는 사람들이 많다는 사실을 보여주면서 온라인이나 모바일 온보딩을 제공하지 않는다면 이는 긍정의 오류이다. 그 수치로는 지점이 중요하다는 주장을 입증하지 못한다.

비용 구조를 바꾸거나 수익성이 높지 않은 고객을 제거하라

두 마리 토끼를 잡을 수는 없다. 일부 시장의 기본적인 은행계좌를 문화적인 특성상 무료로 유지해야 할 경우가 있지만, 대형 은행은 단기적으로 낮은 수익 고객을 버리거나 온보딩 프로세스를 재고해야 할 것이다.

아프리카가 할 수 있다면 다른 은행도 할 수 있다

대체할 수 있는 유통 방식이 존재한다는 것이 사하라 사막 이남 아프리카에서 이미 입증되었다. 이 지역에서는 급속도록 성장하는 은행계좌가 이동전화에 내장되어 있거나 이동전화로 계좌를 이용하는 것이 가능하다. 탄자니아, 우간다, 케냐, 마다가스카르 같은 곳에는 이미 전통적인 은행계좌보다 이동전화에 내장된 은행계좌를 가진 사람이 더 많다. 오늘날 똑같은 은행들이 MTN과 사파리콤Safaricom 같은 모바일 사업자의 선례를 따르고 있다. 이런 모바일 사업자들의 고객 수천만 명은 일상적인 은행 거래를 위해 자신의 전화로 소액금융 지원과 소액대출 기능을 이용할 수 있다. 이는 과거에는 막대한 비용을 들여야 했지만 새로운 유통 방식이 마련되면서 가능해진 기능이다.

은행계좌를 앱처럼 다운로드할 것이다

몇 년 만 지나면 다수의 고객이 전화에다 모바일용 은행계좌를 다운로드할 것이다. 앱을 다운로드 하자마자 즉시 결제에 사용할 수 있다. 미래를 위해 은행은 고객을 지점으로 불러서 서명 카드에 서명하도록 만드는 방법 대신 고객의 전화에 중요한 은행계좌를 넣을 방법을 생각해야 하지 않을까?

수익 모델의 핵심은 생각을 바꾸는 것이다

이 책 9장에 나오는 네오 뱅크의 주역들은 직불카드와 관련된 수수료를 간소화하는 일에 대해 많은 이야기를 했다. 3장에서 USAA의 네프 허드슨은 모바일 플랫폼을 통해 제시된 새로운 수익과 참여의 기회에 대해 이야기했다. 10장에서는 가치 부가 수익과 서비스가 고객당 매년 최대 100달러에 이를 수 있다는 사실을 배웠다. 이를 수수료 수입에 더해 보라. 선불/네오 뱅크 분야의 사업자들은 극적으로 낮아진 비용 구조를 통해 대형 은행에서 계속 적자 고객이라고 분류할 고객 집단에서 큰 수익을 거둘 것이다.

링크드인이나 현재 앱 스토어에 존재하는 다양한 앱 서비스에 등장한 모델과 유사한 새로운 당좌예금계좌나 직불계좌의 수입 모델을 생각해 보라. 고객은 무료나 명목상의 월 수수료를 내고 기본적인 서비스를 받는다. 빠른 자금 이용, 여신 이용 같은 프리미엄 서비스는 이용할 때 결제한다. 이는 고객의 집 근처에 지점이 있는지 없는지가 아니라 기본 당좌예금계좌나 직불계좌의 적절성과 직불계좌를 이용할 수 있는 앱의 특성 구성을 토대로 고객을 평가할 것이라는 뜻이기도 하다.

고객을 파악하라

나는 홍콩에 있는 내 거래 은행의 이야기를 자주 한다. 이 은행은 나를 업그레이드해서 비자 플래티넘 카드를 제공했다. 그런데 내가 골드 비자 카드에 직통 전화를 걸자 부서가 완전히 다르며 플래티넘 카드 부서와 연락할 방법이 없으니 도와줄 수 없다고 말했다. 이 이야기를 투자, 장기 주택담보대출, 개인 신용 한도 같은 상품 라인까지 확대해 보자. 고객은 한두 제품으로 은행과 관계를 맺어도 그 브랜드 전체가 자신이 누구인지 아는 것은 아님을 재빨리 깨달을 것이다.

이 책의 인터뷰에 참가한 사람들은 조직 전체의 데이터를 확인해서 스토리와 새롭게 등장하는 행동을 파악하는 능력이 발전의 중대한 원동력이 될 것이라고 말한다. 규제기관의 신원확인 기준을 충족시키는 데이터 세트를 갖춘다는 의미가 아니다. 특정 고객이 속하는 세분 집단이나 인구통계 구성을 정확하게 확인하는 마케팅 데이터 세트를 갖춘다는 의미도 아니다. 고객을 움직이는 것이 무엇인지 이해하는 것이 관건이다. 메일러(인터넷 등의 전자 우편 전용 소프트웨어의 약칭 —옮긴이 주)와 문자 메시지와 전자우편 같은 단순한 메시지 전달 플랫폼조차도 무작위로 상품을 고르고 타겟 고객을 대충 선별하는 마케터들에게 오랫동안 남용되었다. 나는 이미 가지고 있는 상품이나 필요하지 않은 것은 물론이고 모욕적으로 느껴지는 상품을 제안받은 적이 무척 많다. 12개월 동안 10만 달러가 넘는 돈을 예금하면 고정 금리 0.9퍼센트를 주겠다고 제안하더니 계속해서 가입하는 대가로 50달러짜리 상품권을 보너스로 제공한다던 미국의 한 은행을 기억한다. 12개월 동안 10만 달러를 투자하면 이자로 900달러(수수료

제외)에다 보너스로 50달러짜리 상품권을 제안하다니 믿을 수 있겠는가?

고객 참여의 미래는 고객을 깊이 이해해서 필요가 발생하거나 특정한 사건이 계기가 되었을 때 은행이 지극히 적절한 제안이나 조언으로 즉시 반응할 수 있는 예술(혹은 과학)이다. 이제 다음 요소로 넘어가 보자.

최고의 조언은 이제 지점에서 찾을 수 없다

통념에 따르면 지점 네트워크를 유지하는 주된 이유는 언제든 고객이 지점을 찾아와서 재무나 금융에 관한 조언을 받을 수 있다는 것이다. 소액금융, 대중 부유층, 심지어 중소기업 금융 분야에서 흔히 들을 수 있는 말이지만 실상은 다소 다르다. 이런 상황에서 조언은 흔히 순수하고 편견이 없는 재무 조언이라기보다는 상품 포지셔닝에 가깝다. 안타깝게도 질적 연구를 실시한 결과 평범한 고객은 지점을 방문해 조언받은 일을 기억하지 못하는 것으로 나타났다. 어쩌면 고객이 생각하는 조언과 은행이 생각하는 조언이 다르기 때문인지도 모른다.

이보다 더 큰 문제도 존재한다. 적절한 시기에 제공되는 조언은 건설적이고 유익하다. 그러나 너무 때가 늦었거나 적절한 상황이 아닐 때 제공되는 조언은 가치가 거의 없다. 훌륭한 조언에는 타이밍이 중요하다는 사실을 고려할 때 여러분은 당연히 개인의 욕구가 등장하자마자 은행이 그 욕구를 이해할 수단을 찾아서 실시간으로 상황에 맞는 조언으로 대응하고자 노력하리라 짐작할 것이다.

5장과 7장에서 인터뷰한 사람들에 따르면 오늘날 고객은 단순히 어떤 상품에 대한 조언만 기대하지 않는다. 그들이 진정으로 찾는 것은 더 현명하게 일상적인 재무 관련 결정을 내릴 수 있는 도구들이다. 이는 재무 관련 문제가 발생할 때 자동차에 올라 은행 지점으로 찾아오기보다는 그냥 브라우저를 열어서 직접 조사를 하는 등 몇 가지 매우 명백한 행동이나 습관을 보면 확연히 드러난다. 만일 이 방법으로 성공하지 못하더라도, 은행 지점으로 가서 은행 직원과 상담하는 것이 아니라 온라인 커뮤니티에서 믿을 수 있는 조언자나 친구에게 의지할 가능성이 점점 커지고 있다.

간단히 말해 지점의 조언은 더 이상 차별화 요소가 아니다. 사실 고객이 필요한 때와 장소에서 은행이 조언이나 적절한 정보를 제공할 수 없다면 은행이라는 브랜드는 불리하다. 다른 누군가가 그와 같은 일을 수행하고자 노력한다는 확실한 증거가 있으니 말이다.

미래의 핵심은 고객의 행동과 습관, 욕구, 필요, 고객이 올 것이라고 기대하고 봉사할 만한 상황에 관해 은행이 수집할 수 있는 데이터를 이용하는 일이 될 것이다. 그런 참여는 대부분 고객이 일상생활을 할 때 실시간으로 조언과 재무 정보, 재정 안정 관련 피드백을 제공할 능력에 좌우될 것이다. 인터뷰 참가자들이 공유한 최고의 비유는 현재 건강관리 분야의 자가 측정 트렌드이다. 상황에 맞는 정보를 제공하는 사례들로는 나이키 퓨얼 밴드Nike Fuel Band나 피트비트FitBit 등 개인에게 그들이 더 건강해지고 있는지, 얼마나 많은 칼로리를 연소시키고 있는지, 몇 걸음이나 걸었는지, 심장 박동이 적정 수준인지 등에 대해 피드백을 제공하는 제품들이 있다. 그런 종류의 데이터나 상황 정보는 지점에서 투자 자문에게 받을 조언보다 훨씬 더 풍부하고 더 가치가 있을 것이다. 금융에도 비슷한 상황을 제공하는 기능이 무척 많다.

혁신자들에게
얻을 수 있는 교훈들

우리 시대의 많은 혁신자가 전 세계 유명 금융기관의 보이지 않는 곳에서 일하고 있다. 우리는 인터뷰에서 시티그룹, USAA, 뉴질랜드의 ASB은행 등 여러 기관의 이야기를 들었다. 금융 서비스를 재부팅시키는 파괴자와 혁신자로부터 되풀이해서 등장하는 주제와 하이라이트는 무엇인가? 다음은 몇 가지 핵심적인 조언과 기발한 착상이다.

저항이 발목을 잡는다

'저항이 발목을 잡는다'는 되풀이해서 등장하는 중대한 주제였다. 이 책에 참여한 사람들은 하나같이 파괴자는 가장 저항이 많은 프로세스와 시스템을 추적한다고 말했다. 경쟁자들이 가장 타성에 젖어 있고 재빨리 변화하지 못해 가장 힘겨워하는 영역이기 때문이다. 저항을 제거하는 능력은 훌륭한 고객 경험을 구축하겠다는 조직의 결단과 직결된다. 은행의 대내 규정팀이 현상에서 벗어나는 모든 새로운 변화를 차단하거나 IT팀이 9~12개월 동안 해결책이나 개선책을 시행하기 위해 순회한다면 훌륭한 고객 경험을 구축할 수 없다.

여기에 문제가 있다. 많은 은행가는 저항이 줄어들면 조직에 직접적으로는 아니겠지만 규제 시행 면에서 확실히 위험이 전반적으로 증가할 것이라고 본능적으로 반응한다. 사소한 서명 카드를 예로 들어보자. 일반적으로 말해 대부분의 선진 경제에는 이제 서면 서명 카드에 대한 법적 규정이 없으나 프로세스와 정책 규정은 아직 남아 있다. 이유가 무엇일까? 은행가들은 서명이 포함된 신원확인 과정에 오랫동안 존재했던 선례들이 있으니 그 요소를 제거하면 문제가 발생하거나 혹은 변호사나 규제기관이 관련될 경우 자신들의 법적 입장이 약화될 것이라고 느낄 수도 있다. 이런 입장에 장점도 있을 것이다. 하지만 서명 카드 덕분에 곤경을 면할 수 있는 사례는 통계학적으로 무척 적어서 현실적으로 크게 의미가 없다. 다시 말해 고객이 온라인이나 태블릿, 혹은 모바일 스마트폰으로 신청할 수 있도록 이런 규정을 없앨 때의 장점이 위험 요소라는 단점보다 훨씬 더 크다.

간단히 말하면 경쟁업체의 업무를 추적하는 파괴자들은 그들의 온보딩 프로세스, 규칙, 정책을 살피고 경쟁업체와 정반대로 일을 처리할 방법을 모색한다. 그러면 자사의 웹사이트를 방문하거나 그들의 앱을 다운로드하는 고객에게 확연히 다른 경험을 전달할 수 있는 까닭이다. 어떤 항공사에 전화를 걸었는데 항공편을 예약하려면 직원에게 현금을 들고 가서 여러분의 여권과 호텔 예약 증명서, 그리고 예약하기 전에 목적지에서 접촉할 사람의 세부 정보를 확인받는 수밖에 없다는 대답을 들었따고 생각해 보라. 대체 웹사이트에서는 온라인으로 즉시 예약해서 스마트폰으로 탑승권을 다운로드할 수 있다. 전자는 저항에 지나지 않는다. 후자는 훌륭한 서비스이다.

문제로부터 물러나 무언가 다른 것을 상상하라

지금껏 일어난 혹은 이 혁신자들로부터 배운 수많은 혁신 사례는 틀에 박히지 않은 색다른 접근 방식과 사고방식을 보여주었다. 개인적으로는 뉴질랜드 ASB은행 시몬 맥컬럼의 이야기가 가장 인상적이었다. 그는 크라이스트처치에서 지진이 발생했을 때 소셜미디어 플랫폼을 사용한 경험담을 전했다. 전력이 중단되고, ATM이 작동하지 않고, 지점은 파괴되어 이용할 수 없고, 사람들은 보금자리와 기본적인 생필품을 구입할 현금이 없는, 그야말로 대참사였다. 이처럼 전통적인 네트워크가 붕괴되었을 때 ASB는 빠른 현금 서비스를 비롯한 고객 구조 서비스를 마련했다. 이를 통해 ASB는 위기 커뮤니케이션을 위해 구축한 소셜 플랫폼을 이용하고 혁신할 수 있었다. 나를 냉소주의자라고 불러도 상관없으나 전통적인 지점 은행가들이었다면 위기관리 문제에 그렇게 특별한 방식을 제시하지 못했을 것이다.

심플, 모벤, 블루버드, 유뱅크 등의 팀들은 오래된 금융 시스템에 새로운 피부를 입힘으로써 더욱 효과적인 해결책을 창조하는 문제에 접근했으며 조파, 렌딩 클럽, 렌도의 경우에는 전통적인 대출 사업에 완전히 새로운 사고방식을 적용했다. 각 사례의 결과로 고객들을 위한 더 효과적인 해결책이 등장했고 대개 더 유리한 거래나 가격 책정, 크게 향상된 사용자 경험을 함께 얻었다. 과거의 규칙, 과거의 사업 및 유통 모델, 그리고 과거의 상품 구조, 전통적인 마케팅 접근 방식과 단절함으로써 새롭고 파괴적인 접근 방식이 등장했다. P2P 대출기관의 사례에서 기업은 투자가에게 전통적인 은행보다 낮은 파산 위험과 낮은 변동성으로 (주식이나 양도성 예금증서보다) 더 높은 수익률을 선사했다.

심플, 모벤, 블루버드의 경우 모바일 앱을 사용하는 참여자 수는 주류 경쟁업체들에 비해 월등히 많은 반면 고객 확보/유치 비용은 크게 낮다. 드올라의 경우 새로운 패턴과 상호작용이 커뮤니티 내에서 형성되었다. 이는 드올라 플랫폼에서는 완벽하게 어울리지만 현재 기업과 협력업체, 그리고 프리랜서들 사이의 원활한 결제 기능 같은 은행 대 은행 환경에서 실행하기는 어려울 것이다.

인터뷰에 참여한 혁신자들은 하나같이 현행 시스템에 개선이 필요하다는 전제로 시작했다. 이는 새롭고 더 효과적이며 독창적인 것을 창조하고 혁신해야 할 욕구를 불러일으킨다. 이런 종류의 불가피한 필요성은 흔히 기존의 주류 기관에서 발생하지만 이들은 조직적인 변화가 요구되는 새로운 행동에 거부감을 보일 가능성이 더 크다.

고객 행동이 변화하고 있다, 금융 또한 변화해야 한다

조직의 준비성과는 무관하게 고객이 변화하고 있다. 5장에서 우리는 새롭게 등장하는 디지털 네이티브 집단, 즉 우리 인터뷰에서 'Y세대'라는 별명으로 되풀이해서 언급되었던 집단의 특이한 행동을 탐구했다. 강력한 신흥 고객의 이 신비로운 집단은 몇 가지 독특한 기대를 보여준다. 그 가운데 가장 눈에 먼저 눈에 띄는 것은 상당히 색다른 참여 패턴이었다. Y세대 집단은 광고주의 영향력에 면역이 되었다. 이는 그들이 모두 유행에 민감한 사람이나 반항자여서가 아니라 브랜드 선택이나 조직과 유형적인 관계를 유도하는 과정에 지지가 더 강력하기 때문이다. 유일한 문제는 이 집단이 단 몇 년이라는 짧은 기간 만에 소액금융 시장에 상당한 부분을 차지할 것이라는 사실이다.

은행이 걱정해야 할 대상은 대학생과 젊은 전문직 종사자들만이 아니다. 스마트폰, 태블릿, 일반적인 디지털 이용이 전반적으로 폭발적으로 증가하고 있으며 이것이 기대에 영향을 미치고 있다. 이와 동시에 이 분야의 기본적인 역량 또한 폭발적으로 증가하고 있다. 원격 당좌예금계좌 캡처, P2P 결제, 개인 재무관리 등의 역량이 2, 3년 전에는 차별화 요소였을지 모르지만 이제 이것들은 그저 위생 요인(인간의 욕구 가운데, 충족되지 않을 경우 조직구성원에게 불만족을 초래하지만 그러한 욕구를 충족시켜준다 하더라도 직무수행 동기를 적극적으로 유발하지 않는 요인 —옮긴이 주)에 지나지 않는다.

USAA가 단순히 원격 당좌예금을 도입함으로써 거둔 성과는 실로 놀랍다. 네프 허드슨은 2012년 11월 현재 모바일이 이미 거래량 면에서 가장 큰 고객 채널이라고 밝혔다. 고객 행동은 정적이지 않다. 조직은 금융을 플랫폼을 전달하는 방식에서도 더 이상 정적일 수 없다는 사실을 깨달아야 한다.

이제 기술이 반드시 인간의 경험보다 열등하지 않다

이것이 아마 '파괴되는 은행'의 우주에서 가장 놀라운 전개일 것이다. 인터뷰 참가자 가운데 많은 사람이 다른 은행이나 금융기관에서 새롭게 등장한 것이 아니라 금융 영역으로 옮겨온 다른 기대에서 파생된 고객 기대를 언급했다. 한 가지 좋은 예는 오늘날 스마트폰을 통해 비교적 단순하게 일이 처리되어야 하며 혹여 은행에서 지점을 방문하거나 콜센터로 전화를 걸라고 주장한다면 아마 내가 짜증이 날 것이라는 기대이다.

하지만 정말 근사한 일이 음성 인식 같은 분야에서 일어나고 있다. 뉘앙스의 직원들은 자연어 이해를 설명했는데 이 분야에서 자연어를 이해하는 컴퓨터의 능력이 점점 향상되고 있다. 나는 10여 년 전 만 해도 우리가 컴퓨터에게 이야기하고 그들이 우리를 이해하려면 시간이 좀 걸릴 것이라고 했던 연구원들의 말을 기억한다. 세월이 세상을 어떻게 바꾸었는가!

풍부한 사용자 경험, 아름답게 조직된 인터페이스의 흠 잡을 데 없는 유용성, 기계 학습 능력이나 패턴 인식과 더불어 주머니에 넣고 다니는 기기들의 놀라운 처리 능력이 우리의 가장 황당한 상상력까지 초월하는 역량을 생산하고 있다. 다른 식으로 표현하자면 공상과학 작가들의 가장 황당한 예측이 실제로 현실이 되고 있다. 기술이 과거 어느 때보다 더 빠른 속도로 발전하고 고객이 과거 어느 때보다 더 빠른 속도로 기술을 채택하는 지금, 기억해야 할 규칙은 한 가지뿐이다. 지구의 어떤 구석에 은행이 존재하더라도, 어떤 인구집단에 서비스를 제공하더라도 앞으로 은행은 기술에 의해 변화되고 가동될 것이다. 좋았던 옛 시절에 대한 낭만적인 그리움이나 개인화된 대면 서비스 기술이 주도하는 미래에 재기할 가능성이 없지 않겠지만 은행은 다음 10년 동안 이런 것에 기대를 걸어서는 안 된다. 만일 은행이 기술의 기본 요소를 제대로 갖추지 못한다면 고객에게 서비스를 제공하고, 고객과 관계를 맺고, 그리고 무엇보다 수익을 창출할 수 없을 것이다.

획기적인 혁신을 위한 자금은 대개 은행에서 오지 않는다

근본적인 혁신 면에서 은행은 레거시 절차, 프로세스, 기술, 정책, 그리고 고객에게 서비스를 제공할 능력을 개선하고 바로 잡기 위해 필요한 핵심 기술이 너무나 많다. 따라서 획기적인 혁신은 대개 은행에서 시작되지 않는 것처럼 보인다. 진정으로 흥미로운 발전과 혁신에 자금을 공급하는 면에서 벤처 자금, 사모 펀드, 투자 은행, 심지어 크라우드 펀딩의 역할은 결코 과소평가할 수 없다. 물론 이따금 심플과 ING다이렉트처럼 직접 조성하기보다는 그냥 인수하기로 결정한 BBVA나 캐피털 원 같은 경우도 있다.

미래가
여기에
있다

요즘 금융계에서 일어나는 변화는 얼마나 흥미진진한가? 아프리카, 라틴아메리카, 아시아에서 모바일 결제가 등장했으며 미국, 중국, 중동 등지의 선불 프로그램은 경이로울 정도로 성장하고 미국, 러시아, 이스라엘에서 새롭고 다양한 금융 스타트업이 출현하고 있다. 수백 년 동안 금융과 대출의 관행이 이토록 급속도로 발전한 적은 없었다. 미래의 금융은 어떤 모습이든 지금과 같지는 않을 것이다. 그러나 지점의 형태와 기능은 100년 동안 근본적으로 변하지 않았고 십중팔구 앞으로도 그러리라 본다.

금융 분야의 혁신은 일반적으로 핵심 사업 모델이 아니라 제품 혁신, 앞으로는 금융 수학, 그리고 위험과 거래 분야의 알고리즘의 면에서 고려되었다. 훗날 2010~2020년을 돌아보면 중세 이후 금융에 가장 중대한 변화가 일어난 시기라고 생각할 것이다. 나는 책의 초반에 등장한 데이브 버치의 견해가 무척 좋았다.

> 50년이나 100년 후를 내다보면 나는 플라스틱 카드가 아니라 이동전화가 결제 역사의 중대한 변곡점이 될 것이라고 상당히 확신한다.

이 책의 원제인 《Breaking Banks》를 보고 여러분은 어쩌면 부정적이거나 파멸적인 것(기존 금융 시스템에 대한 공격)을 떠올렸을지 모르지만 그렇지 않다. 실은 변화하는 소비자 행동이 금융과 관련된 사업 모델에 훨씬 큰 영향을 미치고 있다. 그런 면에서 《Breaking Banks》라는 제목은 낡은 전통적인 금융 시스템을 파괴하기보다는 돌파구와 전통적인 사고 주기를 깨트리라는 제언에 가깝다.

지금은 아마도 금융 산업에서 가장 흥미진진한 시기일 것이다. 이제 몇 년만 지나면 분명 금융과 은행가는 매우 달라질 것이다. 이 시기에 그들이 담당할 몇 가지 역할을 꼽자면 다음과 같다. 은행을 우리의 삶에 더욱 자연스럽게 통합할 기회를 모색하는 데이터 과학자, 브랜드에 참여하도록 이끄는 매력적인 고객 경험에 맞는 상품, 더욱 중대한 상황의 정보와 순간을 위한 해결책을 제시하는 스토리텔러, 끊임없이 금융 경험의 왜·언제·어떻게를 이해하고자 노력하는 행동주의자, 유용성 전문가, 심리학자, 규제의 환경에서 벗어나지 않고 경험을 창의적으로 전달하고자 노력하는 대내 규정 컨설턴트, 그리고 고객과 일상적으로 대화를 나누며 커뮤니티를 토대로 해결책을 구성하는 커뮤니티 빌더와 매체 책임자 등이 있다. 최고 모바일 책임자, 최고 제품 책임자, 고객 경험 책임자, 최고 매체 책임자, 혹은 고객 채널 책임자 같은 새로운 직책이 등장하고 있다. 최고 재미 책임자나 첫인상 국장 같은 직책은 필요하지 않다. 지금 금융에 필요한 것은 새로운 기술이다.

이 책에서 보았듯 일부 사람들은 이 변화 가운데서 생각하는 것보다 훨씬 더 멀리 가고 있다. 이러한 변화의 여정에 오르고자 하는 사람이라면 여러분은 파괴자이고 혁신자이며 금융 산업의 미래를 재규정할 길을 개척하는 중이다. 반대로, 앞에 실린 인터뷰를 보고 겁에 질렸다면 당신의 직장은 결국 파괴되는 은행 중 하나일지도 모른다. 여러분의 고객과 팀을 위해 이 책에서 열정과 에너지를 얻기를 바란다.

핀테크 전쟁

초판 1쇄 발행일 2015년 6월 12일 ● 초판 6쇄 발행일 2017년 9월 25일
지은이 브렛 킹 ● 옮긴이 이미숙
펴낸곳 도서출판 예문 ● 펴낸이 이주현
기획 김유진 ● 편집 홍대욱 · 박정화
디자인 김지은 ● 영업 이운섭 ● 관리 윤영조 · 문혜경
등록번호 제307-2009-48호 ● 등록일 1995년 3월 22일 ● 전화 02-765-2306
팩스 02-765-9306 ● 홈페이지 www.yemun.co.kr
주소 서울시 강북구 솔샘로67길 62 904호

ISBN 978-89-5659-245-9